本书为全国教育科学"十三五"规划2019年度教育部重点课题——
"普通高中生涯导师队伍建设机制的研究"（DHA190438）的成果

普通高中生涯导师队伍建设与运行

何美龙　著

上海交通大学出版社
SHANGHAI JIAO TONG UNIVERSITY PRESS

内容提要

高中育人方式改革下,导师制成为应政策要求、学生需要、教师专业发展的一项重要举措。本书以上海市闵行中学多年来在生涯教育、生涯导师制领域的研究和工作实践为基础,探讨由高中育人方式改革带来的生涯导师队伍建设图景、现状、机制与运行。

这是对高中育人方式改革下,贯彻落实加强学生发展指导、强化师资和条件保障相关要求,建设高中生涯导师队伍的系统论述,适合各级教育管理者、高中校长和教师阅读。

图书在版编目(CIP)数据

普通高中生涯导师队伍建设与运行/何美龙著. 一
上海:上海交通大学出版社,2023.6(2023.7重印)
ISBN 978 - 7 - 313 - 28616 - 1

Ⅰ.①普… Ⅱ.①何… Ⅲ.①高中生－职业选择－教
学研究 Ⅳ.①G635.5

中国国家版本馆 CIP 数据核字(2023)第 073476 号

普通高中生涯导师队伍建设与运行
PUTONG GAOZHONG SHENGYA DAOSHI DUIWU JIANSHE YU YUNXING

著　　者:何美龙
出版发行:上海交通大学出版社　　　　　地　　址:上海市番禺路 951 号
邮政编码:200030　　　　　　　　　　　电　　话:021 - 64071208
印　　制:上海景条印刷有限公司　　　　经　　销:全国新华书店
开　　本:787mm×1092mm　1/16　　　印　　张:14.5
字　　数:276 千字
版　　次:2023 年 6 月第 1 版　　　　　印　　次:2023 年 7 月第 2 次印刷
书　　号:ISBN 978 - 7 - 313 - 28616 - 1
定　　价:60.00 元

自序

以生涯导师队伍建设为支撑，建构可持续发展的育人生态

在推进《中国教育现代化2035》的进程中，落实立德树人根本任务，构建全面培养体系，建立学生发展制度，促进学生全面而有个性的发展，是新时期教育者的使命与担当；加强教师队伍建设，构建开放、协同、联动的高水平教师教育体系，建立完善的教师专业发展机制，切实提高教师育人水平，培养高素质专业化创新性中小学教师队伍，建构可持续发展的育人生态，是新时期各级政府、各类学校、各位教育管理者的历史性课题与任务。

教育是"属人"和"为人"的教育，蕴含着丰富的客观规律与内在逻辑。但是，回望人类发展的历程，教育改革与人类演进、社会变革如影随形，其内涵在实然发展和应然追求中不断因应、调适、嬗变，留下了具有鲜明时代烙印的教育思想、理论与经验。如同**学生指导这一教育职能在现代教育体系中被专门提出后，历经职业指导、生涯教育、生涯辅导，其内涵被逐步拓展、丰富、综合，帮助人类积极适应科技飞速发展、社会矛盾不断变化所带来的挑战。**

回望19世纪末20世纪初，第二次工业革命把人类社会从蒸汽时代推向了电气时代，各类新型技术推陈出新，使得劳动分工不断细化，社会对劳动力的需求无论在结构还是数量上都发生了翻天覆地的变化。以美国为代表，社会兴起了进步主义教育运动，教育的形态与功能被重塑——需要加强学校与社会、教育与职业的联系，学校不仅要开设能够反映职业结构与需求的课程，还要对学生进行职业指导，使得他们安全、有效地到达工作岗位，职业指导应运而生。如1888年，梅里尔（George A. Merrill）在旧金山柯斯威中学尝试开展职业指导；如1904—1906年，韦弗（Eli Witwer Weaver）在纽约各校组织实施了"同伴咨询课程"，选择一些学生担任顾问，帮助和指导其他同学选择入职所需要的课程；又如1907年，戴维斯（Jesse B. Davis）把"职业与道德指导"作为一门课程引入到英语作文课中。随着帕森斯（Frank Parsons）等在社会层面领导、发起职业指导运动，系统提出人职匹配理论、方法等，直接或间接推动了学校职业指导的发展。到 1913 年，美国成立全美职业指导协会，再到 1917 年，美国国会通过《职业教育法案》，从法律上认定了职业指导在中学教育中的地位。

到 19 世纪 70 年代，美国教育署长马兰（Sidney Marland）正式提出生涯教育。当时，冷战阴影下的人才危机驱动，科技推动下的产业结构、就业结构变化，人本主义、生涯发展理论的发展，再加上政府的积极干预，《国防教育法案》《职业教育法》等的推出，美国学校辅导员协会成立并运行，学校辅导员的专业身份、职能、工作内容、培养与资格认证等均得到了广泛认同、蓬勃发展。教育被赋予了新的内容——培养年轻人应具备的能力，让他们在离开学校后能够准备好接受高等教育，或主动适应变化的工作世界。学校辅导员的职能进一步拓展——既要成为生涯指导活动设计与实施的协调者，又要能够为学科教师在学科教学中渗透生涯教育提供咨询，同时也要能够作为专业人士，回应学生对生涯指导的个人需求。随着后续全球化、信息化进程的加快，工作世界对劳动者提出了终身学习的要求，美国开始推行标准化教育，美国学校中的生涯指导开始整合学业指导、社会情感指导等，朝向综合化的方向发展。

时至今日，在充满变化的乌卡（VUCA）时代，人类正在从工业文明向后工业文明、生态文明、信息文明转型，以数字经济为代表的新一轮科技革命和产业变革正在重构全球的创新版图，重塑全球的经济结构；世界多极格局日渐显现，全球治理体系深刻变革；新冠肺炎疫情全球大流行的背景下，世界经济低迷，全球产业链、供应链重建……。在此不确定性大大增加的时代下，生涯建构理论兴起，主张生涯教育的目的演进为培养个体积极应对不确定性，主动建构和管理自己生涯的能力。同时，以联合国教科文组织、世界经合组织、欧盟等为代表的国际组织和各个国家相继提出终身教育、终身学习理念，并提出关键能力、核心素养、21 世纪素养框架等，成为当前国际教育的一大热点与趋势。2016 年，我国发布《中国学生发展核心素养》，并在新课标、新课程的修订和推进中提出落实学科核心素养，培养学生应具备的，能够适应终身发展和社会发展需要的必备品格和关键能力。在全球范围内，**学校教育正逐步由规模化、标准化，向尊重人的生命多样性、主体性、全面性与自由个性的个性化教育转变。**

我国高中的生涯教育在新一轮高考改革前后兴起，并伴随着学生发展指导制度、新课标新课程等的推进迅速发展。以上海市闵行中学为例，自 2012 年起，学校开始探索生涯教育，并将生涯教育师资队伍建设与校本化"生涯与发展"课程体系建设相结合，探索建构了"生涯准备、生涯觉醒、生涯模拟"三阶段，以及"公益劳动课程化、生涯讲堂系列化、暑期实践个性化、海外课堂学术化、科创孵化机制化"的"五化"实践模式。生涯教育一路领航，助推闵行中学办学内涵不断提升：一是学生在多元平台获得潜力的更大发展，二是教师专业成长更为全面，育人角色与职能日渐凸显，三是学校人才培养模式由单一走向多元，推动了人才培养模式转变，提高了办学成效。

在这一探索过程中，我们发现，现阶段高中学生在课程选择、学习状态调整、学习辅导、人际交往、心理健康等方面都有比较强烈的需求，具备生涯辅导、心理疏导能力的学科教师，其辅导优势越来越明显。他们对学生的学科学习、拓展、应用、创新创作指导，以及在关乎学生个人学业发展、人生方向探索与选择等方面的辅导、支持与帮助，让学生越来越坚定今天的不懈努力，越来越坚信明天的无限可能，走向如其所是的成长方向。与此同时，教师也实现了自身的专业发展。于是，**我们提出生涯导师的概念，并将其界定为：与学生建立稳定的结对关系，从学生个体的生涯发展特点和需要出发，指导学生更好地认识自我、探索外部、激发潜能、发展能力，为学生提供个性化的思想引导、心理疏导、学业辅导、生活指导、生涯向导的专业教师、学科教师和校外专业人士。同时，我们提出人人都是生涯导师的美好图景。我们期待，无论是学生还是教师，人人都能全面成长、个性发展。**

2019年，我们推进生涯导师制，并承担教育部重点课题"普通高中生涯导师队伍建设机制的研究"，期待通过生涯导师制，探索育人方式变革的有效路径。现在看来，这是一个极其艰难的过程，在课题开始的前期，我们尝试通过纸面研究和学理分析，构建一个理想的生涯导师胜任力模型，并以此为基础，建构科学、专业、完备的生涯导师准入、工作、培养与发展、考核与激励等一系列机制。但事实上，理想模型的现实条件总是难以构建，疫情不可预见地变化、高中教育在时代的变革中不断增加新的要求和视角的转变，我们在"应然"中不断地"挣扎"，逐渐认识到理论的完善将是一个持续的过程，可以先有一个基于闵中实践的合理"模型"，在实际工作中，不同学校面对不同的情况必然做出切实的调整以适用。为此我们最终在本书完成时，站在"实然"的角度，一方面，在闵行中学逐年级推进生涯导师制，并不断尝试、修正，另一方面，以学生、导师为研究对象，通过问卷调查、访谈等方式了解对导师制的需求、期待、反馈等，将研究得出的理想模型再下沉到基于"闵行中学现实"的现场实证。由此，本书的表达体系并不是一个纯粹的理论体系，而是在理论大框架下指向应用实务的实证研究结论。在本书中，我们从一个个现实的问题入手：闵行中学生涯导师队伍建设的基础条件如何，闵行中学的学生对生涯导师的辅导有怎样的需求与反馈，高中生涯导师的胜任素质有哪些，工作内容包括哪些，辅导形式有哪些，如何发展、培养、评价、激励有着不同学科背景、性格特点、优劣势的教师，帮助他们成为生涯导师，如何逐步实现在一所学校人人都是生涯导师的美好图景，需要为生涯导师的工作开展创设哪些支持性环境，生涯导师与班主任、校内生涯导师与校外生涯导师如何协同等等。

最终在"实然"的这条道路上，经过全校师生的共同努力，我们探索出了一些虽不完美,但切实可行的经验,并取得了明显的成效:数名成熟的生涯导师成长为首席导师,即骨干导师、准入导师的领航人;一位位生涯导师在学科教学中探索发挥学科生涯导航价值,并从思想引导、心理疏导、学业辅导、生活指导、生涯向导等不同的领域指引、辅导学生成长;一位位具有不同优势的心理/生涯专业教师生涯导师、学科生涯导师和校外生涯导师充分发挥优势,并相互协同,探索生涯导师职能的有效发挥……同时,我们开发了生涯导师胜任力进阶模型,探索建构了生涯导师准入机制、工作机制、培养与发展机制、考核与激励机制,以及校外生涯导师工作机制等,并以教师学习共同体建设为参照,以生态系统为隐喻,探索建构了既有利于生涯导师专业成长、知识建构,又有利于生涯导师充分发挥职能,生涯导师队伍不断壮大的可持续发展的育人生态。

这正是此前课题研究中这一理论建构过程的魅力所在,它不仅仅是结构完整、逻辑严密的一套论证体系;更是在现实中,可以成长出更强生命力的实践成果,本书就是实证。

最后,我们想说,这是一个不断完善和发展的理论体系。当下,高中生涯导师队伍建设与运行,我们继续在路上。

何美龙

2022 年 12 月

目录

第一章

育人方式改革下的高中生涯导师制

本章
要点

育人方式改革下的高中育人图景

回归育人本真：为每一个孩子未来生活更美好

成就专业发展：让每一位教师的职业人生更幸福

建构育人生态：助力实现五育融合、全方位协同

高中生涯导师制概览

人人都是生涯导师

生涯导师核心团队的引领与支持

育人方式改革下的高中育人图景

🔍 回归育人本真：为每一个孩子未来生活更美好

当前，我们在大力推进育人方式改革，提高教育质量。那么，育人方式改革要改什么？最本质的，就是要把"育分"改为真正的"育人"。从"育分"的角度，过去的教育致力于让学生考出尽可能高的分数，朝着清华、北大、复旦、交大等理想中的大学努力；但是从"育人"角度，教育要回归育人的本真，要从未来的视角，努力"为每一个孩子未来生活更美好"，促进孩子的全面成长、个性发展。

给学生的无限遐想插上翅膀，助其无限成长

生涯教育是助益学生终身发展、全面而有个性发展的重要举措。我们的教育要唤醒学生的生涯发展意识，让生涯素养成为学生终身的能力，引导和激励学生对生涯意义和价值进行主动思索和探求，寻找自我和环境的契合点，进而实现人生理想。

未来视野下的高中生涯教育是指未来社会发展所需要的生涯发展素养培育。未来视野下的高中生涯教育，学科教育是主阵地，学校应当为学生开阔视野、丰富经历提供机会与平台，唤醒学生终身生涯发展意识，帮助学生发掘自身潜力，成为有明确人生方向、高尚生活品质的人。这就是育人的基本方向。因此，我们认为，学校可以不明确提出可测量的育人目标，但学校教育须为学生烙上鲜明的学校特色品格。就闵行中学而言，我希望从我们学校毕业的学生具有如下三个特点：

有较为清晰的自我认知。 学会不断地认识自我，评估自我，发现自己的长处，也能够了解自己的不足。对自身有一个比较清晰的认知，既不骄傲，又不自卑，能够较好地适应新的环境。

有较为宽广的视野。 通过各种体验，获得比较宽广的视野。不应局限于学物理就要当物理老师，学英语就只能当英语老师或者当翻译这样的认知范畴。学生对未来发展与从事的职业，要有丰富的认知，有豁达的心态，能够把今天的学习和未来的发展有机联系起来。

有相对独立的思辨能力。 养成善思、明辨、独立的品质,具备成长型的思维模式,有基本思辨和分析判断能力,有基本操守与价值底线。

如果一个人有比较清晰的自我认识,有比较宽广的视野,再有独立思考、明辨是非的能力,那么便是一个能够适应环境、适应未来的人,如同以下案例中的四位同学一样。我们相信,这样的学生会成为发展得很好、生活得美好的人。

张同学是闵行中学 2017 届毕业生,通过"强基计划"进入西安交通大学核工程专业。他从小对理科偏爱有加,数学、物理、化学都是他感兴趣的学科。高一的生涯课堂上,一则有关中国托卡马克装置点火的新闻激发了他对核物理的兴趣。学期末的生涯测试,从个性、兴趣、价值观、能力及需求五个生涯选择要素进行综合评估,得出的结论是建议张同学选择科学研究作为生涯方向。"当时,我就初步确立了工程类科学研究的生涯方向,并逐步制定了相应的高中生涯规划,"张同学说,"是学校的生涯教育唤醒了我的生涯自主意识,让我主动探索自我和外部世界。"之后,张同学成为闵中单片机社的活跃分子,但凡能够自由支配的时间,他都泡在单片机实验室里。从出于兴趣爱好参与到一头扎入科研,他的兴趣也渐渐发展成了志趣。"我希望,未来能够投身科研事业,安贫乐道,义无反顾地承担起发展核电的光荣与使命,为国家做一份实实在在的贡献。"他说。

另一位张同学是闵行中学 2018 届毕业生,现为上海交通大学数学系学生。高一时因为受到家庭氛围的影响,职业目标定位是航天工程师。后来在生涯课程学习中,通过职业访谈等,他发现自己的个人职业方向更偏向于金融和计算机领域。在与生涯导师进一步研究探讨后,他决定报考清华大学数学系。由于地理学科等级考试成绩不太理想,进入高三后,在生涯导师和数学老师的帮助下,他再次调整方向,确定上海交通大学应用数学方向,并及时吸取了之前等级考试发挥失常的教训,强攻语文学习短板,最后圆满达成目标。进入大学后,他继续用高中阶段在生涯课程中学到的方法,为自己的后续发展做规划。

徐同学是闵行中学 2019 届学生,现为复旦大学新闻传播专业学生。回顾高中生活,她觉得闵中的生涯教育让她聚焦了专业规划,获益良多。通过生涯测试,加上对学长成长案例的了解,借助生涯导师的一对一辅导,她逐步明晰了自己的专业定位——新闻传播专业,并把专业目标化为自己的行动力,并落实到具体实践中,学业成绩和能力培养均获得很大突破。在学校的帮助下,她对接了复旦大学的老师,并在老师的直接指导下,利用暑假在崇明蹲点调研近一个月,再历时一年,完成了课题"改革开放 40 年农村社保制度变迁的研究"，获得上海市创新大赛二等奖，慢慢接近自己的生涯目标。

　　另一位徐同学是闵行中学 2018 级学生，2020 年入选中国科技大学少年班（当年上海唯一一名录取者）。2018 年，徐同学以 589 分的中考成绩从文绮中学考入闵行中学实验班，从此浸润在学校系统科学的生涯教育体系之中。最初的生涯课堂入学心理普测显示，徐同学的创造个性因素得分很高。经过一个多学期的自我探索和外部探索，他定下了座右铭——"我为人类做贡献，不求俸禄不求功"，也明确了自己的生涯方向："希望未来能成为一名科研工作者，为国家贡献一点自己的力量。"校内丰富的生涯课程和平台让徐同学获益良多。在闵行中学科学社，志同道合者的思维火花频繁碰撞，让徐同学大呼过瘾。在老师们的帮助下，没过多久，他就入选 2019 年上海市中学生科技创新后备人才培养计划，还考上了上海市业余物理学校 AP 大学物理先修班，提前体验到了大学浸润式学习的氛围。繁忙的活动与规律的课堂学习在时间上时有冲突。获得 2020 年中科大招生复试资格后，徐同学心中尚有一丝担忧：自己的语文、英语相对偏弱，而对物理、数学两门课，中科大的要求又极高。于是，学校为他定制了个性化的冲刺计划，通过插班高三实验班、安排专门老师进行针对性辅导等手段，让徐同学最终得偿所愿。

充分发挥学科育人价值，为学生今后专业学习打基础

　　学科教育是学校教育的最主要形式。从"育分"到"育人"，就是要充分发挥学科的育人价值，让学生具备学科常识，让学科能够为学生的未来发展打好基础；在学科学习中探索如何为人类做贡献，成为学科研究者，或是专业工作者，或是推广者等，为成为学科领域的专业人才打好基础。

　　当今时代，无论是科技发展，还是现代服务业优化；无论是日常的社会治理，还是危机应对，我们都清晰地看到了专业的力量。随着社会分工越来越细，今天的每一个孩子，都将成为未来社会的一分子，具备一个或多个专业领域的能力，以一种或多种社会角色，融入人类社会的发展与演进之中。从这个角度来看，中学阶段的学科学习便有两个基本任务：一是通过每一门学科的学习，助力学生发现自我兴趣、积极实践，发现个人性格特点和能力，为大学选择专业和未来规划做必要的准备；二是通过学习，把中学每一门学科的相应知识、方法、思想变成自身成长的智慧，运用和实践于今后的专业学习和美好生活。因此，我们希望孩子们是这样学习的：

学好每一门学科，不因选考科目、个人喜好、教师特点而否定、忽视任何一门学科。每一门学科的基本原理、方法，都影响着一个人今后基础素养的水平、融入专业团队的程度、自身专业发展的高度，影响着一个人的综合管理水平和业务能力，影响着一个人的生活常识水平、公民必备能力。学生高中毕业后会进入某一个专业领域学习，随着学历水平的提升，有些学科领域会逐步退出他们的学习范围，而高中物理、化学、生物、政治、历史、地理等学科相关素养则会成为他们今后工作生活的基础科技和人文素养，成为日后作为公民或专业人员的必备能力。

比如数学学习。数学是基础学科，数学学习方面具有优势的学生，一般来说拥有比较强的逻辑思维能力，在数学研究、数学应用、数学教育、计算机等相关领域具有优势，在科技、教育、经济等许多方面都用得到。我们需要思辨地学习数学，不要过于关注题目的解答和考试分数的高低，而是要去探究成为数学家的数学学习、成为工程师的数学学习、成为经济学家的数学学习等，尝试把个人今天的学习和未来的发展有机地联系起来。

比如生物、地理和历史的学习。让我们懂得城市绿化树种应该尽可能地选择本土树种（原生树种），尽可能地让行道树自然生长，而不要过度修剪；河道水域的治理绝不是简单的截弯取直、景观河岸硬化，而是尽可能地保持自然形态和生态景观；地理、历史的学习让我们懂得城市建设要显山、露水、透绿，对区域原有自然环境要保持足够的敬畏之心：少砍树、不改河道，才能让城市建设具有地域特色，留得住乡愁……

学习中发现自己的特长与兴趣，做好选择，自主发展。在新高考改革的举措中，选科意味着赋予学生选择的权利和自由，将今天的学习与未来的选择和发展联系起来，为自己的个性成长筑梦启航，找到方向。努力学好每一门课，优化学习的每一个过程，在其中寻找和确定自己的兴趣和能力方向，才能为今后的专业学习打好基础。一定程度上说，中学毕业没有考进一流名校并不那么可怕，可怕的是，一个孩子在中学里没有任何爱好，没有任何特长，尤其是对学科学习和未来职业、生活没有基本的了解，没有做过尝试，找不到今后努力的方向，甚至不知道利用学科的学习去寻找自己感兴趣、有特色的方向，这才是最令人担心的。

沈同学，闵中毕业生，他在闵中的时候成绩并不是很好，但是动手能力很强。高中三年在校内外生涯导师的指导下，一直坚持做课题。他的发明"应用于便利店的积分式回收装置的设计与应用"获第十届宋庆龄少年儿童发明奖银奖。

他本科就读于上海工程技术应用大学计算机专业，同时跟随高中阶段的校外生涯导师继续做课题研究，甚至将课题研究对接到企业应用中。上海应用技术大学的老师与其高中阶段校外生涯导师一致认为他在本科阶段的研究能力已经比很多研究生的能力强，后来他被成功保送到复旦大学人工智能专业攻读硕士研究生。

单纯从本科所就读的大学论，他算不上是特别优秀的学生，但是他在高中阶段就发现并锻炼了自己的特长。可以说，他在专业发展上的起跑线不在本科，而是在高中。由此可知，一个人的能力是一个整体的、综合发展的序列，并不完全由成绩决定。

做一个幸福的读书人，把学习当成快乐的生活本身，而非把高考作为读书的目的和根本任务。升学是人生发展的一个阶段性任务，需要好好努力，但这并不是全部，更不是唯一。学习，是青少年时期"自然应该去做的事情"，也应该是充满乐趣的过程：在解数学题、推敲化学原理、演绎物理公式等过程中，享受冥思苦想后智慧挑战的喜悦，解决问题的成就感；在每一门学科的学习过程中，感知世界的美妙——每一门学科，都是在解决某一领域实际问题中发展形成的，学了这门学科，就学了这一学科独特的方法、逻辑，掌握了学科的工具，会让自己终身受益；在每一天的学习中，学会从不一样的学科、方法论中找到乐趣，每一天都有新的收获……这，应该就是一个幸福读书人的模样。

做一个善于自学的人，而非功利视角下对知识的被动学习、机械掌握。学科教师应该着重培养孩子们的思考力、行动力，引导他们在学习中找到学习的乐趣，有自己的思考，有所选择，认识到每门学科的特点和独特价值，并慢慢学会系统地学习，建立起各门学科的知识体系、逻辑框架。

给予人文、艺术、体育同等重要的地位，助益青少年自我同一性的形成与发展

"办人民满意的教育"是办促进每个学生身心健康成长的教育，不是办过度追求高升学率的教育。试想，如果一个孩子缺少对生命的认知（一遇挫折就产生轻生的念头），没有梦想的能力（对自己将来想做什么不得而知），不懂得保护自己（念到博士依然被坏人拐骗），做不到与人分享（腰缠万贯却不快乐），那么，即使这个孩子门门功课考第一，又怎么样呢？

因此，让教育回归育人的本质，要给予人文、艺术、体育同等重要的地位，让生命与健康教育、审美教育、劳动教育、人文教育成为基础教育的核心。教育，须有效促进青少年具有自我一致的情感、自我贯通的能力、自我恒定的目标，否则容易导致自我意识危机。

教育的终极目的是让孩子们拥有健全的人格、健康的心态、健康的身体和一颗善良的充满爱的心，要让孩子们活得快乐、活得幸福、活得有意义。如此，学校教育还应该关注生活常识、学科常识、学习常识，开阔学生面向生活学习的视野，提高生活的本领，帮助学生

改善生活品质,遵循道法自然的规律,练就健康的心理,传承中华传统,建立民族自信。

🔍 成就专业发展:让每一位教师的职业人生更幸福

教师是教育实施的主体,他们内在地具有由教育情怀而生的对教育的认同、热爱、美德与使命等,这是选择、坚守教书育人阵地的原点,也是不断拾得教育的期待与满足、寻求生命的价值和意义的幸福所在。如同闵行中学马老师在学校组织的教育论坛——"今天,我们怎么做生涯导师"上,以一则案例《你笑起来真好看》分享自己作为导师的一段经历与思考、感悟:

高二语文新教材有一个单元叫"逻辑的力量",其中有篇作文的标题是"兼听则明"。大家都知道"兼听则明"这个成语,但新教材告诉我们兼听则明是有条件的:要广泛地听不同的意见,要听有思想、有智慧的各种意见,听后要学会分析判断。

教完这节作文课,我想带领学生做一次思维迁移,于是我从《论语》中找出了孔子的一个判断——"君子无所争",这个判断其实也是有隐含条件的,君子有争的时候,也有不争的时候,有的东西是君子争的,有的东西是君子不争的。带着这个条件,我检索了一下《论语》,从孔子的论述中找出"争"和"不争"两方面的论述。我还引用了英国诗人兰德的诗"我什么都不争,和谁争我都不屑……"

月考来了,作文题居然是关于"争和不争"的。我所辅导的学生小叶取得了作文最高分——68分(满分为70分)。

接下来,学校开展"班班有歌声"活动。我鼓励她去做主持人,小叶很是惊诧。高二年级里早就已经有了专门的主持人,她觉得自己只是在班级范围组织过活动,对于年级活动这样几百人的大场面,显得没有信心。我鼓励她"君子也争嘛",而且,"你笑起来很有感染力,全场气氛一定会被带动,你有着自己的优势!"并且和她说,我随时可以提供指导。就这样,我帮她修改主持词、演练,直到她圆满地完成了年级活动的主持工作。

细心的老师可能要提出一个问题,小叶同学的故事,前半部分是关于学习的,后半部分的转变是关于文艺活动表现的,这前后有联系吗?

我想,是有的!如果教育不能解放一个孩子的天性,不能唤醒一个生动而有趣的灵魂,你能指望他学好一门门课程?或者说即便考了一个不赖的分数,又有多大意义呢?

所谓师生关系，终究不过是一段陪伴与送别的路程。作为导师，我希望孩子们在离开高中校园的时候，留给我的背影不只是一个个漂亮的分数，还能解读出更丰富的生命图景：

强健的体魄、优秀的素养、昂扬的精神、挺拔的人格、有趣的灵魂……

这样的你多么可爱，此时的我多么骄傲！

爱岗敬业、关爱学生、为人师表、严谨治学、淡泊名利，这些都是教师应该具备的优秀品格。教师，因为特殊的职业属性，一直生活在道德的聚光灯下。一度，在急剧变化、价值观纷杂的社会里，媒体仿佛是用放大镜来寻找教师的过失与错误。个别教师的不良行为、小概率的教育现象，被无限放大、大肆宣扬和报道，影响社会对整个教师队伍的评价，以至于今天依然存在对于教师的"有罪推定"。但教育是一项很严肃的事业，需要专业的教师来做。我们要坚定：专业是最高的师德。从个人专业能力提高的实践，升华为教师群体的自觉，是教师道德自我塑造的现实途径。

教育是求善求美求真。千教万教，教人求真，千学万学，学做真人。教室里的每一个孩子，都可能是一个家庭的整个世界。教育是专业劳动，教师们心怀美好，去唤醒孩子们的心灵，去激发每个学生内在的创造力；教育是爱，教师用心关爱学生，学生才会学会关爱他人、关爱社会、热爱大自然，教育要让孩子的心灵自由生长。教育是艺术，教师需要身体力行地去实践探究，在"双新""双减"的当下，在提高学生课堂学习效益、提高学校教育效率上贡献专业智慧。

同时，作为知识分子，教师肩负着传播先进文化、引领社会风尚的责任。胸怀世界、心系民族、包容兼顾、开放文明，应该是自觉守法、团结互助、平等友爱、共同进步的示范群体，是文明观念、先进思想的生产者、传播者。

教师应该是社会的一股清流，学校应当是传承文明的高地，即便偶尔被误解、被质疑、被道德绑架，教师依然坚守课堂，坚守专业，心无旁骛，问心无愧：教育是为了每一个孩子未来生活更美好！这样的专业人生，应该成为广大教师的追求与执着所在。

🔍 建构育人生态：助力实现五育融合、全方位协同

面对新时代、新征程，如何坚持德智体美劳五育融合，引导学生全面发展、知行合一，帮助学生在长知识、长见识的过程中厚植家国情怀，树立理想信念，培养他们的实践能力和社会责任感，是关乎城市之运、国家未来的重大命题。而学校就是一个"生态系统"，其

中有各种各样的学科,有形式多样的课程平台,有千姿百态的教育教学方法,有丰富多样的实践体验空间。新时代的学校就是应该致力于系统建构一个开放、协同的育人生态,将学校育人、家庭育人、社会育人打通,实现五育并举、五育融合。

学校,是落实立德树人根本任务的主体,是高质量教育体系建设的主阵地。在学校内部,就是要努力构建课程育人、环境育人、文化育人等全方位的育人体系。家庭,需要回到自身的教育职责中来,担负起相应的职责:注重孩子品行养成、劳动习惯习得、为人处事,为孩子积极融入社会打好基础,形成与学校教育之间的功能互补。而社会中的大学、社区、行业等应该为学生发展提供尽可能的资源,成为学校教育资源的有益补充、专业力量的有益引领。如此,广大教师,便是这一育人生态中的枢纽——连接各方的"超级个体"。一方面,作为学科教师,要充分发挥学科育人价值;另一方面,应承担起学生个性化辅导的职责,连接家长、社区、社会等各种资源,成为各类育人活动的设计者、实施者,以及与校内外资源、家长的协调者。

我们期待,在这样的育人生态中,学生能够充分体验、综合发展,从而获得"跑步"的习惯和能力,而不仅仅只有"冲刺"的技能。

高中生涯导师制概览

🔍 人人都是生涯导师

实施高中生涯导师制,我们期待人人都是生涯导师。在育人方式改革的指引下,我们将生涯导师界定为:与学生建立稳定的结对关系,从学生个体的生涯发展特点和需要出发,指导学生更好地认识自我、探索外部、激发潜能、发展能力,为学生提供个性化的思想引导、心理疏导、学业辅导、生活指导、生涯向导的生涯辅导专业教师、学科教师和校外专业人士。这样,生涯导师类似于"有专长的全科医生"——在自己的专业学科指导上有所长,同时在涉及学生思想、心理、学业、生活、生涯规划等各领域有专长,都能够提供个性化的支持、帮助与辅导。

充分发挥生涯导航价值

学科教学是学校教育活动的主要内容,学科教师是学校教师的主要组成群体。将学科教师发展为生涯导师,能够发挥学科教师在学科核心素养培育与学科生涯规划方面的专业基础优势,尝试更多从"学科之魂""学科之眼""学科之法"去探寻学科育人的独特理念和方法,并加以综合考量,让学科核心素养生发出跨学科的综合素养。

为学生提供个性化学习指导。学习是高中生活的主旋律,学生和家长普遍看重学习成绩,它甚至成为左右学生日常身心状态的核心所在。在事关学习效率和成效的学习动机、学习情绪、学习意志、学习策略等各方面,如果能得到导师日常的积极关注、鼓励、辅导、反馈,甚至真诚的督促,学生的学习便会事半功倍。

> 陈同学在成长手册[①]中,写下这样一段感悟:
> 每周五的午休是我最期待的时光,是我们导师小组在学生图书馆固定的团体讨论时间。我们会带着一周的问题来交流,给我印象最深刻的是有一次我带了一道数学向量的问题,结果那天讨论出了5种不同的解法。我经常回想起那天的讨论,尤其

[①] 成长手册,即《闵行中学"6＋1"生涯成长手册》,是为了规范导师工作,学校制定的一项学生生涯成长档案制度举措,由学生以学期为单位记录导师指导学生的过程与感悟,并由导师反馈成长建议。

是每得出一种新做法时我们每个人都惊喜万分的情景。我本来不爱数学,理科成绩不是特别好,后来我很喜欢周五的讨论时间,经过与同学们的交流,我感觉自己的数学思维水平有了很大的提高。

发挥学科人文和科学价值,重构教学与实践活动。围绕生活问题、社会实际问题进行课程设计,重构学习讨论、实践操作、角色体验、活动反思、榜样研究等教学方法,并通过活动设计、课后拓展、同伴交流等,整合高考改革和课程改革的要求,带领、组织学生进行科学研究式学习,开展更多的项目化学习和专题性学习,甚至将学习环境拓展到实验室、博物馆、大学研究机构、产品生产设计场所中,让学生在真实情境中分析和解决问题,由此养成各学科核心素养,以及跨科学能力。

2020年,上海市公布首批中小幼"中国系列"课程,闵行中学的"进馆有益"位列其中。"进馆有益"是闵行中学为学生暑期生活度身定制的一项研究性学习课程——通过将上海众多文博场馆的优质社会资源与学生的研究性学习相整合,以课题研究引领学生走进这些场馆,积极参与社会实践研究活动。

学校将高一选修课程"进馆有益"和"生活中的历史"围绕博物馆展开教学,从文物、博物馆、城市三个维度展开,让学生们从小到大认识文博世界。在此基础上,引导学生参与以博物馆为中心的写作训练,鼓励学生参加由上海博物馆举办的"文博杯"征文比赛以及上海市"进馆有益"课题研究评比,通过比赛进一步提升学生的学习动力,形成"以赛促学"的良性循环。同时,通过导师制,导师与学生形成以点带面的"师导生研"研究性学习方式,将学生的自主学习、社会实践及志愿服务结合起来,提高学生自主探究和解决问题的能力。

正如一位闵中毕业生在回忆高中阶段的经历时坦言:"当时我是抱着'试一下'的态度参加文博大赛的,那时的我还在如何选科中游移不定。父母与周围人的建议使得我更偏向理科一些,当时的历史于我而言,还只是一个'懵懂'的爱好。从最开始的初选到正式参赛的时间里,我经历了很多,开始的随意准备在老师不断耐心指导下,逐渐发酵成一片赤诚之心。一次次跑办公室探讨细节,一次次在夜晚修改作品,很累,却也很值得。感谢学校和老师让我更加热爱历史这门学科。高考我的第一志愿是'文博专业',虽然没能如愿,但我进入了同样喜爱的'古典文献学'专业,它让我找到了心中的一份宁静和归宿。"

发挥学科生涯教育价值,引导学生连接今天的学习与未来的发展。学科教学与拓展活动为学生生涯发展服务,要使抽象的知识与职业导向经验相结合,引导学生进行有效学习。如数学学科教师引导学生调查数学在升学、培训和工作生涯中的重要作用,高中数学可能会应用于估算、结算、金融服务、定量分析、数学模型、数据研究、调查、建筑、管理等众多领域,所谓数学让生活更美好。因此,我们的学科教学也要树立为每一个个体生活得更美好的理念和价值诉求,将学科生涯教育的基本信息、学科代表人物、学科职业和行业前景、学科专业应用、学科相关重大热点问题、学科前沿知识等,融入学科教学和实践活动中。

> 历史老师林老师在成为导师后,一直在思考,历史学科生涯导师的任务是什么?历史学科旨在使学生学会从不同角度认识历史发展中的全局与局部、历史与现实、中国与世界的内在联系;培养学生从不同视角发现、分析和解决问题的能力,提高人文素养,形成正确的世界观、人生观和价值观。那么,将历史思维迁移在导师工作中,可以如何做?林老师做了诸多尝试,也收获良多。
>
> 高一学生正在学习中国古代史的内容,一些学生找林老师探讨不同书籍中对同一问题的不同看法。敏锐的林老师便引入王国维先生的一段话"吾辈生于今日,幸于纸上之材料外,更得地下之新材料。由此种材料,我辈固得据以补正纸上之材料,亦得证明古书之某部分全为实录,即百家不雅训之言亦不无表示一面之事实。此二重证据法惟在今日始得为之"。引导学生思考"二重证据法"的意义。有学生找林老师讨论时事类的问题,于是,林老师主动找了各类媒体的不同材料给学生阅读,帮助他们从不同视角深入了解事件的真相。寒假遇上新冠肺炎疫情,林老师组织学生学习如何在泛滥的信息海洋中厘清事件的真相与本质。
>
> 高一学生普遍对未来感到迷茫,但也充满好奇。于是,林老师安排学生与职业经历丰富的金融工作者一起对话。活动中,林老师请每位学生用一到两个问题,了解被访者的职业发展轨迹,并思考在国内外经济、政治形势迅速变化的背景下,个人如何从被动适应转为主动适应,思考人类在新时代的职业发展模式。

充分发挥学生发展指导价值

高中育人方式改革要求加强学生发展指导,即加强对学生理想、心理、学习、生活、生涯规划等方面的指导。事实上,这也是生涯导师在日常关注、关心学生全面与个性发展的过程中,会涉及的方面。

思想引导。指导学生树立正确的人生观和价值观,培养学生的责任感,对学生的行为规范进行指导和管理。

心理疏导。帮助学生树立信心,正确对待学习与生活中的困难与挫折;帮助学生缓解学习与生活中出现的焦虑情绪;引导学生正确进行亲子沟通和人际沟通。

学业辅导。帮助学生培养良好的学习习惯,引导学生探索适合自己的学习方法,指导学生发挥特长、弥补短板、合理选科,培养学生自主学习的能力,指导学生开展课题研究。

生活指导。指导学生进行健康管理,引导学生开展有益身心的休闲活动。

生涯向导。指导学生进行选科,帮助学生了解升学的路径、探知大学的专业、探索行业职业,寻找未来发展的方向。

在做了一年半的生涯导师后,韩老师在导师成长案例中写下这样几段话:

生涯导师制,以教育回归生活、关注学生生命成长为理念,使学校教育工作更加贴近学生的学习和生活,学生的知识建构与道德成长同步发展,真正提高教育的实效性。作为老师,并不只是在学业上帮助学生进步,更要在人生的方向上予以指引。生涯导师制就是从学生个体的生涯发展特点和需求出发,引导学生更好地认识自我,探索外部,促进学生做好选择并为之不断努力的个别化指导方式。

导师应该是德、才、识、能的综合体,作为导师,要不断地提高思想认识,强化师德修养,严于律己,言传身教,精心耕耘,无私奉献,以高尚的道德情操、高度的育人责任感、高超的教学艺术,把爱岗敬业和实现人生价值和谐统一起来,履行教师教书育人、为人师表的神圣职责。

作为导师,不仅要夯实学科基础,还要不断地开阔专业视野。要了解新的高考政策,了解高中的课程设置,了解学科、专业和职业的关联性,帮助学生科学合理地确定选考科目;为了更好地协助学生做好自我认知,导师还要了解并熟悉自我认知的方法,学习运用心理测验等方式了解所指导的学生;此外,导师还要熟悉学生的多元升学路径、各类招生的具体要求,帮助学生明晰升学路径,指导学生选择升学方向;导师还应该多关注学生的日常生活,及时发现学生存在的心理问题,助其解决一般的心理困惑,引导学生形成良好的思想品德,养成积极的生活态度,为此导师还要学习心理辅导的一些方法。

🔍 生涯导师核心团队的引领与支持

对很多老师来说,成为一名生涯导师是一项挑战。简单而论,生涯导师需要具备三个方面的素养和能力：从事生涯辅导的热情、意愿和亲和力；具备生涯辅导相对应的生涯指导专业能力；具备学科教师的相关能力。在现实工作中，很难找到三方面结合得完美的个体。因此，生涯导师队伍建设是一个逐步的过程，无法一蹴而就。

很长一段时间内，学校生涯教育由专业生涯导师、学科生涯导师、校外生涯导师发挥各自优势、协同辅导

每位教师均有其专业所长，因此在很长一段时间内，学校可由专业生涯导师、学科生涯导师、校外生涯导师发挥各自优势，以团队协同的方式完成导师职责。

专业生涯导师。通常由担任心理、生涯教育等方面工作的教师担任。他们身上最核心的能力是生涯规划辅导能力，能够支持与帮助学生进行自我认知、社会探索、生涯选择和规划，同时对他们进行心理疏导等。

学科生涯导师。由学科教师发展而来，他们的主要优势在于指导学生获得学科基本思想、方法、技能，引导学生关注学科相关职业前景和学术发展，促进学生获得优质学习经验、学习效能感，同时，借助外力资源，带领学生开展学科学习拓展和实践活动。

校外生涯导师。涉及在某一生涯集群有专业实践经验的校外专业人员，其优势在于引导学生了解当今的学习与行业应用、职业世界的关联以及进入某一行业所必需的知识和技能，发挥生涯发展榜样示范作用。

一位心理与生涯辅导专职老师在导师工作反思中写道：一定程度上，当导师容易，但是要当好导师，却很难。经过一段时间的工作实践，我发现选择自己做导师的几位同学都是偏文的，数学成绩都很弱，所以高一时，从对他们指导的有效性出发，我特地向数学老师讨教如何能够更好地学数学，也向几位同学的数学老师了解这几位同学的数学学习现状，并请数学老师对他们的弱项给予特别关注；到了高二，我开始担心自己的薄弱项如学业指导、课题指导会达不到他们的期待。如何结合学生的兴趣点、薄弱点，做好多学科联动，充分发挥我的优势，积极借力，成为我努力的方向。

一位学科教师在导师工作反思中写到：以前我一直认为作为老师只要讲好专业知识，帮助学生考出好成绩就好，做了导师之后，了解主动选择我做导师的几位同学频繁来找我探讨学科内外的各种问题之后，我意识到教师最主要的任务应该是帮助学生找到目标和动力，帮助他们更好地成长，助力他们成才。因此，我一方面在专业上努力钻研，他们都是因为喜欢我教授的学科、喜欢我的课堂而选择了我，另一方面，在课堂授课、作业辅导中我更加关注他们的学习状况，希望能够给他们提供更有针对性的辅导，事实上，学生也常常向我提出这方面的需求；另外，他们希望在我教授的学科上有更多的拓展学习，希望开展与学科相关的研究性学习，希望我能够更多带他们出去走走，用专业的眼光看待周围的事物。于是，我鼓励他们思考、提问、交流、分享。同时，这也给我自己带来一些"麻烦"。为了回答他们的问题，我也经常需要查阅各种资料，请教各方人士，为了帮助他们找到校园内外可以充分发挥能力的空间，我经常请教同事、朋友。虽然需要付出更多，但我们都很享受这个过程，因为我在他们身上，看到了自主成长的力量，看到了我自身成长的空间和方向。

建立以生涯导师胜任力为参照的分层培养与激励体系

要成为一名优秀的生涯导师，教师需要有相应的专业发展与成长。我们借鉴企业界的胜任力概念，建构生涯导师制胜任力进阶模型（见表1-1），努力搭建与此匹配的准入、培养与发展、评价与激励体系，并为每一位教师的自主发展与成长提供基本参照。

表1-1　生涯导师胜任力进阶模型

分阶	态度价值观	知识	技能	特质
准入	关爱学生 主动性	学科专业知识 教育学知识	换位思考 支持鼓励 分析与归纳能力 目标激励 问题解决 信息搜集与处理	民主开放 情绪稳定
骨干	教育情怀 育人敏感 学科核心素养 成果导向 宽容	心理学、生涯发展相关 知识、信息 实践性知识	倾听 创新 课题研究方法 计划和组织	亲和力
首席	育人理想 学科热忱 社会参与 学习发展	教育专题知识	共情 概念性思维 协同合作 资源开发与整合 成果表达 自我关爱	知行合一

由首席生涯导师组建核心团队,提供引领与支持

由首席生涯导师组建核心团队,形成生涯导师队伍的高地,为广大导师的成长提供支撑,引领其发展,从而更充分和精准地帮助与指导学生个性化发展。

核心团队中的每一位导师,既可在某一育人领域承担带头人职责,引领和指导该育人领域的导师开展工作,甚至带领团队开展相关主题研究;又可在学校育人的高度、前沿方向上,与其他核心团队成员协同合作,探索育人新举措;还可以为其他导师在面向学生开展个性化指导的过程中提供最专业、综合、有效的支持与帮助。

第二章

高中生涯导师制的现状与建设目标

本章
要点

以学生为中心：关注学生的使命与需求

一切，从了解"我们的学生"开始

发展是全面的，成长诉求是个性化的

个别化指导更受欢迎，实践指导最受瞩目，团队辅导褒贬不一

善于沟通的导师最有吸引力

以导师为支撑：关注导师的专业发展与幸福感

一切，从了解"我们的导师团队"开始

积极引导教师思想观念的转变：从"育分"到"育人"

促进生涯导师胜任力提升：从准入到首席

实现育人自觉：从"自发""有意"到"自觉"

以教师学习共同体为参照：关注导师制的有效运行

一切，从理解"生涯导师学习共同体"开始

一切，为了"生涯导师学习共同体"的有效运行

以学生为中心：关注学生的使命与需求

从 19 世纪 80 年代，杜威提出"以儿童为中心"，到 20 世纪 50 年代，罗杰斯提出"以学生为中心"，到 20 世纪 90 年代，建构主义强调以学生为中心，视学生为认知的主体，是知识意义的主动建构者[1]，再到今天，我们在落实"立德树人"这一教育的根本任务进程中推进育人方式改革，便是回归"以学生为中心"这一育人本质，需要关注当今的学生——他们是谁，有着怎样的基本特点和属性，担负着怎样的使命，有着怎样的成长诉求与期待，喜欢怎样的育人活动，喜欢怎样的老师等，并理解他们、尊重他们、培育他们，助力他们全面而有个性地发展，为他们适应社会生活、接受高等教育和未来职业发展打好基础，把他们努力培养成为德智体美劳全面发展的社会主义建设者和接班人[2]。

一切，从了解"我们的学生"开始

了解"我们的学生"是一切育人活动的开始。如同学情分析是教学设计与实施的重要一环。

同样，了解每一个学生，是师生互动的开始。如同家访是了解学生及其家庭，提高家校沟通、家校合力成效的良策。

今天，他们是"我们学校的学生"

每一所学校都具有独特的气质和特点/特质，在历史中内生，在发展中积淀，内形于学校的办学理念、人才培养目标和文化，外显于学校的办学质量、口碑形象和各项活动，体现为教师队伍的教育智慧、精神状态和教学育人实践，以及学生的生源构成、精神面貌与学业成就，是学校可持续发展的内在基因。因此，对学生的了解，有必要从其所就读学校的特质属性开始。

---

[1] 何克抗.建构主义的教学模式、教学方法与教学设计[J].北京师范大学学报(社会科学版),1997(5):74 - 81.

[2] 国务院办公厅.国务院办公厅关于新时代推进普通高中育人方式改革的指导意见[EB/OL].(2019 - 06 - 11)[2022 - 01 - 08]. http://www. moe. gov. cn/jyb_xxgk/moe_1777/moe_1778/201906/t20190619_386539. html.

学校类型是一所学校的基本属性，是我国教育事业发展进程中"重点学校制度"的产物，曾经在集中有限资源提高部分中小学教育质量、加快精英人才培养、促进我国社会主义现代化建设中起到了积极的作用。彼时，不同类型的学校有着不同的招生政策，甚至有各自的优先录取政策，由此催生了唯分数的教育生态，以及各地由不同类型学校组成的教育格局，并不同程度地影响至今。以上海市为例，高中学校分为五个类型：市实验性示范性高中、享受市实验性示范性高中招生政策学校、市特色普通高中、区实验性示范性高中和一般高中。一定程度上，学校类型成为判断一所学校的生源质量、办学质量好坏优劣的首要标准。学生的中考分数线便是这一标准的直观体现。"我们学校的学生"便也具备了一个成绩属性——在某一分数段或者全市排名某个位段。内观到学生的学习，便是其学习态度、学习习惯、学习策略与方法、学习能力、学习情绪、学习意志等学习品质的反映。

学校办学特色是一所学校内涵质量的表达，是我国当前教育综合体制改革中"布局具有多样化、有特色发展的高中"这一核心任务的方向所在，是为改变过去"千校一面"的教育现状，学校走向多样化特色发展的一大趋势。以上海市为例，当前有曹杨中学——环境素养培育特色，北蔡高级中学——航海文化教育特色，华东政法大学附属中学——"尚法"特色，甘泉外国语学校——日语见长、多语发展特色，闵行第三中学——空天素养特色等特色高中。特色高中以能够适应上海市功能定位、社会和区域经济发展为出发点，以形成成熟的特色课程体系、实施体系为特点，在自主招生、特色师资队伍建设、设备配置和经费投入等方面参照市实验性示范性高中相应政策，这对有意往各领域特长发展的学生带来了利好，也给各学校的生源质量、办学优势带来新的提升和突破空间。暂时未列入特色高中的学校也都在开发和建设特色项目、特色课程，向创建特色高中努力。"我们学校的学生"也便开始有了多样化的特色属性——在某一方面有特长，或对某一领域感兴趣，或期待在某一方面培植竞争力，或对未来服务某一区域经济发展领域有相对明确意向。内观到学生的成长与发展，便是其全面而有个性发展的表达与成长、发展空间。

以闵行中学这所上海市实验性示范性高中为例，受到多所市实验性示范性高中分校（即享受市实验性示范性高中招生政策学校）的影响，学校的生源质量一降再降，一度陷入试图提分却不得的尴尬境地。在2014年前后，闵行中学招录的学生既有中考成绩在闵行区居前10%的优秀学生，也有成绩在全区只能排进前40%、来自薄弱初中的名额分配生，两者的中考分数相差逾50分。在2022年实施中考新政后，甚至达到100分。学生层次差异明显、个体发展不平衡的现象非常突出。怎样激发并维持层次差异明显、学习动力不足学生的学习兴趣和学习动力，如何让每个学生找到符合自己个性的成长方向，是闵行中学亟待解决的问题。

　　一个孩子对于一个家庭来说几乎是全部,因此,我们从学生入学开始,就用"生涯教育"来引导孩子认识自我、找到适合自己的奋斗目标,探索未来发展的无限可能,从而确立自己的人生方向,增强信心和主动性,成长为最好的自己。慢慢的,我们探索形成了关切学生实际需求,把生涯教育的理论和实践与学生的发展紧密结合,形成一种触动心灵、感动生命、能被学生接受内化的教育模式:逐步形成了学业规划、自我发展、生涯探索三方面的生涯教育目标,"生涯与发展"校本课程与在学科教学中落实生涯教育的生涯教育课程体系,以及"生涯认知—生涯测试—生涯体验—生涯实践"的生涯教育模式途径,总结形成了"生涯准备、生涯觉醒、生涯模拟"三阶段,"公益劳动课程化、生涯讲堂系列化、暑期实践个性化、海外课堂学术化、科创孵化机制化"的"五化"实践模式。

明天,他们是社会主义的建设者和接班人

　　2018 年 9 月 10 日,习近平总书记在全国教育大会上明确指出,"我们的教育必须把培养社会主义建设者和接班人作为根本任务"[①],明确了为谁培养人、培养什么样的人、怎么培养人等关乎教育事业发展的核心定位。学校和每一位育人工作者必须从当下实现中华民族伟大复兴的战略全局和世界百年未有之大变局之"两个大局"的视角与历史站位,理解这一根本任务的内涵及其对学生成长发展的价值引领与期待。同时,将自己的人生理想融入国家发展和民族复兴的伟大事业中,是"我们的学生"成长成才、实现人生价值的基本遵循。未来,"我们的学生"是社会主义的建设者和接班人,是承载着民族复兴大任的时代新人。

　　他们要有家国情怀,爱党、爱国、爱家乡、爱人民、爱社会主义。他们要对党、国家、家乡、人民、社会主义制度、中华传统文化以及中华民族复兴有着强烈的情感认同与热爱,愿意自觉遵守集体的价值观念与社会主义核心价值观,传承和弘扬中华优秀传统文化和革命文化,发展社会主义先进文化,自觉遵守公民道德,乐于服务家乡社会和经济发展,并外化为责任担当。

　　他们要获得全面而有个性的发展。他们要德智体美劳全面发展、和谐发展——有坚定的理想信念,有大爱大德大情怀,有奋斗精神,德才兼备,有扎实的学识,有广博的见识,身心健康,有审美能力和人文素养,有劳动精神、奋斗精神与创新创造能力。同时,他们是自觉、自主发展的,需求不断被满足,能力不断拓展,性格特点不断完善,社会交往不断丰

---

① 习近平出席全国教育大会并发表重要讲话[EB/OL].(2018 - 09 - 10)[2022 - 04 - 23]. www. gov. cn/xinwen/2018-09/10/content_5320835. htm.

富,进而实现自由个性,得到真正意义上的自由而全面的发展。

他们要努力做到知行合一,勇于创新,敢于担当。他们要主动学习、善于学习、深度学习、联系实际学习、终身学习、向他人学习、向历史借鉴,并且要注重理论联系实际,学以致用、勇于探索、实事求是、敢于担当、意志坚定、持之以恒,以知促行、以行促知,努力做到知行合一。特别值得一提的是,随着社会的演进、科技的发展、产业的变革,全球创新版图在重构,全球经济结构在重塑,全球政治格局在重建,我国在越来越多的方向进入与领先国家并行甚至领跑的阶段,中华文化需要创新表达、创意应用,中国形象、中国声音需要对外传播、塑造。这些都需要具备各领域知识、技能的时代新人们传承优势、打破桎梏、勇担重任、不断创新创造、担当前行。

他们要有国际视野和全球眼光。新时期,全球经济、政治、文明均进入竞合时代。"我们的学生"需要具有立足中国、关怀人类的意识,一方面坚定中国立场,为中华民族伟大复兴贡献力量,另一方面关注全球进步,关怀全人类的美好生活与未来,积极参与全球治理议题如气候变化等;需要具备开放包容、兼容并蓄的胸怀,一方面坚定中华文化自信,了解中国的历史与未来发展趋势,另一方面知晓国际政治、经济、历史发展趋势,通晓国际规则、法律法规、社交礼仪、风俗文化,能够开展国际交流、合作与竞争。特别值得关注的是,当下我国急需大量高素质的国际组织人才——参加国际议事与决策、维护国家形象与利益,打造与我国实力相匹配、有益于构建人类命运共同体的话语权。

🔍 发展是全面的,成长诉求是个性化的

学生的发展是全面的,既需要参照中国学生发展核心素养,全面提升学生综合素养,又需要参照各学科核心素养,发展与学科学习相关的正确价值观、必备品格和关键能力。

学生的发展是个性化的。世界上没有相同的两片叶子,也没有相同的两个学生。每位学生都是独一无二的,有着自己的知识、技能图谱,建构着自洽的世界观、人生观、价值观体系,有着对自己未来的畅想和憧憬,也有着当下日常的需要与困惑。

发展是全面的

他们处在高中教育阶段——在义务教育基础上进一步提高国民素质、面向大众的基础教育。高中教育的任务在于促进学生全面而有个性的发展,为学生适应社会生活、高等教育和职业发展做准备,为学生的终身发展奠定基础[①]。

---

① 中华人民共和国教育部.普通高中课程方案(2017年版2020年修订)[M].北京:人民教育出版社,2020:1.

以中国学生发展核心素养为本,全面发展。以落实党的教育方针,落实立德树人根本任务,培养全面发展的人,提高我国 21 世纪人才核心竞争力[1]为出发点,科学细化为具体的人才培养目标,我国发布了《中国学生发展核心素养》,该研究成果以马克思主义为指导,充分体现社会主义核心价值观,充分吸收了中华优秀传统文化的营养,洋为中用、批判性地借鉴了核心素养国际研究的构建方法与合理成分。《中国学生发展核心素养》以培养"全面发展的人"为核心,分为文化基础、自主发展、社会参与三个方面,综合表现为人文底蕴、科学精神、学会学习、健康生活、责任担当、实践创新等六大素养,具体细化为国家认同等十八个基本要点。《中国学生发展核心素养》是导师育人的依据,也是学生自主发展的参照。

以学科核心素养为指向,全面发展。每一门学科均有其独特的育人价值。学科核心素养为我们丰富学科教学活动的内涵、挖掘学科育人的价值开阔了视角。我们不仅要关注学科知识的掌握程度、做题的熟练程度,还要关心学生的学习过程,更要通过指导学生科学实践,培养他们用学科和跨学科的知识、技能、方法、思维、观念等,尝试"以学科专家的方式"分析和解决问题,开展探索性的创新、创造、创意活动;也要鼓励学生勇于探究,寻求对人类、自然、社会更加深入、多元、与时俱进的理解与发现;也要建立学科学习与未来专业、学术发展,学科学习与生活之间的关系,用学科观念、知识、思维、技能去理解生活、解决生活问题,拓展学科学习的内容,了解其学术前沿、科技应用,以及各学科与大学专业的相互联系;还要在这些学习、探索、实践的过程中培养学科思维,掌握各学科认识世界、理解世界、创新创造的视角、范式与方法。学科核心素养是导师进行学科教学、学科育人的宗旨,也是助力学生实现基于学科的全面发展的指引。

在《中国学生发展核心素养》的基础上,学科核心素养充分挖掘各学科的育人价值,两者总体对应、各有侧重、稍有差异,是我们教书、育人的出发点与落脚点。

成长的诉求是个性化的[2]

高中阶段的学生处在生理快速发育,由依赖走向独立,从自然人过渡到社会人的重要阶段。他们一方面在努力学习、达成学业目标,另一方面也在发展自我、走向社会、探索人生方向。其间充满了各种矛盾——独立性与依赖性之间的矛盾、闭锁性与交友意向之间的矛盾、求知欲与认识水平之间的矛盾、性冲动与自控力之间的矛盾、要求理解与难被他

---

[1]　林崇德.构建中国化的学生发展核心素养[J].北京师范大学学报(社会科学版),2017(1):66 - 73.
[2]　该部分内容由课题不同阶段面向导师、学生实施的问卷调查、访谈的相关数据分析、结果讨论提炼总结而成。

人理解之间的矛盾、理想与现实之间的矛盾①等,这些矛盾既为他们的发展提供了契机和动力,也隐藏了危机和隐患,再加上家庭、学校、社会环境等的影响,使得这个阶段的他们充满矛盾和冲突。《中国国民心理健康发展报告(2019—2020)》指出,高中生的抑郁检出率接近四成,其中中度抑郁的检出率为 10.9%~12.5%②。同时,此时的他们自尊感稳定性差、情绪容易波动,在与周遭世界互动的过程中,常常不自觉地处于防御、自闭、自卑、多疑、以自我为中心的心理状态中,觉得没有人可以理解自己,同时迫切地希望有人可以关心自己、懂自己,可以与自己交心。导师便是校园中可以最大限度对学生予以个性化关注的良师益友。

学业提升是硬核,迫切需要个性化学法指导与目标管理辅导。学习是高中生活的主旋律,成绩是评判学业表现的依据,更是关乎未来选择与发展的核心要素。他们看重学业,在意学习成绩,对于学习,他们有各种担心和焦虑,堪称最大的压力源。然而,对于大部分学生来说,大大小小的测验和考试的成绩是外显的,可以粗略地评判学习好坏,却存在两大盲区。其一,"我的方法对不对呢?""我是不是还在用老师说的初中的学习方法?"这一盲区说明学生对自己知识的掌握水平没有恰当地评估,对自己未掌握的知识、未习得的解题思路不甚了了,对于自己的学习策略和方法没有感知,就更不用说能够在头脑中形成知识图谱了。这时,他们需要有人对其进行学法指导,希望老师帮助做一对一的试卷分析,能够指出他们学习中存在的问题、需要调整的策略和方法,帮他们"补课"。因此,很多同学会选择自己相对学得不好的科目的任课老师为导师。其二,"我这个分数是个什么水平呢?""我在学校里的这个排名,意味着什么呢?""这次考试我在全区排名××,和目标学校的差距有多少了呢?""从我的这个一模成绩看,我能上什么大学了呢?"他们普遍关心自己未来能否考取大学,却不知道自己的成绩与目标/意向大学的距离有多远。他们迫切希望有老师能够清晰地告知,并且和他们一起探讨短中长期目标与策略。事实上,这些均是学生主动向导师咨询、了解的问题,获得导师的分析、鼓励、策略指导之后,他们的学习会更有章法,成效更加显著。

学业拓展是加分项,希望获得课题指导,进行知识拓展,开展应用实践。高中生思维能力和创造力迅猛发展——抽象逻辑思维占优势,并由经验型向理论型过渡,辩证逻辑思维迅速发展(总体仍明显滞后于形式逻辑思维),在好奇心的驱动下,很多学生会对高中知

---

① 卢家楣.青少年心理与辅导——理论和实践(第三版)[M].上海:上海教育出版社,2016:17.
② 唐唯珂,文若楠.绝望与希望:困在"无形之网"中的孩子[EB/OL].(2021-10-10)[2022-04-20].http://www.21jingji.com/article/20211010/herald/39144866724c04a43a07087a6f56052d.html.

识的拓展与前沿、应用与发展前景等产生浓厚的兴趣,希望能够开展拓展学习和研讨活动,学科导师和导师组内对学科感兴趣或有优势的同学便是极好的共同学习者。在创造力方面,高中生处在上升趋势中(虽然总体起伏波动),创造性思维发展进入关键期,开始带有较多的现实性、主动性、有意性,创造性思维敏捷,热情高[1],他们希望参与课题研究、小发明小创作、社会实践、文学创作等。可以说,这个阶段是学生创新、创造的黄金时期。再加上当前研究性学习成果是高校综合素质评价录取中的重要参考,所以学生普遍期待导师能够在研究性学习上给予帮助。对于大部分高中生而言,他们尚不知道该如何选题,如何设计、实施课题研究,也不知道如何撰写课题报告,学校开展的相关报告、小课程只能让他有个基本的认知,具体到个人课题项目上,却需要导师能够给予有针对性甚至手把手的指导。实践中,很多学生在导师的指导下,开展大学先修课程学习、学科知识应用类社团活动、志愿者活动、研究性学习课题研究、科创类发明创造、文学作品创作、创意作品、模拟炒股、营销实战等活动,并且取得了喜人的成绩。

未来畅想是关键,希望了解外面的世界与可能的选择。此阶段的青少年开始探寻"我是谁"这个生命核心课题,我是谁,我在哪里,我未来在何方等一系列问题,便一直萦绕在他们心中,寻求自主、独立的他们期待做出适合自己的选择,能够找到适合自己的路。按照生涯大师舒伯的生涯发展阶段论,高中阶段的学生正处在生涯发展探索期(15～24岁)的第一个小阶段试探期(15～17岁),他们正考虑需要、兴趣、能力与机会,开始有了暂时性的决定,并将这些决定在幻想、讨论、课业和工作中细加思量,考虑可能的职业领域和工作层次[2]。在我国教育体制下,今天的高中生学业压力更大,工作相关体验较少,他们更关心未来的发展方向,以及可能的大学选择以及可以达到的状态。新一轮教育综合改革下,拥有更多选择权的他们需要"做好自主选择",面临综合素质评价的他们需要更加"自主发展",走班等现实制度下要求他们能够"自我激励"[3]。内驱和外部压力下,他们期待更了解自己、知晓自己可以有的选择,并朝向目标努力和拼搏。实践中,学校组织各领域各行业人士入校做报告,导师组织正在读大学、硕士、博士的毕业生与学生交流分享,组织学生去大学探访,组织去企业参访,与各职业人士交流互动,均备受学生欢迎。其间,最难能可贵的是,很多学生在导师和同学们的陪伴下,开启了自己向外探索,与陌生人、成年人、权威人士交流的旅程。

心理调适是必备,希望得到情绪疏解与支持鼓励。高中生尚处在大脑快速发育的进

---

① 卢家楣.青少年心理与辅导——理论和实践(第三版)[M].上海:上海教育出版社,2016:51-61.
② 金树人.生涯咨询与辅导[M].北京:高等教育出版社,2016:77.
③ 徐国民,杜淑贤,钱静峰.中小学生涯教育理论与实务[M].上海:上海交通大学出版社,2017:27-29.

程中,多巴胺的神经回路异常活跃,他们有着易冲动的大脑,很难控制自己的情绪和行为[1],因此他们非常容易出现要么大动肝火、烦躁,要么闷闷不乐、无聊、抑郁的情况。同时,他们的生活很容易被情绪支配,导致冲动、喜怒无常,甚至有时会做出极端的行为[2]。随着他们越来越学会控制表情和神态,常常表现出情绪文饰,即有意识地用外部显露的某种情绪表现来掩饰其内在的情绪体验,显得表里不一,让人看不出或看不透。情绪风暴背后是高中生在学业、自我意识、人际交往、生涯发展等诸多方面的进步、成就、问题、困惑、压力夹杂在一起的综合反应,这与大脑发育有关,也与周围环境和日常生活有关。所有情绪上的痛苦都有一个共同点,那就是有一种要改变当下现实的愿望[3],比起焦虑、责备,批评,他们更需要以平常心待之,被接纳,获得理解、宽容、支持、鼓励,这样才会感觉被尊重、被信任,进而生发出韧性、勇气和力量。此时,同伴是高中生最主要的人际关系,但是来自父母,尤其是老师的接纳肯定、支持鼓励同样重要,尤其是在某次考试或测验成绩不理想导致情绪低落、沮丧之时。实践中,导师一句宽慰的话"这次应该就是×××的原因,我们一起克服掉就好了""我看到你这段时间很努力了",一句鼓励的话"我一向看好你!""你看,我就说你行的吧!"某次与学生约着在食堂午餐闲聊,一个鼓励的眼神,看到学生的进步后在微信朋友圈"晒"出的由衷高兴之情,都会给学生带来莫大的支持和无穷的力量。

生活感化是调剂,希望"我能慢慢成为像你一样的人"。都说教育是一棵树摇动一棵树,一朵云推动一朵云,一个灵魂唤醒另一个灵魂。很多时候,一位导师对学生的感化作用往往潜藏在一些生活小细节中。一位学生会选择隔壁班的班主任为自己的导师,是因为有几次看到这位老师午间在校园里弹钢琴;一位学生选择某位老师为导师,是因为欣赏她雷厉风行、从不拖拉、果断坚强的气质与行事风格;一位学生喜欢去找导师请教难题,是因为喜欢闻着老师办公室的咖啡香;一位学生喜欢自己的导师,是因为总是看到他带着孩子在操场上踢球;学生总是期待导师带他们外出实践,是因为导师总能在实践之余,领着他们寻觅弄堂里的美食,跟他们讲述上海街头的故事。带着这些对美好生活的向往,他们与导师之间多了更多话题与亲近感。当然,还有一些学生,因为家庭原因,生活上遇到很多困难,导师的帮助便是最大的温暖与慰藉。带着这样的情感,以及"我能慢慢成为像你一样的人",抑或"长大后我就成了你"的期待,学生与导师成了良师益友,甚至一生的

---

① 卢家楣,李伟健,樊富珉,金盛华.青少年心理十万个为什么[M].北京:科学出版社,2018:44.
② 西格尔.青春期大脑风暴 青少年是如何思考与行动的[M].黄珏萍,译.杭州:浙江人民出版社,2015:04,46.
③ 斯蒂克思鲁德,约翰逊.自驱型成长——如何科学有效地培养孩子的自律[M].叶壮,译.北京:机械工业出版社,2020:91.

朋友。

思想引导是隐藏项,喜欢共同探讨社会与人生。以学生的视角来看,他们不喜欢被"教导",不喜欢"思想教育",高中阶段的他们正在建立自己的世界观、人生观、价值观,开始对人类、社会、自然有自己的想法,喜欢接近有思想的人,期待能与他人交流想法、思想碰撞。实践中,有的导师在疫情封控、居家上网课期间,定期与学生探讨社会热点事件,让学生津津乐道;有导师与学生约定时间,从讲解习题到探讨相关历史事件与时事热点,让学生沉浸其中;有导师全程带领、指导学生完成一个政协提案,都让学生获益匪浅。

个别化指导更受欢迎,实践指导最受瞩目,团队辅导褒贬不一[①]

导师的工作形式很多样。以闵行中学为例,导师们在与学生的互动中,探索尝试了诸如一对一个别谈话、测评解读、午餐会、小组会、读书会、影视欣赏、在线打卡、组队参赛、周记/写作交流、辩论会、模拟演练、社会实践、外出参访、家校合力、引入外力(包括学长学姐、毕业生、亲朋)等各种各样的形式。总体来说,可以分为个别化指导、团队辅导和实践指导三类。

个别化指导更受欢迎

个别化指导是导师和学生之间的一对一交流,时间和频率不限,地点可以在线上,也可以在线下,开展形式相对灵活。有的老师会每周开放固定时间作为自己与学生的一对一交流时间,接受学生的提前预约;也有的时候是在校园偶遇时进行简短的交流,或者适时登门家访。

这一指导形式针对学生的即时困惑、需求和问题,能够最及时、深入、有针对性地了解学生、帮助学生,可以是学生主动找老师交流,寻求帮助,也可以是导师发现教育契机,适时对学生进行干预与辅导,辅导内容几乎涵盖关于学生成长的方方面面。

这类沟通是最具个性化的指导形式,是最受期待和欢迎的指导形式。

实践指导最受瞩目

实践活动的活动范围则比较大,多以团队的形式进行。有的导师带领学生走出校园,开展社会考察、城市行走等活动,开阔学生的视野,促进学生对社会和生活的理解和认识;有的导师组织学生走进大学校园,探访学长学姐的大学生活,促进学生对大学、专业的认

---

① 该部分内容由课题不同阶段面向导师、学生实施的问卷调查、访谈的相关数据分析、结果讨论提炼总结而成。

知和感悟；有的导师指导学生走进企业，了解职业人的工作与生活方式，促进学生对各行各业的认知；为他们探寻自己的未来方向提供体验和探索的土壤。值得一提的是，实践指导也是校外生涯导师的主要工作方式。

这类活动的计划通常由导师与学生共同制订，有前期策划、过程执行和结束总结三个步骤。主题可以由导师确立，也可以由学生确立；组织者可以是导师，也可以是学生；导师可以是领导者，也可以是资源推荐者和陪伴者。导师可以发起创新课堂、课题研究，也可以举办学生们感兴趣的活动，或者将两者结合。学校可以将春秋游、社会实践等活动以导师分组指导的方式进行，也可以由导师独立指导学生社会实践小分队活动。

这类活动符合学生探索世界、社会参与的期待与好奇心，因此备受瞩目。

团队辅导褒贬不一

团队辅导是导师对组内成员开展的辅导活动。师生可以共同确定辅导主题，根据实际需要，约定线上或线下开展。

这类活动的开展形式可以是导师组内的例行会面，也可以是根据组内同学感兴趣的主题适时举行活动，比如有导师组织每月一次读书会、影视欣赏、社会热点话题讨论，有的导师利用毕业生回校看望老师的契机，组织同组内学生的交流活动，有的导师组织校外导师与学生一起运动、交流等。

高中生是普遍喜欢与同伴交往的群体，在群体对热议话题的深入交流中，相互学习、共同进步。也有小部分学生反馈，希望导师"非必要不活动"，更期待导师"作为一个资源存在，学生有需要来找，没有需要则不用特别出现"。

善于沟通的导师最有吸引力[1]

什么样的导师最有吸引力？你会选择谁做生涯导师？学生有各种各样的答案。有的学生会选择自己的班主任，有的一定不选择自己的班主任；有的学生会选择心理老师，有的则较少考虑心理老师；有的学生会选择自己的任课老师，有的则会选择教研组长；有的学生会选择年级组长，也有的学生会选择校长；有的学生选择年长的老师，也有的学生选择年轻的老师。在一项面向全校学生（$N=1510$）的调研中，可以看出学生的一些偏好与倾向。

校内导师中，专业生涯导师最受青睐。38.34%的学生倾向选择专业生涯导师作为自

[1] 该部分内容由课题不同阶段面向导师、学生实施的问卷调查、访谈的相关数据分析、结果讨论提炼总结而成。

己的导师,22.58%的学生倾向选择本班班主任,21.52%偏好本班任课老师,14.04%偏好非本班的优秀教师,3.51%选择其他。

校外导师中,行业资深人士和在大学就读的学长更受欢迎。40.66%的学生希望选择行业资深人士担任校外导师,28.94%希望在大学就读的学兄学姐来担任导师,16.29%的学生希望是行业青年才俊。

更多基于自己的生涯目标选择导师。当被问及选择导师时最主要的考虑因素时,占比由高到低的因素分别为:自己的生涯目标(46.29%)、自己的学科兴趣(23.18%)、导师的个人魅力(14.30%)、导师与自己关系的亲近程度(13.97%),其他(2.25%)。

善于与学生沟通是学生心目中的优秀导师特质。当被问及优秀导师应该具备什么特质时,79.80%的学生认为是善于与学生沟通,其次为爱心和耐心(45.43%)、乐观幽默的性格(43.77%)、生涯指导的能力(41.19%)、心理辅导的能力(33.18%)、丰富的学识(31.52%)、良好的教学能力(24.24%)。

以导师为支撑：关注导师的专业发展与幸福感

《关于全面深化新时代教师队伍建设改革的意见》明确提出教师育人意识和能力有待加强，要强化教师育人能力的培养[①]。建立高中生涯导师制，加强对学生的全方位、个性化指导，帮助学生认识和发展自己的潜力和特长，对学生的健康成长和个性化发展具有重要意义，是贯彻加强学生发展指导，推动实现全科育人、全程育人、全员育人[②]的重要途径，是现今高中教育极为迫切的任务。关心导师的专业发展与幸福感，是生涯导师制可持续发展，提升教师育人意识与能力，推进基础教育强师计划的关键所在。

一切，从了解"我们的导师团队"开始

了解"我们的导师团队"是导师制队伍建设的开始。对一所学校导师团队的盘点，是评估一所学校是否为导师制运行做好准备的重要一环，也是实事求是地制订导师制队伍建设目标与推进计划的起点。

了解每一位导师，是关心其专业发展、职业幸福感的开始，是激发导师自主成长的动力之源，也是为学校导师制队伍建设制订培养培训计划的参照。

今天，初见导师队伍的雏形

导师制在基础教育领域起步较晚。一所学校在启动导师制之前，要在策划导师制的推进、运行方式方面仔细考量：我们是否有一支导师团队？哪些老师具备导师的潜质？哪些老师能发展为优秀的生涯导师？等等。在过去几年的探索实践中，我们发现不乏有些学校仓促启动，采用简单近乎粗暴的"任命—启动工作"方式推进，结果无疾而终，老师们在谈到导师制时，均是面面相觑、频繁摇头，这样的结局实在令人感到惋惜。

---

① 中华人民共和国教育部.教育部关于全面深化课程改革落实立德树人根本任务的意见[EB/OL].（2014 - 04 - 08）[2022 - 01 - 15]. http://www. moe. gov. cn/srcsite/A26/jcj_kcjcgh/201404/t20140408_167226. html.

② 同①.

我们的老师是否有一定的准备度？我们学校有望建设一支怎样的导师队伍？如何建设起步队伍？

这些都是需要首先考虑的问题。很少有学校能达到起步便"人人都是导师"的理想状态。一些学校做了先验尝试和探索：既有综合的全员导师制（全员、指导内容全面），又有专项导师制，如心理健康导师制（以解决心理困扰为主）、阅读导师制（以指导课外阅读为主）、课题研究导师制（以指导研究性学习为主）。如上海市复旦附属中学是以学科背景、教育素养为依据组建导师团队，基本是以学科导师为主体开展导师工作，一名导师与10～15名同学通过双向选择进行匹配。上海多数学校采用的是团队辅导和个性辅导相结合的方式。最终采取何种模式与学校对导师制的定位有关，也与学校现实、学生需求有关。

以闵行中学为例，学校有很好的心理健康教育基础，也在近年来推进生涯教育，经由生涯教育全员培训、种子团队课程与教材开发、骨干团队生涯导师培训（两轮）、日常心理与生涯咨询等一系列理论联系实际的训练活动，造就了一支生涯与心理教育骨干团队。从前文提及1/3以上的学生希望选择心理与生涯老师为导师看，毋庸置疑，这是一支最具有能力、潜质的导师队伍。

同时，在推进生涯教育的过程中，我们认为，这些具有不同学科背景的生涯与心理老师更能结合课程、学科对学生开展有针对性的辅导，比起专业心理老师，他们更能清楚地回答"学了这个学科有什么用""我对某门学科感兴趣，未来可以选择哪些大学和专业""这个知识点是不是可以用来解释××××现象？"等学生关心的有关学科学习价值与未来的问题，他们在课堂教学中融入、渗透生涯教育，并取得良好的成效。正值学生发展指导、新课标对建设学生发展指导队伍和导师团队提出了明确要求，我们进一步明确，学科老师也是很好的、有潜力的生涯导师，甚至，学科老师应该并且也可以发展为更好的生涯导师。

同时，在学校推进生涯教育的过程中，学生对各行业资深人士进校做主题报告兴趣浓厚，在科创教育的过程中，学校周边大学和企业资源，以及家庭资源均发挥了极其重要的作用。

因此，我们进一步明确：将充分发挥心理、生涯老师的优势，着力发展学科教师为生涯导师，同时起步建设一支由专业生涯导师、学科生涯导师和校外生涯导师共同组成的生涯导师队伍，并在2019年新入学年级中试点。

生涯导师队伍具备怎样的优劣势？如何充分发挥他们的优势，并逐步发展、全面成长？

粗略看，一所学校中，年级组长、班主任、心理老师、科创指导老师是最有潜力做导师的,且各有优劣。

以闵行中学为例,在起步的导师团队中,可以细分为如下几种群体。

第一,由心理老师发展而来的生涯与心理老师。他们最大且独特的优势在于具备心理、生涯辅导知识与辅导实务技能、经验等,不少学生反馈,当他们陷入困境(尤其是情绪方面)时,心理老师的陪伴,以及用心理学知识所做的解释往往让他们豁然开朗;有不少学生反馈,生涯辅导中有关学生自我认知、自我建构等部分的内容,心理、生涯老师能帮他们更加全面、深入地分析自己以及与他人的互动等。同时,攻读心理学专业的心理老师一般具备社科类、实验设计类课题研究的基础,在指导学生研究性学习时也能发挥积极的作用。其劣势与需要发展的方面在于对学科知识,以及与高中科目相关的大学专业、未来发展等涉猎较少。在情绪疏导、了解自己方面需要获得支持帮助的学生,更愿意选择心理老师作为自己的导师,甚至有的学生平均每周都会与自己的导师互动,导师成为其强大的社会支持源。也有部分对心理学感兴趣的学生会选择心理老师为导师,并成为心理社团的一员甚至社团领导者,在心理老师的指导下,开展面向学生的心理健康社团活动。

第二,由对心理学、生涯教育感兴趣的学科老师发展而来的生涯与心理老师。他们具备一定的心理学、生涯教育知识、技能,能更好地与学生交流互动,这是他们可以进一步学习、将这一优势更全面发挥的方面。他们的最大优势在于可以将学科育人与心理学、生涯教育育人相结合,在辅导学生学业的过程中更能从心理学的视角分析学生特质与学习品质、特点的关系,更有针对性且深入地指导学生,形成学科教学与生涯教育融合的自觉,与学生探讨学科在生活、科技、社会中的应用,以及大学专业选择等。因此,对学业指导与心理、生涯支持均有需求的学生会选择他们作为自己的导师,甚至有部分学生和导师一起进行了诸多学科拓展与应用实践探索,比如政治学科导师带领学生参加模拟政协写提案比赛、模拟证券投资;比如化学老师指导学生结合化学在生活中的应用开展实验设计与实施的活动等。

第三,由校级领导发展而来的生涯导师。校长、副校长同时以导师制引领者、管理者的角色担任导师,能够更好地看到导师制工作规划、实施过程中存在的问题,并为导师制的顺利开展进行资源建设及其优化配置。他们基本上都是各学科特级或高级教师,甚至是教材编写者、师范院校相关学科硕士生导师、高考命题专家等,因此其学科权威的属性使得他们在学科教学、拓展方面对学生有着强烈的吸引力;同时,他们的管理者身份,在学生和家长看来,意味着视野更开阔、资源更丰富,这也会成为吸引学生选择的一大原因。在导师工作过程中,历史学科背景的副校长导师会在疫情居家上网课期间,与学生从历史学科的视角讨论人类社会与疫情的关系、疫情在历史演进中发挥的作用等,并拓展至以线上聊天的形式,每周围绕疫情中的热点话题开展讨论,这对学生的学科素养提升、视野开阔,以及疫情居家学习期间的积极应对,起到极大的积极作用。

第四,由年级组长发展而来的生涯导师。很多学校的导师制以年级为单位展开,年级组长承担导师团队管理、导师工作组织者以及导师的职责,同时他们兼任学科教研组长、资深班主任,因此在学科教学、班主任带班上富有经验,在关注个别学生发展方面更有自觉行为,同时他们的最大优势在于对学校的办学质量、本年级的学业发展水平有更清晰的认知,能帮助学生从学校整体、历史数据的角度合理制定学业发展目标。

第五,由班主任发展而来的生涯导师。班主任在过往带班的过程中有着更加丰富的教育活动组织、个别学生辅导等经验,更容易觉察学生需求,并给予帮助。在实际担任导师的过程中,也可以结合班级工作进行拓展,给予学生更有针对性的辅导。当然,班主任的受欢迎程度与其带班风格相关,有的学生会坚定地选择自己的班主任为导师,但也有的学生会选择其他老师为导师。

第六,由学科老师发展而来的生涯导师。他们的优势在于其对学科核心素养的把握,以及在学科拓展、应用等方面的了解与积累。相关学科薄弱或优秀的学生都会倾向于选择讲授该学科的教师做导师。值得肯定的是,日趋理性、客观的高中生看到有些学科老师在互动之初的紧张忙乱以及过程中的努力时,会有更多的感触与成长。曾有一个学生请导师(物理老师)去参加自己的校内辩论赛评委,导师应允,而且带着笔记本、做了充分准备而来,现场从物理视角发表了不同寻常的点评,给活动带来了乐趣,让学生感动。或许,那一场辩论赛会成为这位同学多年后回想高中生活时印象深刻的一幕,而导师会是她高中阶段最亲密、信任的老师。亲其师,而信其道。生命影响生命的过程,就这样发生了。

第七,由科创、戏剧、社团等专项指导老师发展而来的生涯导师。他们的优势在于聚焦自己的专长领域,能够带领学生开展项目化学习,甚至参加竞赛。他们也往往更容易吸引对该专项感兴趣的学生,也更能够在其专项领域带领学生出成果、创佳绩。

当然,有的导师是以上两至三类的集合,具有很好的实力与潜力。需要在各自发展的同时,以不同程度协同辅导的方式开展导师工作。同时,还有三大类群体可发展成为校外导师。

第八,由大学教授与讲师发展而来的校外生涯导师。闵行中学周边有上海交通大学和华东师范大学等大学及教授、讲师资源。学科知识的应用与拓展、学术前沿的把握,以及优质的实验室资源(甚至国家重点实验室)对学生来说极具吸引力。学生在课题研究、科创活动,甚至实际的实验操作中遇到难题时,均可向他们寻求帮助。

第九,由行业资深人士与青年才俊发展而来的校外生涯导师。闵行中学周边有中国航天科技集团第八研究所、中国商飞、上海市第五人民医院等企事业资源,以及紫竹高新技术产业园区等,是学生进行行业、职业探索和社会实践、志愿者活动的绝佳场所,可以从中探索出更多形式、更深入的学校、家庭、社会协同的学生发展指导制度。2021年,中国航天科技集团在学校学生发展中心大楼落成之际,捐建了月球智能制造、质谱空间站等实验室,正在组织校内外导师团队共同开发面向学生的航天类拓展课程,期待将其建设成为学生进行科创、研究性学习的支持资源。

第十,大学在读(含硕博士)的学兄学姐。学兄学姐们与学弟学妹们几乎同质,学兄学姐们走过的路,学弟学妹们正在经历,学兄学姐们曾经克服过的问题,达成的学业成就,在高中有过的体验与收获,以及他们当今在各高校各专业的学习经历与发展都是宝贵的财富,年龄的接近性让他们能够更好地交流。很多导师都会在毕业生回母校看望老师之际,安排他们与学弟学妹们进行交流,或者安排学兄学姐带领学弟学妹去学兄学姐所就读的大学参观,这些都会给学弟学妹带来收获。

各个群体各有优劣,因此我们需要进一步明确适于广大导师的成长路径——充分发挥各自优势,在优势领域不断精进,成为优势领域的专家;同时,各自弥补劣势,成为更全面的导师。如此,部分导师能够在现有优势基础上较快成长,慢慢成为某一领域的引领者、资源建设者、指导者,从而成长为首席导师。

同时,需进一步明确广大导师协同辅导的策略。在组建各年级导师团队时,考虑各类导师的构成比例,并建立导师工作协同机制,使得导师在开展工作时能够获得及时的帮助,并相互学习。

明天,他们是专业有发展,职业有幸福感的高中生涯导师

北京大学教授王一川曾这样描绘:"学校(校园)恰如海洋,'大鱼''中鱼'和'小鱼'在这里自由自在地畅游,寻觅到各自人生的精神原乡,而小鱼也终将游成自己想象的大鱼[①]。"教师是教育实施活动的主体,专业发展与职业幸福感相辅相成,是他们的两大核心价值追求,其本质在于教师对生存状况、发展条件、精神需求的追寻与感知。

成长为专业有发展的生涯导师。发展是教师个体化成长的内在要求。自从我国2002年在《教育部关于"十五"期间教师教育改革与发展的意见》中首次提出"教师专业发展"[②]的概念以来,各级教育行政部门和学校制定了一系列的教师专业发展项目,既有针

---

① 王一川.从游问津[M].北京:北京师范大学出版社,2015:305.
② 中华人民共和国教育部.教育部关于"十五"期间教师教育改革与发展的意见[EB/OL].(2002-03-01)[2022-04-20].http://www.moe.gov.cn/srcsite/A10/s7058/200203/t20020301_162696.html.

对如职初教师、校长等不同类群体的培训与发展项目,也有针对不同主题如教学、德育的培训与发展项目;既有国家级的培训如国培计划,也有各省市开展的省市级培训,以及学校开展的校级培训,为教师专业发展提供了丰富的资源,但这些培训部分有以外部行政力量推动、自上而下、繁复冗杂等缺点。我们倡导教师的专业发展首要在于自主发展,是其自发建构发展目标或发现成长点,制定发展策略和培育资源,并通过自我监控、评价和反思等方式而达成的过程。其中,发展目标或个人成长点,可以由个人学习政策方向和要求得来,如新时代教师育人质量提升是高素质专业化创新性教师队伍建设的关键指标,引导教师立德树人,培养德智体美劳全面发展的社会主义建设者和接班人;也可以由个人树立的榜样得来,不少教师之所以选择成为一名教师是受到个人教育经历中某一位、几位教师的影响,可谓"长大后我就成了你";还可以由个人的教书育人实践而来,如同不少教师选择加入名师工作室或课题组,选择某一个具体的主题(如"历史学科中博物馆资源开发""高中生涯导师制建设与运行")成为自己在某一阶段内的专业发展方向;还可以由其对个人成长的反思而来,如有的导师在初任导师阶段发现个人在学生沟通、情绪疏导方面尚存在不足,由此确定这一方面的发展目标。由内而生的教师自主发展,是其专业发展的不竭动力,也是充分发挥其主观能动性、创造性的源泉。在发展的过程中,胜任感与意义感的感知、评估、激励与发展至关重要。

胜任感使教师对自己的专业发展产生信心、成就感和掌控感,进而不断努力。胜任感是教师对自己在教学、师生关系、同事关系、学校适应、育人等各个方面能够多大程度上完成相关工作,获得知识掌握、能力发展、素养提升、态度与价值理念更新,以及使相关人员满意的评估,是一种对内在和外在要求标准的主观判断,被视为人类的一种基本需求,人们非常渴望在与自身环境交互时感到强烈的胜任感或高效率[1],这种需求在教师职初阶段尤其明显,在教育改革前期对教师提出一定程度的挑战时也会凸显出来。很多导师在任职之初会担心自己能否胜任,在每次和学生互动之后会反思自己的谈话是否能够达到预期效果,是否能够真正帮助到学生,在尝试一种新的导师育人举措(如生涯融入学科教学)时会不断探索、实践、改进,在担任一段时间导师之后会评估自己是否为一位受学生欢迎的导师;当一位导师在成为首席导师的过程中,会评估自己优势的方面是否能够引领、指导导师团队的发展,衡量自己是否为团队的发展制定了合理的规划,是否建设了足够的资源,是否能促进团队和自身生成育人成果等,这些均是从胜任感的角度,对自己实施的评估。当一位导师越来越胜任这一职位(可由自评,也可由他评得来),那么其专业发展会

---

① 德西,富拉司特.内在动机:自主掌控人生的力量[M].王正林,译.北京:机械工业出版社,2020:67.

越来越顺畅、突出,相关成效、成绩、成果便会接踵而至,这会进一步强化其胜任感,从而形成正向激励循环。

价值感使其充分认识和确认自己的专业发展方向、实务探索的价值与意义,甚至与个人生命价值感相连接、协调,从而做到知行合一、不断努力。孟子曰:"君子有三乐""父母俱存,兄弟无故,一也;仰不愧于天,俯不怍于人,二乐也;得天下英才而教育之,三乐也。"教师这一职业的特殊性使广大教师享受着这"三乐",比起一般教师,导师能够与学生开展更加深入、个性化的沟通与互动,他们享受在与学生知识探讨、实验探索、实践活动、交流沟通过程中的精神交流、情感融通、教学相长之美妙体验;在看到、听到、体验到学生学业进步、情绪舒缓、能力提升、潜力激发、不合理信念转换、成果达成,甚至亲子关系缓和时的喜悦与欣慰;在看到学生发展得更好、徒弟青出于蓝而胜于蓝时的自豪与感慨;在探索创新育人举措与路径、方法得到更大范围的推广和应用时的充实与成就感等极具精神性,甚至带来自我实现性的"高峰体验"。

胜任感让导师更有信心,价值感让导师感觉更有意义,两者结合,能够给教师带来不断的努力、迎接挑战的勇气、持之以恒的努力,甚至克服各类困难、坚持理想与信念的决心。

成长为拥有职业幸福感的生涯导师。对幸福生活的向往与追求,是人类共同的希望与渴求。教师也不例外,生涯导师更甚。生涯导师一般与 10 个以内的学生结对,陪伴其高中全过程,日常开展各类教育活动,这是一种在相对自由、和谐的关系中实现教学相长、相互滋养的育人路径。同时,育人是科学与艺术结合的工作,每一位导师都有着自己的学科背景、专注领域、喜欢的休闲活动、性格品性,甚至各具不同特色的理想,有着不同的育人行为和风格。因此,导师工作是其特长、兴趣、个性、理想的表达。导师对教育的认同、热爱、美德与使命等,是选择、坚守教书育人阵地的原点,也是不断拾得教育的期待与满足、寻求生命的价值和意义的幸福所在。

有着认同感的生涯导师能够更好地面对压力,积极应对变化,保持一种乐观的工作态度,投入更多,更满意,幸福感更强。认同感是一个来源于心理学中的自我同一性的专业术语,我们借鉴心理学的定义——教师的职业认同感是教师对其职业及个体内化的职业角色的积极认知、体验和行为倾向的综合体[1]。在理想的生涯导师制中,生涯导师的职业认同应该既包含了其对导师相关工作的学校图景描绘、文化、能力、意义、制度、团队、领

---

[1] 魏淑华,宋广文,张大均.我国中小学教师职业认同的结构与量表[J].教师教育研究,2013,25(1):55 - 60 + 75.

导、同事、相关支持、资源以及工作回报等的满意与认同,也包含了对从事生涯导师工作时所表现的教育举措、言行能够充分表达自我的认同。前者更多针对外部标准、周围环境与回报等,后者更多针对其职业自我概念①、人生主题②表达与建构,即导师的个性、优势与生涯导师制的内涵要义、学校图景等充分结合、相得益彰,呈现人人都是导师、导师可以富有特色与多样发展的美好生态。

有归属感③的导师与学校、导师团队、同事之间有着更好的情感联结,更有安全感,更能协同合作。归属感是马斯洛的需求层次理论中的一种人类生活的基本需求,是在生理需求、安全需求得到满足之后的第三层次需求。在自我决定理论视角里,人是积极的有机体,具有先天的心理成长和发展的潜能,会引导人们从事感兴趣的、有益于能力发展的行为,当个体体验到来自团体或重要他人高的归属感时会自愿地内化其价值观或调节方式,反之个体在与重要他人出现情感上的隔阂,或在交往中受其忽视与冷落时,会因感受到低的归属感而对其价值观和行为方式产生怀疑④。因此,归属感直接影响一个人的行为动机,更是影响其幸福感的一个重要因素。我们希望,生涯导师在实施导师制的过程中,能感受到尊重、包容和支持,学校对其有培育、有关照,学校重视导师工作,认可导师工作成效的文化氛围、工作机制、培养机制、激励举措,团队是一个相互支持、共同学习成长的共同体,能够感受到来自学校、领导、同事的关心、重视,以自己是学校的一员而感到自豪,能够将自己的成长与发展与学校、团队的发展相关联,人际关系和谐,便会喜欢学校的生活,喜欢导师团队,喜欢自己的导师角色,喜欢导师工作。

使命感是一个让人感觉沉甸甸、崇高至极的存在,它与前文提及的胜任感、价值感、认同感、归属感等均相关,甚至可能有人认为使命感是在这些积极情绪都丰富之后才会生发出来的。我们认为,教师或许是一个普遍有使命感的群体,甚至有人是带着育人的使命而选择教师职业的,在与师范院校学生交流的过程中便经常能听到使命一词。它是一种深

---

① 职业自我概念,是舒伯生涯发展理论中的一个核心概念。它包括个人对自己在兴趣、能力、价值观念以及人格特征等各个方面的认识。一个人生涯发展的历程,基本上是职业自我概念的发展和实践的历程,是在个人和社会因素之间、在自我概念和现实之间的心领神会或妥协退让,是角色扮演和反馈学习的历程。

② 人生主题,是生涯建构理论的一个重要视角,过往的生涯发展理论的基本逻辑在于,找到合适的员工,来塑造职业成功和工作满意状态,人生主题视角下,则倡导人们通过建立关联来整合主客观世界,号召个体通过具体工作体验体现自身价值和能力,并不断建构、适应、发展。

③ 在学术研究领域,有时归属感是职业认同感概念中的一个因子,有时归属感内涵中包含了职业认同感。我们认为,归属感有必要单独列出,因为其含有导师感受到的来自团队、其他导师、其他教师的相互支持、归属联结是在学校生涯导师制团队建设与运行中不可忽略,甚至非常重要的一个因素,是学校相关文化建设、支持系统建设的重要依据与参照。

④ Goodnow C. Classroom belonging among early adolescent students: relationship to motivation and achievement [J]. Journal of Early Adolescence, 1993;13(1):21-43.

植内心,愿意帮助学生生长,乐于见到学生成才,能够从教书育人的活动、工作中体会到人生价值和意义,甚至将其作为生命中不可分割的一部分的强烈热情。虽然现实中还有很多限制性的因素,但是我们希望生涯导师在与学生工作的过程中,在陪伴学生个体成长的过程中,能寻回教育的理想与初心使命,充分发挥因材施教的智慧,陪伴学生体验发现自我、突破自我、成就自我的满足感;能专注教书育人,并联系生活、时代,与学生在学科领域一起深度探索、共同创造;在一次次富有个性化的师生互动中,活出生活的情趣与审美、活出理想与追求、活出坚毅与真诚、活出风格与自信、活出大爱与境界、活出生命的诗意与激情①、活出生命的意义和价值,这便是生涯导师的幸福与追求,是其笃行育人使命的不竭动力。

积极引导教师思想观念的转变:从"育分"到"育人"

"育人为本"应作为教育的首要准则②。教育是"属人"和"为人"的教育,是尊重人的生命多样性、主体性、全面性与自由个性的教育,将人培养为独立、完整与全面的自由主体,有着"育人为本"的价值宗旨③。研究发现,教师积极的育人行为能显著提升学生的主观幸福感、亲社会行为、语文成绩和数学成绩,并明显降低他们的抑郁水平、孤独感、攻击行为和违法行为。与此同时,教师良好的育人行为还有助于减少、规避不良家庭背景对学生发展的消极影响,缩小城乡差异④。

当前,国家课程标准提出了以培育学科核心素养为主的课程与教学新理念,突出了学科育人本质,引导教师从以往关注学科成绩转变为关注学生终身发展,使学科育人落到实处。所有的学科教育本质上都是生涯教育,都是为了完成高中教育的任务——促进学生全面而有个性地发展,为学生适应社会生活、高等教育和职业发展做准备,为学生的终身发展奠定基础⑤,都是为了培养德智体美劳全面发展的社会主义建设者和接班人。

非常遗憾的是,过去的教育远离了"育人"的本质,逐步朝向技术化、功利化、片面化,并集中、突出表现为"唯分数论"。教育的目的过分异化为知识的传授,教育的价值过分功利化为"考上好大学""找到好工作"等,教育的内涵过分片面化为学业尤其是成绩的提升,

① 韩延伦,刘若谷.教育情怀:教师的德性自觉与职业坚守[J].教育研究,2018(5):83-92.
② 刘鹏,陈晓端,李佳宁.教师育人能力的理论逻辑与价值澄明[J].教育研究,2020(6):153-159.
③ 张家军,靳玉乐.论教师一般育人能力的内涵与价值向度[J].中国教育学刊,2020(7):89-96.
④ 董奇.育人能力和教师教育教学能力的核心[J].中国教育学刊,2017,01:卷首语.
⑤ 中华人民共和国教育部.普通高中课程方案(2017年版2020年修订)[M].北京:人民教育出版社,2020:1.

使得"灌输式"的教育成为主流,分数成为几乎唯一的评价指标。在这一大趋势下,教师被广泛裹挟,教师的教学方式、工作投入等均朝向分数而努力,不少教师虽有抱怨,但只能如此选择,进而慢慢形成习惯,固化下来一整套的思想观念、教学行为和教育目的追求,与自己的育人理想渐行渐远,甚至出现职业倦怠等不良现象。

任何一种思想观念都是内外各种因素相互作用并长期形成的。在推进育人方式改革的当下,积极引导教师转变思想观念是一大重点,需要政策积极引导,高校招生政策转型,也需要学校文化浸润,育人方式变革创新等相关举措综合推进,进而形成新的"育人"思想观念。

促进生涯导师胜任力提升:从准入到首席

生涯导师队伍建设的核心在于使越来越多的生涯导师能够胜任导师工作;在于充分调动有着不同优势、基础能力素养的导师的发展积极性,助其成为"更好"的生涯导师;在于鼓励、支持优秀的导师担当"引领"与"指导"的职能,带领团队可持续发展。

以胜任力模型为参照,促进生涯导师胜任力提升

胜任力(competence)这个概念最早出现在美国著名心理学家大卫·麦克利兰(David C. McClelland)的文章《测量胜任力而非智力》中[1]。它是指能将某一工作(或组织、文化)中表现优异者与表现平平者区分开来的个人的潜在的、深层次特征,它可以是动机、特质、自我形象、态度或价值观、某领域的知识、认知或行为技能——任何可以可靠测量或计数的,并且能显著区分优秀绩效和普通绩效的个体特征[2]。胜任力及相关人才评鉴理论和方法风靡企业界,并慢慢拓展至各个领域,如教育领域。

胜任力不仅包含知识、能力,还包括动机、特质、态度、价值观等,以及能够在某一类工作中表现优秀的要素。它更有预测力,因此很多企业在人才选拔、中高级职位竞聘中以胜任力为参照,即当前的竞聘者不一定能够完全符合工作要求和胜任各类情境,但是我们可以预测,具备相关素质的人能够胜任该项工作,这与我们今天在校内教师中选拔部分教师作为导师的情境雷同。同时,它更能作为人才培养、考核激励的依据与参照。在过往的师资培训工作中,我们常常以某一个(类)主题,如"学科教学""五育融合育人",或面向某一个教师群体如农村骨干教师、校长为参照制订计划,并邀请专家授课,多以理论学习、实务

---

① 田效勋,柯学民,张登印.过去预测未来:行为面试法[M].北京:中国轻工业出版社,2018:14.
② 时堪,王继承,李超平.企业高层管理者胜任特征模型评价的研究[J].心理学报,2002,34(3):306-311.

经验传授、研修研讨等形式进行，但是进行了这些培训培养的人是否就能够胜任相关工作？恐怕不尽然，胜任力模型的建构便是将"能否胜任工作"拆解为一项项胜任素质，可做评估之用。同理，它也可以作为导师个人进行自我评估、反思成长的依据。

设定准入、骨干、首席导师及其胜任力，助力导师团队可持续发展

几乎任何一个职业均会设定从入门到不断精进、发展成为专家的专业成熟与进阶路径。有着不同学科背景、优势素养、特质的导师团队同样需要。我们认为，生涯导师的专业发展可以经历准入、骨干、首席三个阶段。因此，我们建构了三个阶段的生涯导师胜任力进阶模型（详见表 1-1）。

准入生涯导师：这是生涯导师发展的起步阶段。我们期待处于这一阶段的导师能够越来越从"育人"而非仅从"教书"的角度看待自己的工作，能够充分认识到自己在从事育人辅导活动中的优劣势，充分发挥优势，如学科生涯导师充分发挥学科育人价值，开展学科育人活动，发挥学科生涯导师职能；并着力补齐短板，如学科生涯导师学习与学生建立良好的师生关系，充分发挥有针对性的个性化辅导职能。同时，能够充分利用导师协同工作机制，助力学生全面而有个性地发展。

骨干生涯导师：这是生涯导师团队的中坚力量。我们期待处于这一阶段的导师能够相对独立承担面向学生的全面辅导工作，对学生高中各阶段的常见问题、个性化发展诉求等具有预见性、敏感性，能够开展适切的、有发展性、针对性的辅导工作。同时，在某一方面形成专长，如"整本书阅读促进学生语文核心素养养成""模拟政协提案指导""从语言学习到全球视野养成""智能应用科创项目开发指导""历史剧创作/表演""生活中的化学""上海的人文地理"，或者让自己成为某一方面的专家，如"沪上大学通"等。此外，这类导师要能够指导初阶生涯导师开展活动，组织团队开展研讨活动。

首席生涯导师：这是生涯导师团队的引领者。我们期待，这一阶段的导师有着自己的教育理想，并由此发展出一系列个人认同和行之有效的育人实践经验，能够引领志同道合的导师团队开展课题研究，一方面，注重理论学习、课题研究与实务工作的联结，探索将个人、团队实践经验不断提炼、发展、完善为成熟的育人模式，另一方面，能够突破壁垒与当前条件限制，整合各类资源开展育人实践活动，并做好反思复盘。同时，还能够通过创办名师工作室、发表文章、举办报告讲座等辐射、影响至更多人。

我们期待，一位导师可以实现从准入到骨干再到首席的跨越，实现纵向的个人专业发展与成长，同时从团队横向结构升级的角度，三类导师不断发展壮大，发挥各自优势，协同工作，实现个人与团队的可持续发展。

🔍 实现育人自觉：从"自发""有意"到"自觉"

我们期待，生涯导师制能够在现实推进中，成为高中育人方式改革的可行和有效路径，更希望我们的生涯导师在专业发展的过程中，发现自己的育人理想与使命，凝练出自己的自发育人优势，有意培植、涵养自己的育人精神，实现育人自觉，活出自身生命的本真与意义，以及专业生活的丰盈与幸福。

实现对人的发展的自觉关注

全面而有个性的发展，是个体所追求的生命样态，于学生而言，是教育的本质；于教师而言，是其育人自觉的要义。一定程度上，一个自觉关注个人自由、自主发展的导师，其人生哲学、育人理想会更加积极，生活姿态、专业精神本身就是对学生发展最好的示范，对学生的影响也会更加正向；而一个忽视或轻视发展，发展受限或不充分的导师，对学生的影响也会受限。

生涯导师的全面而有个性的发展不仅涉及专业知识、技能的提升，还关乎身心发展、德性养成、文化涵养、精神充实，以及与其人格特质相关的教育气质表达、对育人理想的探寻、对美好生活的追求等，而更重要的，这都需要导师在不断的自我认识—自我实现—自我塑造—自我超越的过程中，进行自主选择、学习与创造。我们希望，生涯导师也是生动成长、自由发展的人。

实现对个人专业发展的自觉建构

自觉建构个人专业发展方向，创造个人的发展样态，是教师育人自觉的理想状态。借用建构主义的思想，每一个人都是自己的科学家，在其假设的理论世界中，不断地搜集数据、验证模型、修改参数，正如同一个人在他所预设的世界中不断修改建构、重新建构[1]。对于生涯导师而言，自己的优势、特质在哪里，如何确定、建构自己的专业发展方向，便是他在过往经验中、当下实务中，以及对未来的设想中，不断进行假设—验证—建构—重构的过程。

这个自觉建构的过程并不是完全的闭门造车，也不是活在自己的世界里。我们认为，生涯导师对个人专业发展的自觉建构，是对自身内在的育人哲学、理想、信念、个人学科背景与学习成长经验、优势、特质等，对外在事物，诸如育人的本质与规律、教育改革方向与

---

[1]　金树人.生涯咨询与辅导［M］.北京：高等教育出版社，2007：105.

要求,甚至中国教育传统、中国传统文化、周围支持环境逐渐清晰的过程,是对自己的育人实践和理念进行自觉调整、适应、提升和创新的过程,在这个过程中,建构、表达其人生主题,以及理解与认识教育、改革、时代与社会。这在充满变化的今天,尤为重要。

实现对个人专业化发展的自觉养成

生涯导师的专业化发展,是其专业发展的有机组成部分,涉及相关知识、技能、能力的提升,是当前自上而下的教师专业发展的核心。过去的工具性倾向等使得很多教师处于被动接受、不得已选择、忙忙碌碌施行、走一步算一步的状态。我们期待,生涯导师对自己的专业化发展有期待,追求胜任、创新、超然、卓越,并形成自觉行为。我们希望,每位导师都是知行合一的育人者。

实现个人对幸福专业人生的自觉追求与体悟

教育的终极目标应该在于引导人们追求美好生活、体悟幸福人生。教育是一项助人自助的事业,我们期待,生涯导师能够在陪伴学生的生命成长中感受愉悦;能寻回教育的理想与初心,充分发挥因材施教的智慧,陪伴学生体验发现自我、突破自我、成就自我的满足;能专注教书育人,并联系生活、时代,与学生在学科领域一起深度探索、共同创造;在一次次个性化师生互动中,活出生活的情趣与审美、活出理想与追求、活出坚毅与真诚、活出风格与自信、活出大爱与境界、活出生命的诗意与激情[1],活出生命的意义和价值,滋养出育人的坚定与幸福。

---

[1] 韩延伦,刘若谷.教育情怀:教师的德性自觉与职业坚守[J].教育研究,2018(5):83-92.

以教师学习共同体为参照：关注导师制的有效运行

德国学者滕尼斯(Ferdinand Tönnies)于 1887 年提出共同体理论,美国资深教授圣吉 (Peter Senge)于 1990 年提出学习型组织理论,美国教育家博伊尔(Ernest Boyer)于 1995 年提出学习共同体理论,美国得克萨斯州奥斯汀市西南教育发展中心荣誉学者霍德 (Shirley Hord)提出了教师学习共同体理论,并指出,当所有人协作开展共享性学习,践行 他们所学的内容,目的是提升本人作为专业人员的有效性和发展学生学习的时候,这些人 所组成的就是(教师)专业学习共同体①。由此,拉开了西方各国尤其是美国、英国等国家 和学校通过构建专业学习共同体来推进学校改革和教师专业发展的序幕。如同托马斯 (Guy Thomas)所说,"教师专业发展思想的一个重要转向就是将关注的重心从'个人化的 努力'转向'学习者的共同体'。在共同体中,教师通过合作性的实践来滋养自己的教学知 识和实践智慧②"。2004 年,国际教育教学委员会(ICET)大会的主题确定为:"教师,即学 习者,构建专业发展的共同体",教师学习共同体成为教师专业发展领域的研究与实务 热点。

很大程度上,我们在一所学校推行生涯导师制,建设生涯导师制队伍,探索基于导师 制的育人方式改革,培养以生涯导师为角色使命的高素质专业化创新性教师,便是建设教 师学习共同体的一场实践,甚至是根植于一所学校的校本试验。期待能够在充分尊重生 涯导师个人学习与成长、生涯导师学习者共同体有效运行的基本规律与现实状况的基础 上,实现生涯导师制的愿景,生涯导师队伍的可持续发展,以及实现生涯导师个人育人理 想、幸福专业人生。

---

① Hord S M. Professional Learning Communities: What are they and why are they important? [J]. Issues about change, 1997, 6(1): 23 - 45.

② Thomas G, Wineburg S, Grossman P, Myhre O, Woolworth S. In the company of colleagues: An interim report on the development of a community of teacher learners [J]. Teaching an Teacher Education, 1998, 14 (1): 21 - 32.

🔍 一切,从理解"生涯导师学习共同体"开始

生涯导师的实践性知识是其专业素养的核心,是个性化、情景化、隐性(也称作默会性、缄默性)的,是其在理论学习、实务探索中不断向外与学生互动、向内反思的动态试验,以及横向与同侪交流、碰撞,深度开展科研活动中形成的。

生涯导师学习共同体,便可建构一个从个人探索向团队试验、学校探索,从个人设想、个体经验向团队交流、共创,以及向更大范围共享、应用的可持续发展生态圈。

生涯导师的学习:理论学习与实践探索之间的双向奔赴、螺旋上升

20 世纪 80 年代,以斯坦福大学的舒尔曼(Lee Shulman)为代表的学者开始关注教育理论与实践之间的关系,展开了教师知识与思维的研究,并提出教师四个类型的知识:一般教学法知识、关于学习者及其特征的知识、关于教学情境的知识、关于其他一些课程内容的知识[1]。同期,以艾尔贝兹(Freema Elbaz)为代表的学者正式提出教师实践性知识这一概念并开展了研究,在《教师实践性知识:案例研究报告》中,她阐述了教师实践性知识的来源和性质,识别出实践性知识的五种取向:情境取向、理论取向、个人取向、社会取向和经验取向[2]。由此,有关实践性知识与教师评价、学科教学中的实践性知识、实践性知识的生成、实践性知识与教师专业身份的关系等主题的研究相继展开。我国对实践性知识的研究起步相对较晚,1999 年,《从教师的知识结构看师范教育的改革》一文把教师的知识分为本体性知识、条件性知识、实践性知识和文化知识[3],由此开启了实践性知识的价值如何发生、如何创造等的研究与实务探索。

事实上,生涯导师并非新生事物。在过去的育人实践中,班主任与学生的谈心谈话,心理老师的心理疏导,学科老师的学业指导、研究性学习指导,科创老师的项目指导,以及各类老师对学生的社会实践、志愿者活动指导等活动,都是生涯导师的育人举措。可以说,人人都是朴素的生涯导师。过去,这些活动大多是教师的实践探索,抑或教师基于个人育人理想的自发行为,零零散散地存在于教师与学生互动的案例当中,多凭个人直觉,能被记忆唤起;少部分老师将其整理为经验,多了理性总结、凝练、反思等,能主动讲述传授;更少有老师有意识地开展课题研究、实践反思,升维为实践性知识,更进一步建构为

① Shulman L S. Those who understand:knowledge in teaching [J]. Educational Research,1986,15(1):4 - 14.
② Elbaz F. The teacher's "practical Knowledge":report of a case study [J]. Curriculum Inquiry,1981,11(1):43 - 71.
③ 辛涛,申继亮,林崇德.从教师的知识结构看师范教育的改革[J].高等师范教育,1999(6):12 - 17.

"知其然，知其所以然，亦知其可以然"的育人实践，拓展对理论、育人理想的认知、作用力与影响力。今天我们推动生涯导师制，即希望将这些在教师们过往实践中无意为之的体验，鲜有凝练表达的经验，稀有的实践性知识转化为能够被人看到的育人价值，能够被更多老师发展为自觉育人行为。

实践性知识的提出，引导人们回到教育现场，充分尊重育人者的主观能动性、创造性，从更多元、本真的视角看待教师教育与教师专业发展，开展对其内涵、发生机制、培养模式等的研究与教育项目，促进更广泛的教师慢慢从被动的教育知识、技能学习者，转化为实践者、反思性实践者、实践研究者。而这一过程，也像极了生涯导师的养成过程，在理论学习、实践探索之间相互奔赴：时而对理论在真实的教育情境中进行验证、实施，时而对理论提出新的创新设想，时而在实践中有了对理论新的领悟，时而在实践反思中生发出对个人育人模式的创想，时而试着评估自己的育人实践成效，时而在分享交流中创造出个人的育人哲学与智慧，实现个人对理论学习、实务探索的螺旋上升。这应该是我们新时代的高素质专业化创新性教师的学习与养成过程。

生涯导师学习共同体的养成：建构生涯导师协同、共生的可持续发展生态圈

教师学习共同体也并非史无前例，我国已有探索和实践。早在 20 世纪 50 年代，我国学习苏联的"教学法小组"设定了"学科教学研究组织"，即教研组，开展诸如集体备课、互相听评课、教学研究等活动，用于改进教学工作。此后，教研组一直沿用至今，是各校教学管理的常规设定，定期开展教研活动是学校各学科开展教学活动、培养教师的常规工作，这一做法备受推崇。2002 年，上海市宝山区率先命名了 18 个名师工作室，期待通过发挥名师的示范、带头和指导的作用，培养一大批高水平教师。随后，各地的名师工作室如雨后春笋般出现，至今各学科和班主任名师工作室，省、市、县校级名师工作室，可谓百花齐放。一定程度上，两者均从形式上组建了教师学习共同体；从运行上，聚焦教师教学、育人能力的提升，以团队为单位开展研讨、交流、培训、课题研究等活动；从管理上，为了有效运行，建构了相应的制度、机制。

关于如何建构教师学习共同体，前人做了探索和实践，可供我们参考。美国得克萨斯州奥斯汀市西南教育发展中心荣誉学者霍德在为学习共同体做出界定后，更进一步提出建设教师学习共同体需要从五个维度来考虑：共享的价值与愿景、相互支持和共同领导、集体学习与应用、共享的个人实践、支持条件。共享的价值与愿景是一种关于"什么对个体和组织是重要的"的心理愿景，是关于未来的、能够驱使着员工朝向这一方向努力的图景；相互支持和共同领导引导校长全力支持学校建设教师学习共同体，但这一领导角色不

再是"自上而下"改革的代言人,而是一个鼓励和支持教师进行不断专业学习的民主化身;集体学习和应用,要求教师共同制订学习计划、学习新知识,并用于实践以满足学生的学习需要;共享的个人实践,则在共同体成员之间开展相互观课并评价、反馈、讨论等;支持条件则指为保证学习共同体高效运行,在组织条件、人力条件、文化条件等方面做好支持。这五个要素相互影响,合力促进教师学习共同体的建设和运行①。杜福尔(Richard Dufour)在总结教师学习共同体运行多年状况的基础上,进一步提出,专业学习共同体是一种强有力的合作方式,深刻影响着学校的实践,但启动和维持共同体的运转需要特别关注三大方面:专注于学生学习而不是教师教学,创建合作的文化和关注结果②。

闵行中学在上一轮着力推进生涯教育的过程中,积累了教师学习共同体的建设经验。第一阶段,学校首先面向全体教师开展了生涯教育普及式培训,提升全员的生涯教育意识,在后续教研等活动中,涌现出一批对生涯教育感兴趣的老师。第二阶段,学校推荐他们参与闵行区的生涯咨询师认证培训,组织校本化骨干教师培训,很多老师将培训所学应用和实践于日常的教学和班主任工作中。第三阶段,学校启动了校本课程开发与教材开发工作,引进专业团队,并与学校骨干教师团队组成项目小组,以"培训学习—课程研讨—听课评课—教材撰写与修改"的步骤稳步推进,通过集体学习和分组活动,最终完成项目。在这一过程中,教师们以小组为单位,负责课程模块的设计与开发,并相互学习,共享经验,形成了一支生涯与心理课程任课教师团队。第四阶段,一方面组织骨干教师继续接受教学、生涯辅导等方面的培训,同时课程开发团队的教师正常开展教学,并对课程的修正与完善进行探索,部分骨干教师开始担任生涯咨询师的角色,开展生涯辅导实务;另一方面,组织更大范围的教师去企业参访、调研,了解当今各行业的发展趋势,以及对人才的要求和期待。与此同时,学校探索出"生涯准备、生涯觉醒、生涯模拟"三阶段,以及生涯教育"五化"实践模式——公益劳动课程化,引导学生进入社会初步体验;生涯讲堂系列化,引导学生感悟他人成长经验;暑期实践个性化,引导学生探索专业、明确方向;海外课堂学术化,引导学生放眼世界、追求卓越;科创孵化机制化,引导学生敢想敢做、脚踏实地,将生涯教育逐步实现全员、全过程、全方位实施。

由此,我们期待,将生涯导师学习共同体建设为协同、共生的可持续发展生态圈——围绕生涯导师的育人使命与职责,以助力学生的全面而有个性的发展为核心,以促进生涯导师及其团队的可持续发展为目标,建构起协同、共生的愿景与文化,协同辅导,共生学

① 霍德.学习型学校的变革:共同学习,共同领导[M].胡咏梅,张智,孙晨,译.北京:中国轻工业出版社,2004.
② Dufour R. What Is a "Professional Learning Community"? [J]. Educational Leadership, 2004(5):1-6.

习,联合研究,并为其有效运行提供支持。

一切,为了"生涯导师学习共同体"的有效运行

一所学校以生涯导师学习共同体的形式建设生涯导师队伍,以此探索育人方式改革创新之路,需要立足教师普遍拥有育人的理想与使命,不同的学科背景与在育人方面的个人优势、经验等积极因素,以及存在诸如教师生涯意识不足、生涯指导能力不足、缺乏完善的生涯教育工作机制等现实状况,充分调动学校内外资源,为它的有效运行做好引领、规范与支持。

愿景建设与方向引领

愿景是一种关于未来的图景,是个人、团队学习与发展的动力,它需要回答清楚:"我(们)想要创造什么?"对于生涯导师学习共同体建设而言,首先需要建设共同愿景,为老师们描绘图景,让它成为导师们的灯塔,成为他们学习的动力,大家彼此作为支持者,一起朝向认定的方向努力。

我们希望,生涯导师学习共同体的愿景与导师个人的愿景和谐一致。关于两者的关系,彼得·圣吉(Peter M. Senge)在其《第五项修炼——学习型组织的艺术与实践》中,用全息摄影做了一个形象的比喻——切开全息相片,不管切割到多小,每一个碎片都能显示出整体图像,每一个碎片都能看到自己心中对组织的最佳图像,同时用自己的方法,承担着自己对组织的责任,从不同的角度展示这幅整体图像;而将碎片整合在一起,整体的图像不会有根本的改变,因为它原本就在每一个碎片里,只不过变得更加清晰逼真[1]。

闵行中学在酝酿实施生涯导师制之初,便提出"人人都是生涯导师"的共同愿景,我们希望传达:过去,每位老师或多或少都自发发起过生涯导师的育人行为;未来,校园里的每位老师都是生涯导师,都走在能够充分发挥个人优势的生涯导师成长之路上。

为了让大家越来越明晰这一愿景,我们举办了"今天,我们怎么做高中生涯导师"的教育论坛,邀请各位生涯导师以个人经验分享报告会、生涯导师育人情景剧等形式,描绘生涯导师的模样,看到生涯导师可能的工作场景与方式,听到生涯导师实施育人举措的初心与反思,开启"今天,我们怎么做高中生涯导师"的讨论与思考,期待让越来越多的老师思考"我可以成为一名怎样的高中生涯导师"并在实际行动中验证、建构、实践、明晰。我们相信,生涯导师成长起来的时候,学校的生涯导师制便也可以顺利地运行起来。

---

[1]　圣吉.第五项修炼:学习型组织的艺术与实践[M].张成林,译.北京:中信出版社,2009:203.

文化建设与氛围营造

文化,是一个组织、团队的"软规范",是个人、团队学习与发展的价值体系,它需要回答清楚:"我们需要怎样的团队""在团队中,我们倡导怎样的理念、言行"等问题。一定程度上,生涯导师学习共同体的建构便是一种导向平等、对话、协商、共享等更富有生命力的生态文化建设的过程。它会成为所有成员在互动—磨合—合作、学习—实践—分享的过程中的共同追求、归属与愉悦。

我们一直在摸索、尝试,期待闵行中学的生涯导师学习共同体能够形成这样的文化,既关乎生涯导师的育人价值追求,又关乎共同体的学习与氛围营造。

尊重　关爱:尊重学生,关爱学生;尊重彼此,关爱彼此。 面向学生,要充分尊重学生及其差异性和个性,理解学生,关爱学生,在其成长路上给予尽可能的关心、鼓励、支持和帮助。导师之间,同样尊重彼此及其差异性,相互信任、开放包容、自我关爱、关爱彼此。

协同　合作:鼓励协同,倡导合作;协同合力,团队合作。 面向学生,倡导互帮互助,鼓励开展合作学习,支持、指导项目式合作的开展,注重提升学生的团队合作意识与能力。导师之间,倡导发挥各自优势,协同辅导学生,合作开展育人实践、项目探索、课题研究等活动。

对话　创生:支持对话,助力创新;真诚对话,共享创生。 面向学生,鼓励学生一起探讨问题,交流思想,联系生活与社会,开展创新探索。导师之间,乐于分享,真诚交流,坦诚沟通,发挥集体智慧,在实践中实现知识生成、育人模式创新,并生成相关成果。

生涯导师共同体是一个跨越学校内的自然团队,如学科(教研组)、年级(年级组)、部门(行政管理)的共同体,我们希望共同体的文化能为导师们的成长与发展营造积极的氛围,让他们愿意成为生涯导师,期待成长为如其所是的生涯导师。

组织建构与探索创新

校长是学校教师专业发展的第一责任人,在一所学校组建专业学习共同体,需要校长坚定的支持。对于专业学习共同体而言,校长的支持是一项最重要的资源。

同时,在教师学习共同体中,提倡共享领导,即改变传统校园中校长是"自上而下"的改革代言人、领导者的角色定位,取而代之的是权力的共享,由未经分化的角色与责任转向多元且重叠的角色与责任,由平行的、分割的工作转向共享的问题解决、支持以及决策。共同体内,教师们"一起工作,共享关于他们自身、学生和教学的规范、价值、观点与信念,并被组织到强调相互依存性的合作文化与结构中"①。

---

① Lavie J M. Academic discourse on school based teacher collaboration: revisiting the arguments [J]. Educational Administration Quarterly, 2006, 42(5): 773 - 805.

结合闵行中学生涯导师制实施的实际情况,首先确定了由校长领衔,以及由副校长与德育学生部共同组建的管理与支持小组。校长从共同愿景构建、文化建设、特色项目创建、教师培养、教师激励等方面体现对育人方式创新改革的重视,要理顺内外资源、条件和保障,尤其注重进一步整合社会资源,开发社会实践基地,为教师开阔视野、增强体验、开展生涯辅导提供支持保障,建立起学校、家庭、高校、各行业、各企业资源融通的生涯体验和生态体系。管理与支持小组则为生涯导师制正常运行创造便利条件与规范。

导师制的推行,以年级为单位进行,相关组织工作由年级组长在管理与支持小组的指导下进行,校长和副校长也是生涯导师中的一员,即共同参与者、学习者。初始阶段,以生涯导师制正常运行,各位导师相互协同、积极工作为主,随着配套的培训、分享交流、导师个人实践等活动的开展,鼓励导师形成个人专注发展的方向,由同一方向导师形成学习小组,开展相关探索与交流活动,在这一过程中,自然形成围绕项目探索或主题方向的小组和领导者,以及小组的实践与学习路径。

生涯导师制的推行,并非全盘部署、系统推进、一蹴而就的过程。我们鼓励探索创新——学校可以系统统筹,并以年级为单位,探索生涯导师制的实施路径,并做适时调整;年级可以充分考虑本年级的导师和学生的情况,探索合适的方式;导师可以充分考量个人优劣势,慢慢形成自身的特长与专长。在这一过程中,校长、副校长既以5~10名学生的生涯导师的角色,探索如何成为一名好的生涯导师,发现导师的成长需求与现实工作困境和可能出现的问题;又以团队管理与支持者的角色,理顺和积极应对运行过程中出现的各种现实状况,听取导师与学生意见,提出探索方向与举措,并努力为生涯导师学习共同体的实践与学习创设条件,做好相关工作的组织安排。

制度创新与项目推进

生涯导师学习共同体兼顾生涯导师制项目推进与学习共同体实践学习的双重职责。

从保障其有序、规范、持续、有效运行的角度,需要健全制度,从准入、培养与发展、工作、考核与激励等方面,建设相关标准、流程,便于实施与参照。这是一个从无到有、不断完善的过程。如闵行中学在最初尝试生涯导师制阶段,对于导师如何开展工作,推出了"六个一",要求导师与学生开展六个方面的活动——学业规划、深度阅读、课题研究、运动习惯、生涯体验和责任担当。而在工作制度方面,曾在最初的两个年级做出两轮尝试,第一年未将班主任列入导师队伍,班主任工作与导师工作相互独立,彼此协同;第二年则尝试将班主任列入导师队伍,供全年级学生选择。还有专业生涯导师、学科生涯导师、校外导师组成的三类导师如何协同等等,均需通过相关制度的方式进行设定。具体详见本书第三、四、五、六章相关内容。

从推进生涯导师学习共同体实践学习的角度,需要结合生涯导师队伍现状,尤其是其成长期待、能力发展需求等,以及学校推行导师制期待的攻坚方向,制订学习与实践项目推进计划。以闵行中学为例,学校确定生涯导师的两大探索方向——充分发挥生涯导航价值和学生发展指导价值,以任务驱动、结果导向为原则进行推进。在学生发展指导方面,以充分总结导师经验为基本原则,部署了在专业力量指导下完成《今天,我们怎么做高中生涯导师》一书的撰写任务,将导师进行分组,并由个体集结团队智慧,撰写每个主题下导师辅导策略及案例,实现从实践经验中总结、凝练,从理论学习中拓展应用,并撰写成文的过程,相关成果可作为后续生涯导师团队的学习资源。在这样的过程中,实现从经验到知识的创生,从个人到团队智慧的共享,个人自发探索到团队的相长共进。

资源支持与专业指导

生涯导师的专业发展、生涯导师学习共同体的养成与顺畅运行,需要学校提供资源支持,需要在时间、空间、知识、技术工具、专家指导与督导等方面,为导师的专业实践创造条件,提供便利。

构建生涯导师专业成长支持系统。生涯教育基本知识、技能、基本方法和指导能力提高的支持系统,是学校生涯导师工作落实的另一保障。闵行中学针对生涯教育具体内容,提供专题的学习资源库,为每一位教师生涯教育基本知识、技能、基本方法和指导能力的提高提供支持。具体内容有:学生思想引导的基本内容,一般方法、策略,学生思想引导的典型案例;学生心理疏导的基本内容、一般方法、典型案例等。通过成长指导册的方式,供教师学习提高。例如,如何帮助学生认识自我,如何引导学生处理自身优势与劣势,如何指导学生进行生涯规划与选择,如何指导学生进行时间管理、人际关系与沟通、学习困扰克服、自我了解与自信建立、情绪管理、考试焦虑缓解、师生关系和家庭关系处理等。并且,将相关内容在导师制工作系统中实现在线管理,建设导师知识库,方便导师参阅;同时,建设导师互动平台,导师团队可以就理论与实务探讨、案例研讨、培训及研修等分享经验,或寻求建议、指导(详见本书第八章内容)。

建设系列生涯指导培训课程。打破目前培训系统化程度低、针对性不足的弊端,针对当前教师的成长需求,设计科学、系统、分类明确的培训课程。例如,为充分发挥各类导师的优势,对专业生涯导师可重点培训生涯测评工具、生涯选择和规划方法、生涯咨询的方法和技巧、心理健康咨询等内容;对学科生涯导师可重点培训学科生涯融合教育方法,如教材中的生涯教育素材挖掘、学科基本思想和学习方法、学科相关的专业职业前景、学生课题研究指导等;对校外生涯导师可重点探索和实践专业行业领域所必需的知识和技能培养、职业体验、榜样精神示范等,以更有效的方式开展辅导活动。开发学科教师生涯公共课程,聚焦学科生涯导航的基本内容,推进学科生涯教育成长团队建设。

构建导师专家团队。生涯导师专业属于新的专业领域,导师在工作实践中缺乏理论基础和实践经验,迫切需要专家团队的指导。有些导师在实践的过程中确定了诸如辩论、科创、戏剧、摄影等方向作为个人的育人特色,也需要相关专家提供指导。因此,学校邀请在生涯教育及各专业领域有专攻的高校教授、生涯教育专家,有丰富实践经验的一线学校管理者,参与学校生涯导师专业发展顶层设计,开展导师课程培训,参与学校导师论坛、沙龙、研讨活动,为导师工作提供理论指导和实践策略,指引导师工作方向。

构建完善的社会支持系统。教师专业发展需要社会各部门的共同支持。待条件成熟,教育行政部门应设立专门的生涯导师序列、增加编制保障生涯导师正式的职业身份,对各学校的生涯导师队伍配备进行明确规定,帮助学校建立稳定的导师队伍。此外,要建立高中生涯导师专业标准,对生涯导师的专业知识、专业能力、专业态度进行明确规定,为高校人才培养、学校导师队伍建设提供专业规范,推动生涯导师专业化发展。同时,社会组织机构中的生涯规划教师具有丰富的生涯教育经验,企事业单位中的从业人员是学生生涯教育的活教材,鼓励社会志愿者加入学校生涯导师队伍,一方面,与校内导师开展交流合作,帮助校内导师更新知识理念,了解社会行业职业发展现状,学习新的生涯指导方法;另一方面,积极配合学校开展生涯实践活动,为学生岗位实习、职业体验提供便利。此外,符合生涯导师工作流程,支持学习资源获取、工作和个人成长记录的计算机在线系统,能够打破时空条件限制,在很大程度上可为导师工作助力。

以上五个方面,构成生涯导师学习共同体运行的有力保障。共同愿景需要广大导师逐步认同,共同愿景的达成有赖文化的浸润、组织的建构、不断的探索创新、制度的完善、项目的推进、资源的支持以及专业的指导,这些要素缺一不可;而共同愿景将为所有的努力提供方向与动力,可谓彼此协调,相互影响。期待这个过程成为广大教师实现专业发展、享受专业幸福人生的有益探索,也成为助益学生全面而有个性发展的引领,让教育回归育人本质。

第三章

生涯导师准入机制建设

本章要点

生涯导师准入机制的基本要素与运行方式

准入条件：生涯导师的基础标准

参考国际经验：教师准入标准

参考国际经验：生涯导师专业能力

基于调研结果：聆听教师与学生的声音

基于德尔菲法调查：听取专家的建议

建构生涯导师胜任力进阶模型，设定生涯导师准入条件

准入制度及实施：生涯导师准入选拔的保障

参考国际经验：中小学教师准入制度

参考经验：中小学教师职称（职务）晋升与企业竞聘制度

生涯导师准入制度及其运行

生涯导师准入机制的基本要素与运行方式

教师准入，是一个国家"为保证教师教育质量，对教师的基本素质、入职条件及入职程序所制定的行为准则"。教师准入制度始于 1782 年的美国佛蒙特州，它是教育专业化的重要标志。我国从清末 1902 年颁布"壬寅学制"到 1998 年试点教师资格认定，教育和教师管理专业化日趋成熟。通过实施一年两次的中小学教师资格考试，考查申请人是否具备教师职业道德、基本素养、教育教学能力和教师专业发展潜质，对教育事业产生深远的影响，成为公立学校招聘教师的基本条件。

通过对相关文献的分析发现，以往研究对"准入机制"从经济学、法学、管理学、教育学多个角度进行了定义。如管理学认为准入机制指根据国家法律、法规、政策等有关规定，对参与者制定的准入条件、准入方式、准入程序等制度性规定的总和[1]。又如教育学认为准入机制涉及教师职业资格、教师职业能力、教师身心素质三个方面的内容[2]。

因此，生涯导师制的准入机制，即为了实现生涯导师制的正常运行，对生涯导师的准入条件、如何实施准入考核、如何实施准入等进行规定。即由准入条件、准入制度、准入运行三者构成相互补充、协调统一的组织准入系统。从设定准入条件到形成成熟的准入机制，我国尚处于摸索阶段。

---

[1]　杨松.社会力量参与公共文化服务准入机制研究[J].管理观察，2019(11)：44－45＋48.
[2]　朱彤.基于人力资源管理的职业教育体系中的教师准入、评价与退出机制研究[J].商，2016(27)：45－46＋25.

准入条件：生涯导师的基础标准

生涯导师的准入标准是生涯导师准入机制的最关键要素，贯穿于生涯导师准入机制运行过程的始终，甚至贯穿生涯导师岗位职责的始终。标准的确立取决于学校生涯导师队伍构成的基础条件，解决的是"需要或选择什么样的生涯导师"的问题。从学校实施生涯导师制而言，涉及选拔哪些教师成为生涯导师，具备哪些能力素养的教师可以成为导师；从教师个人角度而言，具备哪些条件可以成为导师，如何将自己发展成为一名优秀的导师。客观而言，选聘标准要细致明确，含混不清的选聘标准不但不能满足生涯导师岗位的需求，还不利于想从事生涯导师的教师对照标准做好岗位准备。现实中，生涯导师队伍建设，是一个逐步的过程，无法一蹴而就。准入条件可为这一过程提供基础参照。

🔍 参考国际经验：教师准入标准

教师准入，最早源于1782年美国的佛蒙特州。国家希望培养什么样的教师，希望教师具有哪些方面的专业素养，希望教师成为什么样的教育者，这些均可借助教师职业准入制度与程序来实现。要在教师准入环节，制定教师资格标准，提高教师任职学历标准和品行要求，建立教师资格证书定期登记制度[1]。

美国于1988年成立了教师职业标准国家理事会（属于政府机构），并于2001年颁布了《美国中小学教师职业标准》。主要有10条基本标准，包括掌握和运用教学内容的能力、掌握和运用学生成长和发展规律知识的能力、掌握和运用学生的多样性和个体差异知识的能力、掌握和运用组织与激发动机知识的能力、掌握和运用交流与沟通知识的能力、计划和指导的能力、评价学生成绩的能力、总结与反馈能力、运用现代教育技术的能力、协作能力[2]。

美国爱达荷州立大学（ISU）通过一系列的研究，设立了初始教师12项有特色的准入标准，主要侧重教师实践能力、问题解决能力的培养：①教学的内容和知识；②专业学习水

---

[1]　高伟，土泰.高职院校教师准入及选聘[J].经济师，2011(10)：133＋135.
[2]　张玉秀.《美国中小学体育教师职业能力标准》的解读[J].南京体育学院学报：社会科学版，2004(4)：56－59.

平和专业研究能力;③对学生个体差异的认识和实践;④专业教学的指导计划;⑤指导性陈述;⑥综合评价角度和能力;⑦创造和维持一个安全和有效的学习环境;⑧技术手段支持程度;⑨文化与交流;⑩由学校到工作的转变;⑪把握家庭、学校、团体关系与资源关系;⑫个人特点和人际交往技巧[①]。

我国为了保证聘任教师的质量,于 1983 年 8 月 22 日由国家教育委员会颁布了《关于中小学教师队伍调整整顿和加强管理的意见》,为教师资格制度的确立与实施打下了基础。到 1994 年 1 月 1 日,《中华人民共和国教师法》开始执行,这意味着我国的教师准入进入法制化时期,教师准入向前迈进了重要的一步。2000 年 9 月 23 日,教育部发布《〈教师资格条例〉实施办法》,准入条件进一步受到重视。2010 年,我国颁布了《国家中长期教育改革和发展规划纲要(2010—2020 年)》,由国家制定教师资格标准,提高了教师的学历标准和品行要求,还将师德表现作为教师考核、聘任和评价的首要内容,为教师资格制度的改革指明了方向。2012 年,我国正式颁布了幼儿园、小学、中学三个教师专业标准(试行),正式开启教师专业标准改革之路。其中,《中学教师专业标准》明确提出了师德为先、学生为本、能力为重、终身学习等四条基本理念,以及包括职业理解与认识、对学生的态度与行为、教育教学的态度与行为、个人修养与行为、教育知识、学科知识、学科教学知识、通识性知识、教学设计、教学实施、班级管理与教育活动、教育教学评价、沟通与合作、反思与发展等共计 14 个领域 63 条基本要求[②]。

参考国际经验:生涯导师专业能力

"生涯导师"在各国的教育中并不是一个统一的称谓或职位。我们尝试从各国的生涯教育教师队伍、导师等角色的能力要求中寻求借鉴。

英国经验。英国当前中学阶段生涯教育教师队伍由生涯领袖、生涯顾问、学科教师组成,生涯领袖承担学校生涯教育的主要责任,对学校生涯教育进行领导、管理、协调;学校聘请的生涯顾问主要运用生涯发展理论与模型,为学生提供个性化和专业性的生涯指导与建议;学科教师为学生提供生涯信息,开展学科教学与生涯教育,与学生进行非正式的生涯对话。英国生涯发展学会将生涯教育师资的能力要求划分四个领域:职业伦理与反

① 姜勇,康永祥.美国爱达荷州立大学教师职业准入制度的改革与启示[J].高教探索,2007(5):75-77.
② 中华人民共和国教育部.教育部关于印发《幼儿园教师专业标准(试行)》《小学教师专业标准(试行)》和《中学教师专业标准(试行)》的通知[EB/OL].(2012-09-13)[2022-05-20].http://www.moe.gov.cn/srcsite/A10/s6991/201209/t20120913_145603.html.

思性实践、使他人掌握生涯管理能力、使个体获得更加广泛的生涯发展服务、促进和改善生涯发展服务。具体标准有理解和应用生涯发展理论,帮助学生设定生涯发展目标、探索生涯发展需求、评估个人能力,规划和实施生涯教育活动,转介资源和团队合作,监督和改进生涯指导服务等[1]。

美国经验。美国生涯导师团队由专门的生涯技术教师和学校咨询师组成,生涯技术教师是在某一生涯集群[2]有专业实践经验的专门教师,教授学生进入某一行业所必需的知识和技能;学校咨询师为学生提供广泛的学术、生涯、社交、情绪等多方面的指导[3]。美国学校咨询协会制定学校咨询师专业标准,将其划分为专业精神、基本技能、提供直接和间接学生服务的能力、管理项目和争取学校支持的能力四个领域;例如,在专业精神上,相信每个学生都能学习、都能成功等;在基本技能上,学习和应用理论,建立学校咨询项目的愿景,制定学校咨询项目的目标并推动实施等;在学生服务上,设计并实施学校咨询核心课程,提供咨询服务支持学生的成就,转介专业人士,与家庭、教师、管理者及相关者合作等;在项目管理与学校支持方面,理解教育法律、教育政策、教育趋势,设计、实施和评估学校咨询项目,合理评价学校辅导员绩效等[4]。

芬兰经验。芬兰导师制成为芬兰普通高中学生发展指导体系中的重要组成部分,既有专职导师又有兼职导师,导师由"学生顾问""辅导员""特需导师""导生"四个群体组成,这四类导师从不同方面指导学生从高一到高三有序发展,完成高中学业、确定未来发展方向和积累成长阅历[5]。

加拿大经验。加拿大要求就业指导的咨询师必须具有教育学、心理学、咨询学或相应的人文社会科学的博士学位,而且具备一定的工作经验[6]。

从国际经验看,生涯教育的师资队伍构成多元化,由专职学校咨询师、生涯顾问、生涯技术教师主导,学科教师共同参与生涯教育。生涯专业导师和兼职导师在生涯辅导上分工负责,从不同方面指导学生有序发展。对生涯导师的专业能力要求强调理解和应用生

---

① 张蔚然.英美两国中学阶段生涯教育的比较研究[D].上海:华东师范大学,2019.
② 生涯集群:是美国为顺应时代发展,为帮助中学生为升学和就业做准备,根据职业的某些共同特征把职业和行业进行分类,然后细化为生涯集群,并根据共同的核心技能标准,开发了生涯集群课程,为学校、老师、学生介绍各集群及其生涯路径、生涯详细指导、生涯主修课程等。1999年划分的16个生涯集群包括:农业、食品、自然资源;建筑;艺术、音像技术与交流;商业管理;金融;政府和公共事业管理;教育和培训;健康和科学;餐饮与旅游观光;人类服务;信息技术;法律、公共安全;制造业;市场、销售、服务;科学、技术、工程、数学;运输、分配、后勤等。
③ 万明明.美国高中生涯教育的研究及启示[D].上海:华东师范大学,2018.
④ 张蔚然.英美两国中学阶段生涯教育的比较研究[D].上海:华东师范大学,2019.
⑤ 陈才锜.芬兰普通高中导师制的特色及启示[J].全球教育展望,2014(1):87-93.
⑥ 孙宏艳.国外中小学职业生涯规划教育:经验与启示[J].中小学管理,2013(8):43-46.

涯发展理论、设计和实施学校生涯教育项目、提供咨询服务指导学生发展、寻求多方合作和转介资源、评价生涯辅导工作等能力。

基于调研结果：聆听教师与学生的声音

课题组向上海市闵行区 5 所中学的教师发放问卷，回收的 450 份有效问卷显示，关于生涯导师应具备哪些专业能力这一问题，80% 以上的教师认为导师应具备生涯教育相关知识和经验、心理学知识与心理辅导能力、交往沟通能力，70% 以上的教师认为导师应具备本学科素养与教学能力以及师德素养。调查结果与国际经验相似，教师们觉得生涯导师的专业能力包含作为生涯导师专业方面的生涯教育相关知识和经验、心理学知识与心理辅导能力、交往沟通能力，同时应具备本学科素养、教学能力和师德素养。

学生调查结果显示，"善于与学生沟通"是学生心目中生涯导师的最重要特质，在高中三个年级中均占 80% 左右的比重。此外，教师本身的"乐观幽默""爱心耐心""生涯指导能力"也获得了较高比重。显然，高中阶段繁重的学业压力使得师生间的良好互动成为必需，这也是生涯辅导最核心的特质。"学科学习""大学报考"是学生需求较多的生涯导航功能。另外，高三年级因为特殊的状况，在心理辅导和人际交往方面的需求比高一、高二年级有较大的提高。

基于德尔菲法调查：听取专家的建议

德尔菲法（Delphi Method）也称专家调查法，指通过专家的知识、经验和综合分析能力，让他们对研究的问题做出判断、评估和预测的一种方法。首先，调查者制定调查表。其次，调查者以函件的方式征询专家组成员的意见，对意见进行统计和反馈，如此进行三轮。最后，专家的意见将会逐步趋于收敛，从而得到准确的结果。

课题组选取在生涯教育研究领域具有较高权威的 6 名专家，用发放问卷的方式获知生涯导师应具备的专业能力。6 名专家均具正高职称或博士学历，从事相关专业 5 年以上，包含了高校教授、高中德育干部、区教育学院专家、专业机构生涯教育专家。

将专家提到的生涯导师专业能力进行编码、分类，得出生涯导师应该具备三个方面的基本能力：具备与生涯辅导相对应的生涯指导专业能力；具有学科教师的良好能力；从事生涯辅导的热情、意愿和亲和力，如表 3-1 所示。

表 3-1　生涯导师专业能力——基于德尔菲法的调查

	专业生涯导师	学科生涯导师	校外生涯导师
知识素养	生涯发展理论知识 生涯辅导基本技巧 生涯相关信息了解	生涯教育基本概念 学科基本思想和方法 了解学科相关专业职业	了解高中生心理特征 精通专业领域知识与技能
专业能力	生涯课程教学能力 生涯辅导能力 心理辅导能力 评估分析能力 咨询能力 沟通交流能力	学科融合生涯教育的能力 学业规划辅导能力 学习方法指导能力 学科生涯信息搜集与处理能力 学科生涯咨询能力 激励能力 资源统筹的能力	专业知识指导能力 职业规划咨询能力 职业兴趣激发能力 思考总结能力 表达讲解能力
工作态度	关爱学生、责任心、积极心态、倾听共情		
人格特质	温暖热情、敏锐洞察、耐心爱心		

🔍 建构生涯导师胜任力进阶模型，设定生涯导师准入条件

回到现实，我们发现上述专业能力只是对导师需要具备哪些方面的能力提出了要求，但是无法清晰界定，各个方面到达怎样的程度才能准入。按照我们对各个能力内涵的完整理解，能够具备表 3-1 中专业能力的导师是较少的。换言之，从客观事实的角度出发，生涯导师的培养是一个漫长的过程，从准入到优秀，需要经过一定的培养和发展才能完成。各位导师的基础能力、育人经验不同，很难通过表 3-1 对其准入与否进行判定。由此，我们引入企业界普遍实施的胜任力概念，建构了进阶的导师胜任力模型。

有关胜任力的概念在第二章已有所阐明，在此不再赘述。胜任力及相关人才评鉴理论、方法风靡企业界，并慢慢拓展至各个领域，如教育领域。2000 年，美国知名管理咨询公司合益（Hay McBer）向美国教育与就业部提交了一份题为"高绩效教师模型"的报告，提出了高效教师的 5 种胜任特征群：专业化（挑战与支持、信心、创造信任感、尊敬他人）、领导（灵活性、拥有负责任的朋友、管理学生、学习热情）、思维（分析性、概念性）、计划/设定期望（向上动力、信息搜寻、主动性）、与他人关系（影响力、团队建设、理解他人），并提出高绩效教师经常使用的 7 种技术：有较高的期望、能很好地计划课程、使用多种多样鼓励学生的技术、对学生管理有清晰的策略、明智地安排时间和资源、能够使用一系列评估

方法、经常布置家庭作业[①]。国内,徐建平构建了教师胜任力模型,并将其分为优秀教师胜任力特征和教师共有的胜任力特征。其中,优秀教师的胜任力包括进取心、责任感、理解他人、自我控制、专业知识与技能、情绪觉察能力、挑战与支持、自信心、概念性思考、自我评估、效率感等11项特征;教师共有的胜任力包括组织管理能力、正直诚实、创造性、宽容性、团队协作、反思能力、职业偏好、沟通技能、尊敬他人、分析性思维、稳定的情绪等11项特征[②]。

后续,有学者就班主任等教师群体的胜任力进行了研究,但是对"导师"相关群体则较少研究。因此,本课题组在实施生涯导师制的过程中,通过对教师和学生的访谈、专家讨论等方式,建构了生涯导师胜任力进阶模型(见表1-1)。

这一模型将生涯导师的胜任力界定为态度价值观、知识、技能和特质四个方面,并区分为准入、骨干、首席三个层次。导师的准入条件参照准入层级的标准,后续导师进阶发展相继以骨干、首席层级的标准为参照(详细内容请见第五章导师培养与发展的目标相关内容)。具体到准入标准,主要涉及如下12个条目及相关标准。

关爱学生:指以促进学生的全面、个性发展为中心,关心和爱护学生的需求、成长诉求、发展愿望与自尊、自信等。

主动性:在没有被要求或指派的情况下,在与学生的互动中,预知准备,主动承担,自发采取行动。

学科专业知识:掌握所教授学科在高中阶段的学科核心素养、知识体系、学习内容,并积极、主动对相关知识进行拓展和应用。

教育学知识:掌握与教育过程、现象等相关的原理、方法、技术等知识。

换位思考:能够设身处地地站在学生的立场思考问题,以促进沟通和教育活动的有效开展。

鼓励支持:指通过言语、非言语行为对学生表达重视、肯定和赞赏,调动学生积极性,提供必要帮助,促进学生积极努力。

分析与归纳能力:指既能将事物、问题进行分解,分析其中的逻辑关系,逐步探究、厘清问题,又能从隐藏的事物关系中发现、总结、凝练出规律或关系的能力。

目标激励:能够协助学生分析、确定目标,并激发、引导学生的学习热情,以实现预定目标。

---

① 徐建平.教师胜任力模型与测评研究[D].北京:北京师范大学,2004.
② 徐建平.教师胜任力模型与测评研究[D].北京:北京师范大学,2004.

问题解决：能够准确清晰地定义问题，收集相关信息，并提出、执行有效解决方案的能力。

信息搜集与处理：指能够根据工作需要，不局限于现有素材，通过有效的渠道或方法获得相关数据、知识、信息、事实，并能够分类整理、妥善处理等的能力。

民主开放：理解和尊重学生，能够对学生的态度、想法和行为等保持接纳，赋予学生独立、自主、自由的权利。

情绪稳定：在压力或变化的工作情境中能够保持情绪的平稳、心态的平和，从容镇定。

准入制度及实施：生涯导师准入选拔的保障

制度建设是一个逐步的过程，在推行生涯导师制的过程中涉及生涯导师准入、工作、培养与发展、考核与激励等各个方面。可以说，制度日趋完善的过程，便是生涯导师制逐步走向成熟的过程。

准入制度需要重点在"谁决策""如何决策"上进行规范操作，以便于实际工作的开展。

🔍 参考国际经验：中小学教师准入制度

教师准入是指招聘单位按照一定的程序对教师人员进行招聘，虽然在招聘过程中会有所差异，但从总体上看主要包括招聘信息的发布，招聘候选人的确定、考核以及任命等几个环节。

美国 ISU 教师职业准入有严格的程序，包括材料申请与准入面试。教师申请人需递交以下申请材料：个人传记、教育信念陈述、儿童个别差异案例、案例研究分析。教师准入的面试有以下主要方面：

（1）面试小组的组成。面试小组由 3 至 5 名成员组成，其中要包括教育学院的教师、实习指导教师、接受教师培训计划的候选人、艺术与科学或健康专业等普通大学的教师。

（2）面试的内容要求。一般的面试由五部分组成。各个部分都要求和 ISU 设立的教师职业准入指标相关联。对面试的内容用"满足标准"和"不满足标准"两个基本尺度进行衡量和评判。面试的主要内容包括：评估被面试者的口头交流能力、态度、职业技能、思维能力，以及问题解决能力等多个方面。①评估被面试者的口头交流能力。每位申请人要使用容易理解的语言和符合学校课堂情景的语言进行交流和表达。②评估被面试者的态度。该内容反映的是申请人能否主动、坦率地接受新的思想，能否尊重他人和能否较好地关注学生和学校的利益，以及有关儿童在情感方面的问题。③评估被面试者的职业技能。它评价的是申请人对面试的准备度，包括对面试的机敏度、课上着装的得体程度、面试材料的质量等方面。④评估被面试者的思维能力。该过程评价的是申请人的思维技巧和候选人对标准即时问题的反应，以及申请人的表述能力。⑤评估被面试者的问题解决能力。

其反映的是申请人从多方面看待一个问题，了解复杂课堂教学环境的情境应变能力。申请人要至少通过以上五个项目中的三个项目。

（3）一般面试的程序。整个面试一般要求持续大约 30 分钟。第一，申请人进行自我介绍。每个申请人要用几分钟的时间向面试小组成员简要介绍其选择教师职业的原因。第二，申请人提供自己以往的教学视频片断与分析过程，同时，每个申请人都要用 2 至 5 个视频来展示其与学生互动的场景，然后申请人将向面试小组详述他们将在接下来的视频中看到什么，接着，申请人要解释这段视频。第三，面试小组还会随机提出一些问题，提出的这些问题要求能够反映出申请人的教学实践能力。

以澳大利亚为例，2011 年，澳大利亚颁布的国家教师专业标准（NPST）横向包含了七个标准的内容结构（有关学生的知识和怎么教他们的知识；教学内容知识和怎么传授这些教学内容的知识；计划并能够进行有效教学；创建并保持支持性和安全的学习环境；评价、反馈并报告学生的学习情况；参与专业学习；专业参与中与同事、父母/监护人和专业团体的关系等），纵向包含了四个教师专业发展阶段（如准入教师阶段、胜任教师阶段、优秀教师阶段和领导教师阶段）。横向的七个标准下均有具体的关注领域，且对每一个专业发展阶段的教师在每一个具体的关注领域均有详尽的规定和阐述[1]。

我国学者在这方面亦有研究，提出我国应建立自己的教师标准。教师标准存在且适用于所有教师。教师标准的建构应该体现国家意志和党的意志；必须具有普遍适用性；必须符合社会、学校、家长、学生、教师自身多层面的认同；必须允许不同主体在认同教师标准的前提下进行必要的阐释。聘任教师时要做到以下几个方面：第一，要深化理论测试，包括教师的专业素养、政策法规水平、思维特点；第二，专业技能考核能力，包括知识处理能力、教学组织能力、言语表达能力、书面表达能力、书写能力、计算机操作能力、制作能力；第三，面试的能力，包括分析判断能力、人际沟通能力、应变能力、个性特征。我国于1995 年通过了《教师资格条例》，明确规定了教师资格考试的要求与形式；至 2001 年出台了《教师资格条例实施办法》，更加明确地规定了教师资格的获取途径和要求。到 2012 年，我国发布《关于开展中小学和幼儿园教师资格考试改革试点的指导意见》，到 2015 年教师资格考试国家统考在全国铺开，我国教师资格的制度化、规范化、标准化日趋成熟。

从中小学教师准入看，需要坚持计划性、公正性、科学性、平等性等原则，并规范聘任程序。

---

① 蹇世琼，饶从满.澳大利亚最新国家教师专业标准述评[J].比较教育研究，2012,34(8):37-41.

参考经验:中小学教师职称(职务)晋升与企业竞聘制度

生涯导师是在现任教师中进行选拔,这一点与中小学教师职称(职务)制度和企业竞聘制度有相同之处,即均是从现有人员中进行选拔。

我国于 1986 年启动中小学教师职称制度,对中小学教师的职务类别、评审办法等进行了详细的规定。后续经过逐步完善,至 2015 年 9 月,人社部、教育部联合印发《关于深化中小学教师职称制度改革的指导意见》,围绕体系构建、评价标准、评价机制等,启动了中小学教师职称制度改革,从健全制度体系、完善评价标准、创新评价机制、实现与事业单位岗位聘用制度的有效衔接等方面提出了明确要求。其中要求确保评聘程序公正规范,评聘过程公开透明,按照个人申报、考核推荐、专家评审、学校聘用的基本程序进行[①]。

在企业界,为了合理、充分、有效地利用企业内容的人力资源,促进员工的发展,调动员工的积极性,留住优秀人才,增强企业的核心竞争力,促进企业的长足发展,会设定员工的内部晋升通道[②],以及内部竞聘制度。企业会组织总经理及高管人员、人力资源部工作人员、外部专家(必要时)形成竞聘小组,参与人员主要通过部门推荐和员工申请两种方式产生[③]。

以上两种方式均可作为生涯导师准入制度化的参考,尤其是在准入考核方式、人员组成等的规范与标准化实施方面。

生涯导师准入制度及其运行

生涯导师的准入,从本质上既不同于中小学教师准入,又不同于教师职称(职务)晋升和企业员工内部竞聘。生涯导师准入是育人方式改革进程中的探索,较之教师准入,对教师有更高、更全面的要求;较之教师职称(职务)晋升,没有各职称岗位结构比例的约束,反而能激励更多老师自主发展成为生涯导师,它属于教师专业发展的范畴,但其制度化的方式需要我们进行深入思考。具体到生涯导师的准入制度,主要涉及准入决策制度,即谁来

① 人力资源社会保障部,教育部.人力资源社会保障部　教育部关于印发《关于深化中小学教师职称制度改革的指导意见》的通知[EB/OL].(2015－08－28)[2022－05－15].http://www.moe.gov.cn/jyb_xxgk/moe_1777/moe_1779/201509/t20150902_205165.html.
② 乔继玉.人力资源规划操作指南:规划概述＋实用图表＋流程架构＋操作方案[M].北京:人民邮电出版社,2021:189.
③ 郑芳.资深 HR 手把手教你做:人力资源管理[M].天津:天津科学技术出版社,2017:144－156.

组织、谁来决策、如何决策，以及如何实施。

谁来组织？ 生涯导师的准入，涉及操作实施，首要的便是规范组织实施这一过程。以闵行中学为例，学校确立了由校长领衔，以及由副校长与德育学生部共同组建的管理与支持小组，并按年级逐年推行导师制。因此，生涯导师的准入由生涯导师制管理与支持小组总体负责、指导与统筹，设定逐年级生涯导师制工作推行节奏与相关工作制度，并根据对各年级生涯导师队伍及人员的要求，指导年级组长在本年级范围组织、实施。

谁来决策？ 生涯导师的准入，还涉及由谁来决策某一位生涯导师是否符合准入条件，以及根据实际工作情况做出可能的调整。以闵行中学为例，由生涯导师制管理与支持小组指导和支持年级生涯导师领导团队，并共同决策。生涯导师制管理与支持小组主要从准入标准的角度，年级生涯导师领导团队主要从年级生涯导师制推行的角度，并根据各年级教师配置，双方共同决策生涯导师的准入人选。在实际推行过程中，有时并不能在现有年级教师队伍中选出完全符合标准条件的生涯导师，双方可根据年级教师情况，从中择优选择教师进入生涯导师培养队列。

如何决策？ 生涯导师的准入，还涉及通过怎样的方式从现有教师中确定符合条件的人选。以闵行中学为例，生涯导师胜任力模型中准入阶段的要求是基本标准与参照，并通过年级生涯导师领导团队推荐与征询个人意见相结合的方式进行。

如何实施？ 生涯导师的准入，从实际运行的角度，需要制定具体的工作流程。以闵行中学为例，按照如下流程实施：

第一步，明确年级生涯导师需求情况与人数要求。首先，学校生涯导师制管理与支持小组要明确学校生涯导师的需求规模，有步骤、有计划地逐步补充、配置充实。具体到各年级，与年级组共同决策本年级生涯导师推进节奏，如覆盖全年级学生，还是部分学生；确定生涯导师在本年级的推进方式，如每位导师指导 12 名左右的学生，或由导师团面向更大范围的学生。由此制定本年级生涯导师需求。

第二步，由年级生涯导师领导团队根据生涯导师准入标准，梳理本年级生涯导师准入人选，并交由学校生涯导师制领导与支持小组进行初步决策。

第三步，向年级组教师发布生涯导师推进计划及初步决策，并启动征询教师个人意见与意向。对于因个人原因暂时不参与生涯导师工作的教师，与积极要求参与生涯导师团队的教师，由学校生涯导师制领导与支持小组、年级生涯导师领导团队最终权衡决策。

第四步，由年级生涯导师领导团队根据生涯导师工作制度（参照第四章相关内容）制订本年级生涯导师推进计划。支持与鼓励各年级生涯导师领导团队根据本年级教师优势特长以及教师意向，组建生涯导师小组，探索主题式生涯导师研讨、课题研究活动。

　　第五步,实施年级生涯导师启动会议。由年级生涯导师领导团队发起,学校生涯导师制管理与支持小组及生涯导师共同参与,探讨生涯导师制相关工作、培养与发展、考核与激励制度,以及本年级生涯导师制安排。

第四章

生涯导师工作机制建设

本章要点

生涯导师工作机制的基本要素和运行方式

导师工作管理机制：工作运行的保障

建立组织架构：加强工作领导

完善管理制度：保障工作运行

师生匹配机制：互动关系的建立

匹配原则：以生为本，双向选择

匹配流程：充分宣传，精准匹配

指导机制：导师工作的实施

指导职责与内容：全方位、个性化的学生成长指导

指导形式与策略：依托手册　多元实践

生涯学科融合指导：更精准的学科生涯导航

导师工作协同机制：形成育人合力

导师团队协同：取长补短

导师与班主任协同：双管齐下

导师与本学科教师团队协同：专业引领

学科生涯导师与专业生涯导师协同：解决疑难

校内外导师协同：强强联手

生涯导师工作机制的基本要素和运行方式

对学生全方位、全过程的指导是全员导师制工作的核心内容。从学校层面来说，构建有序、有效运行的生涯导师工作机制是导师制顺利实施的重要保障。

工作机制，是指工作程序、规则的有机联系和有效运转。学校生涯导师工作是一项系统工程，参与者众多，工作程序复杂。因此，有必要设计并形成学校生涯导师工作的整体架构，使工作程序和规则清晰，参与主体各司其职，导师工作有效运转。从导师工作的主要程序来看，包含管理、匹配、指导、协同和支持等五个方面。

管理，贯穿于导师工作开展的全过程，包括计划的制订、任务的布置、过程的监督和阶段性或总结性的评价等，是工作有序开展并取得实效的重要保证。

匹配，是完成导师与学生之间的结对，主要在起始年级的起步阶段完成，后续进行阶段性微调，是师生之间形成稳定指导关系的重要前提。

指导，是导师工作的核心，是导师全过程、全方位指导学生的育人实践。

协同，是导师团队内部、导师与学校其他部门之间为更好地指导学生而开展的有效合作。

支持，则是在不同层面为导师和学生提供生涯指导和生涯发展的重要资源，为导师工作有序高效的开展提供保障。

工作机制由管理、匹配、指导、协同[①]相关制度及各部分的运行方式组成。

---

① 支持是生涯导师工作开展的重要资源，也涉及与生涯导师制相关的方方面面，因此在本书第七章专门论述。

导师工作管理机制：工作运行的保障

　　管理机制，是指管理系统的结构、内在联系、功能及运行原理，是决定管理功效的核心。对于导师工作来说，管理机制涉及导师工作制度的制定、工作架构的建立、工作过程的管理和工作成效的评价等方面。建立导师工作基本的管理制度和运行机制，是工作正常、高效开展的重要保障。

🔍 建立组织架构：加强工作领导

　　要对导师工作进行有效管理，首先明确导师工作的管理架构。组织架构在企业管理中是常用概念，指企业内部各层级机构设置、职责权限、工作程序和相关要求的制度安排。它包括组织结构和权责配置两个方面。组织架构为控制活动提供了框架，即界定了控制活动的空间范围和控制活动可依附的主体。合理的组织架构使有效的内部控制成为可能[1]。导师制工作建立组织架构的目的，正是通过明确校内各层级组织结构和权责配置来实现有效的工作管理。

　　开展生涯导师工作的学校也大多建立了相应的组织架构。如东北师范大学附中成立"全面导师制"管理领导小组。管理领导小组由学校的各职能部门组成，负责全面协调学校各个部门和教师，以共同完成全面导师制的制度建设、组织建设和物质准备[2]。上海市实验学校从领导和实践两个层面出发，成立了"全员成长导师制"领导小组和工作小组。其中，领导小组负责导师工作的全面领导、制度设计、宏观规划，通常由校党委书记、分管校长、德育主任组成。工作小组负责组织、协调和落实各项工作的具体实施，由校德育主任、团委书记、综合评价招生辅导人员、年级组长组成[3]。

　　以闵行中学为例，考虑工作的实际需求和管理的有效性，学校形成导师工作管理的三级架构：导师制管理与支持小组—年级生涯导师领导团队—导师团队。

　　导师制管理与支持小组由校长领衔，并由副校长带领德育学生工作部负责具体执行。

---

① 李小香.论企业组织架构对内部控制活动的影响[J].会计之友,2012(2):60-61.
② 王欣宇.高中全面导师制模式探索[J].教学与管理,2015(10):25-28.
③ 朱琳."全员成长导师制"的实践探索——以上海市实验学校为例[J].现代教学,2020(2).

其工作职责包括制定生涯导师制各项制度,如准入制度、工作制度、培养与发展制度、考核与激励制度的制定、管理与运行;制定生涯导师队伍建设规划,评估生涯导师工作推进情况并制订完善和修正方案;构建生涯导师制支持保障系统;指导各年级开展师生匹配、师生互动及相关活动,实施导师培养、导师考核与激励等相关工作,以及生涯导师制整体实施的管理工作。

年级生涯导师领导团队由年级组长组建,并负责本年级生涯导师制的具体实施与推进。三位年级组长同时也是学校导师制管理与支持小组的成员,参与各项基本制度的制定。年级生涯导师领导团队在学校导师制管理与支持小组的指导下,制订本年度生涯导师制工作方案及具体措施,包括本年级生涯导师制推进计划、生涯导师准入及发展计划、师生互选、考核激励等具体举措。

在各年级的导师团队中,根据导师前期积累及个人发展意愿,组建项目或课题研究学习共同体,各小组聚焦某一领域进行探索和积累,并慢慢发展骨干导师、首席导师,形成个人及学习共同体特色。

完善管理制度:保障工作运行

导师工作要建立基本的管理制度,以保障导师工作的正常运行。管理制度是组织、机构、单位管理的工具,对管理机制、管理原则、管理方法以及管理机构设置规范。它是实施管理行为的依据。合理的管理制度可以简化管理过程,提高管理效率[1]。导师制工作同样需要建立相应的管理机制和管理方法,以提高工作管理的效率。

开展导师制的学校积极探索各项管理制度,如杭州第九中学导师制实施的制度包括:导师工作手册制度、学生成长档案袋制度、谈心辅导制度、家校联络制度、例会诊断制度、总结反思制度等[2]。

以闵行中学为例,根据学校实际,主要建立了以下制度来保障导师制的运行。

导师工作例会制度。导师工作是一个长期的过程,需要根据实际情况不断推进,许多事务性工作要及时部署。因此,学校制定了导师工作例会制度。例会每月举行一次,如逢寒暑假也会在线上正常开展。例会以年级为单位进行,由年级组长负责组织,全体导师参加。主要内容为总结上个月导师工作的主要情况,布置下个月的主要工作任务和具体

① 何盛明.财经大辞典[D].北京:中国财政经济出版社,1990.
② 方玮.高中成长导师制的实践研究——以杭九中为例[D].杭州:杭州师范大学,2012.

要求。

导师沙龙研讨制度。 在生涯指导的工作中,导师会遇到很多问题,也会产生一些困惑。例会以任务布置为主,难以深入解答导师工作中遇到的疑难问题。因此,需要建立导师沙龙研讨制度。导师沙龙针对导师工作中遇到的具体问题,以导师间的相互交流和研讨为主要形式,目的是提炼导师工作中的难点,凝聚集体智慧全力突破。导师沙龙一般两个月举行一次,与工作例会尽量错开。

导师团队辅导和个别化指导制度。 导师团队辅导应根据不同阶段的学习任务和热点问题,由导师和学生共同确定辅导的主题,每月开展一次,每次不少于 30 分钟。团队辅导可采用导师讲座、师生讨论、学长分享、读书交流、外出考察等形式开展。个别化指导是根据学生的困惑与需求进行有针对性的指导,每学期至少开展两次。个别化指导可以采用线下、线上、书面交流等不同形式。

以上三项是最基本的辅导工作制度,将导师工作开展的形式和周期明确化,促进导师工作的有序开展。

学生生涯成长档案制度。 学生每学期填写《闵行中学"6 + 1"学生成长手册》(详见本章下节"指导形式与策略:依托手册　多元实践"相关内容)。学期初,导师将手册发给学生,并指导学生进行填写。学期中,导师指导学生将过程性的资料收集整理,呈现在成长手册中。学期末,导师收齐学生的成长手册,评价学生的完成情况并撰写导师评语。

家校联系制度。 每学期,导师与所指导学生的家长至少联系一次,了解学生日常学习和生活的情况,与家长形成教育合力。

工作记录制度。 每学期整理工作过程性资料,包括团队辅导记录、个别化指导记录、实践指导、活动开展记录等;统计所指导学生的生涯发展成效,包括学业成绩、竞赛获奖、课题获奖、特长展示等。所有工作资料上交存档。

导师案例反思制度。 每学期结束,导师撰写并上交指导案例一篇,反映学生在生涯成长中存在的困惑,导师在其中的指导过程与成效。学年结束,导师撰写并上交导师成长案例一篇,梳理并反思指导过程,总结指导的经验,梳理导师工作中自身的收获与成长。

以上四项是聚焦学生辅导活动的制度,将导师辅导学生的工作要求与规范具体化,确保辅导活动的规范与专业开展。

师生匹配机制：互动关系的建立

全员导师制的实施，需要导师和学生之间建立稳定的结对和指导关系。因此，要形成师生间匹配的良性机制。匹配机制涉及导师制的宣传、师生间的匹配、匹配的适度调整等方面。师生匹配是导师工作重要的环节，是学生个性化发展和导师精准指导的重要基础。

匹配原则：以生为本，双向选择

开展师生匹配工作，其运作方式可以是多种多样的，但其背后的理念和精神是一致的。对此，大部分实施导师制的学校形成了不约而同的共识，师生匹配应该遵循以生为本、双向选择、可操作、可调整等基本原则。

以生为本原则

师生之间的匹配，首先以学生为本，尊重学生的选择。学生自身的身心特点、兴趣特长和发展目标各不相同，对导师的期待也各不相同。让每一位学生找到与自身的特点、需求与发展方向相契合的导师是师生匹配的最基本原则，也是促进学生生涯发展的基础保障。

双向选择原则

师生匹配是师生间的互动，以生为本虽然是基础，但导师作为工作中的主导者，有自身的指导目标、指导途径和工作规划，也有选择指导对象的权利。因此，师生匹配要遵循双向选择的原则，最大限度满足师生双方对导师工作的期待。

可操作原则

如果按以生为本、双向选择的原则开展师生匹配，可能会出现匹配不平衡的情况。有些导师可能被多位学生选择，人数过多不利于导师工作的开展。因此，师生匹配要遵循可操作原则，通过匹配流程的设计在一定程度上进行分流和调控。

可调整原则

师生匹配虽然是在导师工作的启动阶段就要完成，但并不意味着高中三年师生间的指导关系是不可调整的。高中学生处在一个动态变化的过程中,学生的目标和方向会变,外部环境也会变,因此对导师的期待也会有所变化。在这种情况下,应允许部分学生与导师的匹配关系进行调整。

匹配流程:充分宣传,精准匹配

开展导师制的学校在匹配流程上有不少相似之处。如东北师范大学附中的双向互选制是在面向全校范围的师生进行广泛宣传后,开始师生的双向互选。根据教师的年龄、性别、任教学科、过往经历、擅长方面、兴趣爱好、教育理念、工作成果等因素进行分类,并在网上公示个人信息。学生在了解导师的基础上选择1~2名导师。然后,学校组织导师考核,导师对学生进行笔试或面试。最终通过师生多轮互选确定师生组合方式并予以公示。必要时,可以在学年当中提供一次更换导师的机会[1]。

以闵行中学为例,校内导师和学生的匹配,在高一起始年级进行第一次,也是全员参与的一次。高一年级所有学生将在了解导师的基础上选择导师加入指导小组,从而与校内导师建立长期、稳定的指导关系。

开展师生互选宣传

学校发布导师制宣传手册,向学生公示导师信息。导师信息由导师自己撰写,主要内容包括自己的任教学科、擅长领域、兴趣爱好、工作成果等。宣传手册的作用是让学生了解每位导师的特点和特长,帮助学生选择适合自己的导师。

学生填写申请书

在充分宣传的基础上,年级组向学生发放导师选择申请单。学生可根据自己的生涯目标、学科兴趣、导师个人魅力等因素选择导师。为了确保相对均衡,避免出现某些指导小组人数太多的情况,申请单参照高考志愿填报的方式,给学生提供三个导师志愿。如果第一志愿选择的导师人数较多未能匹配,则根据第二志愿再进行匹配,以此类推。学生在申请单上写上自己的个人信息及自我介绍,填上三个导师志愿。闵行中学设计的申请单如图4-1所示。

导师了解并考察学生

在学生初选的基础上,由导师根据申请单上的信息,对学生进行了解并遴选,根据学

---

[1] 王欣宇.高中全面导师制模式探索[J].教学与管理(中学版),2015(10):25-28.

闵行中学2020级高一年级导师制项目学生申请表

班级__________　学号__________　学生姓名__________

一、学生个人自我介绍

学习学习基本情况介绍（特长学科，喜欢的学科等）			
专业初步意向			
兴趣爱好和特长			
个性化介绍			
家长情况介绍	父亲	姓名：	工作单位：
	母亲	姓名：	工作单位：

二、选择导师

志愿顺序	心仪导师姓名
第一志愿	
第二志愿	
第三志愿	
是否愿意服从调剂？	是（　　）否（　　）

图 4－1　导师制学生申请单

生的兴趣爱好和教师自身的特长，做出初步判断，并对学生进行面试沟通。未被导师选中的学生根据其第二、第三志愿，进入第二轮、第三轮双向选择。第二、第三轮双向选择程序与第一轮相同，最终完成所有导师与学生的匹配，确立指导关系。师生互选过程中加强沟通了解，提高学生的生涯发展需求与导师学科背景及专业素养之间的匹配度。

师生经过双向选择后，与若干学生确立指导关系的导师将获得聘任并发放聘书，聘任工作完成。获得聘任的教师，聘任期限为一年。一年工作完成后，由学校管理部门进行导师工作考核。考核通过的教师聘任期限自动延长一年。原则上导师聘任的期限为三年，覆盖学生高中阶段的全过程。

师生双向选配流程如图 4－2 所示。

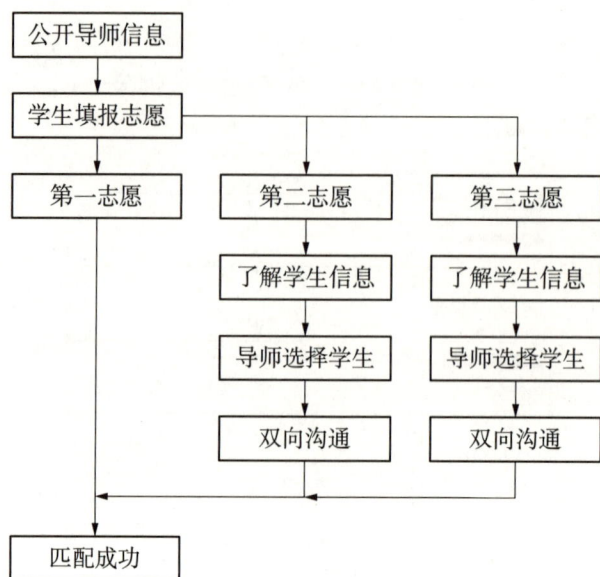

图 4-2　师生双向选配流程

根据需要调整

师生关系一般持续三年不变,保证导师与学生之间指导关系的稳定性,如因客观原因,如班级调整、选课变动、任课教师变动等因素,经过师生双方协商和同意,可更换导师。实践中,闵行中学开发了生涯导师系统,将上述师生互选过程智能实现。

指导机制：导师工作的实施

🔍 指导职责与内容：全方位、个性化的学生成长指导

当一位生涯导师开展指导工作时，首先要明确导师的职责和任务。因此，学校对此要有整体的设计和明确的要求。

从国内外导师制的实践经验来看，学校一般对此有明确的要求，但由于教育基础、教育背景和育人目标的不同，也会存在一定的差异。如芬兰普通高中的导师主要由"辅导员""特需导师""学生顾问"组成。其中"辅导员"的角色和国内学校的导师类似，负责学生日常的指导工作；"特需导师"类似于生涯心理专任教师的角色，主要对学生进行心理疏导和行为矫正；而"学生顾问"在国内找不到对应的角色，其主要负责人生规划和升学指导工作，在国内是由导师来承担[①]。

国内学校中导师的职责与任务则呈现从德育导师向成长导师转型的变化。2002年，浙江省长兴中学开始实行德育导师制，本着"整体、合作、优化"的教育理念，学校将德育的不同工作分散到班级中各学科的任课老师即"导师"身上，有效地将"教书"与"育人"统一起来[②]。这在当时是先进的理念，但随着生涯教育在高中学校的普遍开展，大家意识到对学生进行全方位成长指导的重要性，"学生成长导师"在德育导师制基础上发展起来。而近几年在普通高中育人方式改革的背景下，导师制的功能不断得到挖掘，由原来单一的德育功能向思想引导、心理疏导、生活指导、学习辅导全方位功能拓展。

以闵行中学为例，学校在导师制实施之初就根据教育变革的要求和学校育人工作的实际，以国家文件精神为指南，明确导师角色定位，研究学生成长需求，对导师的职责和任务进行了界定。

以国家文件精神为指南

根据《国务院办公厅关于新时代推进普通高中育人方式改革的指导意见》（国办发

---

① 陈才锜.芬兰普通高中导师制的特色及启示[J].全球教育管理，2014，43（1）：87-94.
② 王巧银.新课程背景下高中导师制的问题探讨[D].西安：陕西师范大学，2010.

〔2019〕29号），对学生发展指导做如下阐述：

> （十二）注重指导实效。加强对学生理想、心理、学习、生活、生涯规划等方面指
> 导，帮助学生树立正确理想信念、正确认识自我，更好适应高中学习生活，处理好个人
> 兴趣特长与国家和社会需要的关系，提高选修课程、选考科目、报考专业和未来发展
> 方向的自主选择能力。

文件指出，对高中学生的发展指导要加强理想、心理、学习、生活、生涯规划等五大方
面，目标是帮助学生树立正确理想信念、正确认识自我，更好适应高中学习生活，提高对未
来发展方向的自主选择能力。这是国家宏观政策对普通高中育人工作提出的要求。成为
学生发展的导师，对学生进行全方位的指导，是高中教师角色转变的重要方向。

明确导师角色定位

长期以来，教师在学生工作中的主要角色是学科教师和班主任。导师工作的职责与
学科教师和班主任的差异，是研究导师工作职责不可忽略的问题。

对于导师与学科教师的角色差异，较为一致的观点是：学科教师的主要任务是学生的
学业指导，而导师的工作是全方位的，涉及德育、心理健康教育、生涯教育等多方面。学科
教师以课堂教学为主要任务，而导师工作的重心在于对学生进行个性化指导。"全方位"
和"个性化"，是导师工作区别于学科教师工作的最重要特征。更为重要的是，学科生涯教
育是生涯教育的重要内容，导师的重要角色是学科生涯的引领者和支持者。当所有的生
涯导师做到学科教学与生涯辅导的融合，加强学生学习指导与生涯发展指导的学校教育
责任才能真正得到落实。因此，学校对生涯导师的期待是希望他们成为学科领域指导学
生生涯成长的专家。

对于导师与班主任的角色差异，较为一致的观点是：班主任工作职责包含班集体建设
和对学生全方位指导两个方面。班集体建设包括班级常规管理、班集体文化建设等方面，
是班主任工作中重要的职责，与导师工作个别化、个性化的特点有差异。而对学生全方位
指导的任务将由班主任独立承担转变为由导师团队共同承担，班主任也可以是导师团队
中的一员。

通过分析导师与学科教师、班主任的角色差异，导师工作可以明确"全方位"和"个性
化"这两个基本原则和学科生涯导航这一重要工作目标。

研究学生成长需求

我们认为，导师具体的工作任务应该符合学生个性化的成长需求，针对学生的现状特

点。因此,课程组在课题开展之初,即面向闵行中学学生进行了学生需求问卷调查,以了解学生的成长需求。结果如表4-1所示。

表4-1　指导内容需求(2019年)

年级	高一	高二	高三
学科学习	350(63.06%)	351(64.64%)	300(55.76%)
学科选择	250(45.05%)	165(30.39%)	176(32.71%)
课题研究	234(42.16%)	229(42.17%)	121(22.49%)
心理健康	185(33.33%)	212(39.04%)	283(52.60%)
人际交往	200(36.04%)	236(43.46%)	287(53.35%)
社会实践	186(33.51%)	225(41.44%)	206(38.29%)
大学报考	254(45.77%)	206(37.94%)	238(44.24%)
其他	6(1.08%)	5(0.92%)	3(0.56%)
小计	555	543	538

大部分学生希望导师提供学科学习方面的指导和帮助(高一约为63%,高二约为65%,高三约为56%)。此外,高一年级40%以上的学生对学科选择、课题研究、大学报考有指导需求,高二年级40%以上的学生对人际交往、课题研究、社会实践有指导需求,高三年级50%以上的学生对人际交往和心理健康有指导需求,40%以上对大学报考有指导需求。可见,高一、高二年级对课题研究的指导需求远多于高三年级,高三年级对人际交往和心理健康方面的指导需求远多于高一、高二年级。

从调查来看,学生的需求主要集中于学业辅导、心理疏导和生涯向导。这三方面无疑是导师指导的重要内容,对应的是学生最迫切的成长需求。

在成长需求的基础上,还要对学生的特点进行分析。闵中的学生特点调查主要通过教师访谈的形式开展。教师访谈围绕思想、心理、学习、生活、生涯规划等五个方面,梳理闵中学生整体上的优势与不足。研究团队根据访谈结果,进行整理和分析。

经过访谈与分析整理,闵行中学学生现状调查情况如表4-2所示。

表 4 - 2　闵行中学学生问题调查统计（教师访谈）

主要板块	普遍问题	个别问题	特殊问题
思想	易受外界多元价值观影响；责任意识不强	不注意日常行为规范	—
心理	自信心不够；考试焦虑明显	亲子关系紧张；人际交往障碍	心理疾病（抑郁症）
学习	自主学习能力不强；开展研究性学习能力不强	学习动力不足；偏科现象严重	—
生活	健康管理较差；缺乏体育运动	过多精力用于网络或游戏；不善于时间管理	网瘾
生涯规划	对大学及大学专业缺少了解；对行业职业缺少了解	在选科上有困惑；在升学路径选择上有困惑	—

相比学生的需求调查，教师访谈梳理了学生在思想、生活这两个方面存在的问题（需求调查中学生并未提及），而且更精准地分析出学生在学习、心理、生涯规划等方面存在的不足。学生的不足方面，需要导师在开展指导工作时予以重点关注。

经过前期的调查研究和讨论，最终确定学校生涯导师工作职责和指导内容。

工作职责：认真开展生涯导师工作，聚焦思想、心理、学习、生活、生涯规划等方面对学生进行全方位、个性化的指导，帮助学生树立正确理想信念、正确认识自我，更好适应高中学习生活，提高对未来发展的自主选择能力。

分年级重点指导内容：

高一年级：

结合新生入校教育培养学生的责任感，对学生的行为规范进行指导和管理；

结合初高中衔接帮助学生树立信心，正确对待学习与生活中的困难与挫折；

帮助学生培养良好的学习习惯，引导学生探索适合自己的学习方法，指导学生发挥特长、弥补短板、合理选科，培养学生自主学习的能力，指导学生开展课题研究；

指导学生进行健康管理，引导学生开展有益身心的休闲活动；

指导学生在生涯认知和生涯测试的基础上进行初步的生涯规划；

帮助学生初步了解升学的路径、大学的专业和行业职业。

高二年级：

培养学生的责任感，形成正确的价值观；

帮助学生缓解学习与生活中出现的焦虑情绪；

培养学生自主学习的能力，指导学生开展课题研究；

指导学生进行健康管理，引导学生开展有益身心的休闲活动；

帮助学生通过生涯体验和实践活动进一步了解升学的路径、探知大学的专业和行业职业。

高三年级：

帮助学生缓解学习与生活中出现的焦虑情绪；

引导学生正确进行亲子沟通和人际沟通；

指导学生进行健康管理，引导学生开展有益身心的休闲活动；

帮助学生明晰升学的路径，指导学生填报大学专业。

🔍 指导形式与策略：依托手册　多元实践

明确了导师的职责和任务，导师工作的开展就有了基本的方向。但是，导师工作是否有实际的效果更取决于导师利用什么样的工具、通过怎样的形式、运用怎样的策略去指导学生。在这方面要进行深入的实践与研究。

依托《"6＋1"学生成长手册》开展指导工作

在导师工作中，学生成长手册是重要的工具。导师可以根据手册的要求有计划地开展指导工作，学生可以通过记录明晰自己的成长经历，它同时又是导师工作过程与成效的重要体现。对学校来说，在导师制实施之前就应该制订一本符合导师工作精神和本校实际需要的手册，从而更好地指导并推进导师工作。

从实际情况来看，大多数实施导师制的学校设计并使用学生成长手册。手册的使用有两种情况。一种主要由导师填写，体现指导过程。如复旦大学附中浦东分校使用学生指导手册，由导师进行记录，记录的内容有：导师课教案、导师组学生的个别交流谈话内容、走访学生寝室的情况记录、与学生家庭联系的情况记录等[1]。另一种主要由学生填写，同时体现互动性。如烟台市第三中学为每一名学生免费发放精心制作的《成长记录》，里面设置了每周五天的"我今天的成功之处""我今天的不足之处""我下一周的目标""我想对导师说"及"导师回音"几个栏目，学生在里面记录成长过程和与导师的对话[2]。

两种方式各有优势，导师视角和学生视角的记录分别呈现了师生的经历与思考。将两者结合起来，可以使手册的记录更为全面、师生互动更为有效。因此，闵行中学在导师制工作开展之初就研究设计了以学生记录为主、体现师生互动的《闵行中学"6＋1"学生成

[1] 虞晓贞.现代教育治理理念下的高中全员导师制育人变革——以浦东复旦附中分校为例[J].教育参考,2021(4):27-32.
[2] 杨曙光,徐兆军.全员德育导师制：一所高中的实践[J].中国德育,2014(19):31-33.

长手册》。依托手册开展指导工作,是导师工作重要的实施途径。

该手册的板块是"6 + 1","6"指的是学业规划、深度阅读、课题研究、运动习惯、生涯体验、责任担当,是学生生涯发展中6项主要的任务。"1"是指特色发展,是学生在高中阶段不同方面个性化发展的自我总结。

"6 + 1"中"6"的设置,基于以下考虑:首先要体现导师制的培养目标和重点内容。如责任担当是思想的引导,运动习惯是生活的指导,学业规划是学业的辅导,与导师指导内容的主要板块相对应。其次要与学生高中阶段生涯成长的主要任务和实施途径结合起来。如深度阅读、课题研究和生涯体验,是高中生涯探索的重要任务和主要途径。最后考虑师生实践中的可操作性。这6个方面给师生以明确的指向,师生围绕这6个方面开展探索与实践。其中的"1",是学生个性化发展的记录与呈现,可以将"6"中无法涵盖的体验与实践容纳进去,体现手册记录的开放性。"6 + 1"基本呈现了学生在高中三年生涯发展与成长的基本样貌。

"6 + 1"学生成长手册对导师也具有很重要的意义,导师可以依托成长手册开展指导,工作推进能有抓手并落到实处。如指导学生阅读相关书籍、开展一次课题研究、参与生涯体验活动、发展个性特长等。导师在工作开展之前就能根据手册内容对指导进行设计,在工作过程中依据手册检查工作的完成情况,在指导工作阶段性完成后依托手册进行总结和反思。同时导师是成长手册的评价者,导师可以将学生填写的内容作为导师工作开展和成效评价的重要依据。

《"6 + 1"学生成长手册》对学生的意义则更为重大,手册的记录成为学生生涯成长重要的过程性资料。手册呈现了学生高中三年的典型经历、重要体悟和主要成果。学生可以依托成长手册对高中阶段的生涯成长进行梳理和自评,在总结和反思中进一步认识自我、认识外部世界,从中找到支持未来发展的重要资源。

导师制开展的主要形式

导师制实施的目的是解决班级授课制模式下教师对学生个别化指导不足的问题,因此导师工作指导形式上应以师生间一对一的个别化交流为主。但是,小范围的团队辅导在某些情况下则更有实效性。因此,个别化指导为主、团队辅导为辅是导师工作在形式上的主要特点。

从国内外的实践来看,生涯导师制主要采用的指导形式有小组团队辅导和个别化指导两种。团队辅导方面,芬兰普通高中在导师制的实施过程中,"辅导员"会将自己指导的学生组织起来开展团队辅导[①];复旦附中浦东分校的导师制实施中设有导师课,并将其列

---

① 陈才锜.芬兰普通高中导师制的特色及启示[J].全球教育展望,2014(1):87-94.

入课表,集中开展导师小组内的团队辅导活动①。个别化指导方面,芬兰高中的"学生顾问"和"特需导师"基本上以一对一个别化的形式开展学生指导工作,以谈话交流为主;郑州第十一中学采用制度化的周记互动开展师生间的个别化交流②。

在实际运作中,闵行中学的导师工作形式,以个别化指导为主,团队辅导起到了辅助和补充的作用。此外,我们发现依托校内外各类实践活动开展导师工作也是一种可以采用的形式。实践活动中有团队的合作与互动,但与团队辅导有一定的差异;实践活动中也会有师生间个别的交流与指导,但更有实践性和开放性。而且,实践活动的任务、场景与其他指导形式也有明显的差异。有鉴于此,闵行中学将实践活动列入导师指导的主要形式。

学生更接受哪种形式?三种形式的效果究竟如何?每种形式的优点和不足是什么?经过导师工作的实践之后,研究团队根据学生反馈和案例研究分析这些问题。

首先,由导师布置学生完成学年小结。在学年小结中,要求学生对三种形式开展的效果进行评价。根据导师团队的汇总,学生意见如表4-3所示。

表4-3 三种辅导形式的效果评价(2020年)

工作形式	学生接受情况	接受原因
团队辅导	18	可以形成师生之间的讨论氛围,气氛活跃
个别化指导	57	能针对自己的需求,保护个人隐私
实践指导	45	有新鲜感,形式活泼,内容丰富

从学生意见来看,团队辅导和班会课近似,因此不能带给学生太多新鲜感,但讨论的氛围会比较好。个别化指导的针对性和个性化是学生所期待的,而且其中还包括了隐私保护的需求。实践指导能带给学生新鲜感,普遍受到学生青睐。

团队辅导。生涯导师团队辅导活动类似于小型的班会课,由于学生人数一般为5~12人,因此学生和导师更容易产生互动。师生共同确定辅导主题,并带领、组织、指导学生进行讨论等每次不少于30分钟。团队活动也可以在线上进行,通过微信群、QQ群等来开展。

---

① 虞晓贞.现代教育治理理念下的高中全员导师制育人变革——以浦东复旦附中分校为例[J].教育参考,2021(4):27-32.
② 杨志娟.高中人生导师制的探索与实践——以郑州市第十一中学为例[J].教育观察,2020(19):74-75.

一则生涯导师的团队辅导活动分享：

2020年新冠肺炎疫情暴发，师生居家上网课，线下指导无法开展，于是，我将导师工作转移到了线上，每周我与学生进行一次线上交流。其间，某位肖姓明星事件闹得沸沸扬扬，我觉得这是一个很有讨论必要的事件，应该引导学生进行了解并学会判断是非，因此便在QQ群中发送了该事件介绍的链接，让学生在阅读后发表自己的观点。

好几位学生对该事件并不陌生，他们大多批评粉丝盲目追星，也对该明星工作室毫无诚意的道歉进行了评论。不过也有人认为肖战粉丝的做法情有可原。我顺势引导他们思考，你如果是其粉丝应该怎么做，你如果是该明星应该怎么做。经过讨论，学生一致认为粉丝喜爱明星无可厚非，但不能有过激行为；明星不能躲在粉丝后面，也应承担正确引导粉丝的责任。

这个案例围绕社会热点事件引导学生开展讨论，采用"团队辅导＋线上交流"的方式，效果良好。从这个案例的成功经验来看，多名学生共同参与能够形成观点的碰撞，更有利于深入思考问题，这是个别沟通很难达到的效果。由于对社会生活的价值判断是学生共性的问题，因此开展团队辅导能在有限的时间内最大限度地达到教育覆盖面。线上交流有利的方面在于相关资料可以及时分享，师生也都有理解和思考的空间，讨论的心态也比较放松，由此能达到较好的教育效果。

个别化指导。个别化指导是导师和学生之间一对一的交流，时间与频率不限，地点可以是线下也可以是线上，开展形式相对灵活。个别化指导针对学生即时的困惑和需求，强调指导的时效性和针对性，是导师工作的重要途径。

一位生涯导师分享一则个别化指导案例：

小张同学是我生涯团队的成员，来自高一（10）班，男生。为了能更全面地了解小张，我调出了他的生涯测试报告了解到他个性中强的是独立意识；非常不足的是团队意识；比较不足的是人际意识、冲闯意识、自信心、耐挫力和适应性。

寒假没多久，2020年春天，突如其来的新冠肺炎疫情肆虐华夏大地，我们的定期会面改在了线上。这时了解到小张在学习中遇到了困难，他报名的寒假线下补课班也暂停了，改为线上上课，为此他很不习惯。

于是我们做了一对一的沟通：面对无法改善的大环境，怎么适应和做相应改善？后来讨论出来的策略是：接受网课现状，同时强化自主安排。同时，为了让网课老师更好地了解自己的需求,需要在网课开始前,先把自己的需求、自己想提升的点与网课老师沟通。

基于这一困扰,我们就适应力做了详细的沟通。生涯的一大核心点就是适应。环境的变化、社会的变化、科技力的提升等,都需要人、公司、社会、国家时时做出调整。如柯达公司,以前是赫赫有名,随着科技的变革,打败他的不是同行,而是跨界的手机。手机像素这么高,胶卷的市场份额就小了。所以关注外界的变化、实时做出调整,成为特别重要的能力,即适应力。

从案例来看,个别化指导是对学生因材施教的精准指导,可以根据学生生涯测试结果和日常表现发现学生在个性、兴趣、能力和价值观等方面的特质,从而形成个性化的指导方案;还可以根据情况的变化和学生的实时状态不断跟进,形成动态的指导。

实践指导。导师带领学生走出校园,开展社会考察活动,可开阔学生的视野,促进学生对社会生活的认识与理解。社会实践是师生一起走出校园、探索社会的活动,主题丰富,形式多样,比如参观访问、考察访谈、社会调查等,都是值得探究的形式。

一位语文学科生涯导师分享了自己的实践指导探索:

通过分析学生的特点、了解学生的需求,我发现 11 个人存在共性。他们所擅长的主要是文科,对人文社会学科比较有兴趣,所向往的专业和职业也偏于人文方向。同时,学生对社会考察、文化考察有浓厚的兴趣,部分学生明确提出希望能够组织外出考察活动。

的确,人文学科的学习需要学生开阔视野、关注社会,社会或文化考察是一条行之有效的途径。既往带领学生外出考察的经历也给我提供了经验教训:如果没有充分的准备和有效的指导,考察往往会流于形式而无实效。因此,我从古人"读万卷书,行万里路"中获得灵感,决定指导学生开展"且读且行"的人文考察与研究活动,并以此为导师工作的特色项目。"且读且行",是将"读"与"行"结合起来。"行"是活动的核心内容,将"读"贯穿于"行"的前后,以"读"导"行",以"行"促"读"。

由此,我选定了三处活动地点:武康大楼、四行仓库、观复博物馆。学生现场参观,开展访谈。"读"贯穿活动的前后,从表面的"泛读"发展到深入的"精读"。

"读"还可以导向"研"。在高中综合素养评价的背景下,研究性学习是每一位高中生都要完成的任务。因此,实地探访之后的深度阅读,可以让学生将值得探究的问题形成小课题,在深度阅读的过程中进行一些"微研究",将研究成果撰写成"微论文"。在这样的过程中,学生的研究能力、写作能力、逻辑思维能力都得到了一定的锻炼。

该案例涵盖学生指导多方面的内容,如社会考察促进文科学习和学科融合的实践,生涯导师社会实践活动开展的要素和运作机制,课题研究的项目来源和前期准备,价值观教育和社会理解等。从实践经验可以看出,实践活动开展的成败取决于活动的设计和学生的参与度。导师应该根据指导的理念与目标,为学生设计生涯实践活动的框架;在活动开展的全程中,调动学生主动参与、主动探究的积极性。

对三种形式的利弊,可做如表4-4的概括。工作中应根据指导内容和学生特点,有选择性地开展。

表 4 - 4　三种辅导形式的利弊分析

工作形式	优势	不足
团队辅导	提高解决学生共性问题的效率;利于学生之间进行互动	对学生指导的个体针对性不足
个别化指导	有利于对学生进行个性化的指导和即时动态的指导	导师耗费的时间精力较多,不能形成学生之间的互动
实践指导	有利于提升学生的综合素养	开展不当流于形式

导师工作多元策略

在明确导师工作内容与主要形式的基础上,导师团队进入更深层次的实践与研究阶段,即在导师工作中,应根据导师工作的特点,针对具体的指导内容,选取相应的辅导形式,形成科学的指导策略,以达到最优的指导效果。

闵行中学的导师团队对五个指导板块的实践进行总结与反思,总结出符合学校与学生实际的一些工作策略。

思想引导策略。对学生进行思想引导是指导内容中相当有难度的,但这是立德树人的基础。长期以来,学生德育工作存在说教过多的弊端,容易引发学生的反感和叛逆。因此导师的思想引导工作必须进行相应改变。

思想引导应该调动学生参与的积极性,发挥学生相互教育的优势,聚焦热点问题(既可以是社会问题,又可以是学生身边的现象),通过师生间充分的思考与讨论来辨别是非。高中阶段的学生并不愿意一味接受他人特别是师长的意见,他们希望有表达的自由。因此，思想引领要凸显师生之间的平等关系，形成师生之间畅所欲言的氛围，让学生之间相互交流并形成思考习惯。

此外，也可以引导学生参与社会调查和社会实践，促进学生形成正确的价值观，提升学生的责任意识。学生思想认识上的误区很多时候是因为缺少相关经历或体验，而诸如外出参观考察、社会调查和志愿者服务等活动为学生提供了解社会的契机，有助于学生在认识与体验的过程中形成正确的价值观念。

心理疏导策略。高中学生处在自我同一性整合的关键时期，自我与外部环境、自我内部会形成或多或少的矛盾与冲突，由此会产生不同程度的心理问题。心理疏导是高中导师不得不面对的重要任务。

对学生进行心理疏导必须精准化，个别沟通相对而言是最有助于缓解或解决学生心理问题的途径。同时，心理疏导需要更专业化的知识和方法，大部分教师未必具备相应的知识，因此，导师对于心理疏导工作应根据实际情况差异化处置。

对于信心不足、考试焦虑等常态化、普遍性的心理问题，导师可以在心理专业教师的指导下对学生开展疏导和训练，如利用罗森塔尔效应给予积极的暗示，通过放松训练缓解学生的焦虑情绪。

对于亲子冲突、人际矛盾等方面原因导致的心理问题，导师应该和班主任、家长积极配合，形成合力，找到问题的根源，以同理心去理解学生的感受，同时对学生进行积极的引导。

如果学生存在的心理问题比较严重，那么导师需要及时与心理教师联系，将学生转介给专业人士进行矫正和干预。

学业辅导策略。对学生的学业指导，导师团队应追求个性化和精准化。针对不同学生在学业上不同的表现和成长需求，制订符合学生特点的指导方案，促进学生全面而有个性的发展。

首先是解决学生学习上的疑惑，帮助学生弥补短板。大部分学生在学习中都会遇到瓶颈，从而寻求导师的指导。分析学习问题的根源，主要是学习方法不当和学习习惯不佳。因此，导师要根据学生的缺漏之处进行有针对性的指导。根据导师对学科学习的理解提供有针对性的学习方法建议，比如，在文科学习方面，如何有效阅读，在理科学习方面，如何理解规则和概念等；关于习惯培养，要指导学生制订合理的学习计划，并监督学生进行有效的执行。

其次，要指导学生在优势学科上积极探索、发挥特长。在优势学科上，学生有探究兴趣，也有能力基础，缺少的是学习的视野和发展的平台。因此，导师可以利用自身学科知识的优势,依托各级平台,指导学生通过深度学习、项目化学习等途径激发学习兴趣、发挥学生的学科特长,比如指导学生参加学科竞赛、科创活动和课题研究等。在这些活动中,导师对学生进行一对一的交流指导是主要形式,个性化和精准化的指导是主要策略,以此来促进学生学业的个性化发展。

生活指导策略。生活指导关注的是学生的生活习惯和兴趣爱好。导师们发现,由于各种因素的干扰和制约,在日常生活中不少学生并未形成健康的生活习惯,也缺少丰富而有内涵的休闲活动。

首先要让学生掌握健康生活的知识。由于这方面的问题存在一定的共性,因此可以通过团队辅导的方式展开。通过团队辅导,让学生了解如生活作息、饮食健康、体育运动等方面的基础知识,让学生认识到不同类型休闲活动的利弊,从而为生活习惯的改变奠定认知基础。

其次要提升学生的执行力。学生在日常生活中囿于习惯形成的长期性,改变的难度不小。因此,导师要指导学生制订合理的作息计划,并且要通过每日打卡等手段坚持不懈地执行,通过阶段性的践行来帮助学生改变不良生活习惯。

由于学生的日常生活大多处于家庭的环境之中,因此导师在生活指导中要做好家校之间的沟通与协作。要把家长纳入生活指导的团队中来,引导家长在家中对学生进行教育和监督,从而提升生活指导的有效性。

生涯向导策略。闵行中学在生涯教育方面有良好的基础,已经构建了系统化的生涯课程体系。因此,导师对学生生涯发展的指导可以依托课程的实施有序开展。

高一年级,学生主要进行生涯认知和生涯测试,侧重于自我认知。因此,导师主要的工作是引导学生对自己的兴趣、能力、行为风格与价值追求进行认知与分析。导师可以通过团队辅导了解学生存在的共性问题,通过个别化的交流为学生答疑解惑,与学生一起分析生涯测试的结果,引导学生进行初步的生涯规划。

高二年级,学生通过各种方式进行生涯实践和体验活动,对大学、专业、行业、职业进行探索。在这一阶段,导师应该指导学生积极参与实践活动。活动前引导学生做好充分的准备,活动中对学生予以积极关注或陪伴,活动后与学生一起分析和思考生涯实践的体验和收获。

高三年级,学生面临升学的生涯选择。导师主要指导学生进行志愿填报和升学路径选择。虽然生涯选择的基础可能在高一高二阶段已经奠定,但高三时期的精准指导仍然十分重要。导师自身要认真学习相关政策和知识,将团队辅导和个别化指导相结合,指导学生综合考量自身的意愿和社会的需求,正确填报志愿。

　　以上是五项指导内容的总体策略。经过阶段性的导师工作实践之后,闵行中学导师团队要完成"导师工作策略自评表",对导师工作开展的内容、形式和策略进行回顾和反思。其中对指导内容又进行了细分,形成"导师工作策略评价表"(见表4-5)。

表4-5　导师工作策略评价表

指导板块	指导任务	最有成效的开展形式	实施策略举例
思想引导	价值观澄清	团队辅导	讨论社会热点事件中的价值观
	责任感	实践指导	承担家务劳动、参与志愿者服务
心理疏导	考试焦虑	团队辅导	放松冥想训练
	信心	个别化指导	团队训练
	生活事件	个别化指导	生涯适应力培养
	人际交往	个别化指导	有效沟通训练
	亲子关系	个别化指导	亲子关系辅导
学业辅导	文科学习	团队辅导	同伴交流、教师总结
	理科学习	团队辅导	同伴交流、教师总结
	发挥特长	个别化指导	参与学科竞赛或科创活动
	弥补短板	个别化指导	学业诊断、学习策略调整
	自主学习	团队辅导	制订自主学习计划并实施
	学科融合	实践指导	参与研究性学习
	课题指导	个别化指导	师生共研
	社会实践	实践指导	行前充分准备、实践促进研究
生活指导	健康	团队辅导	每日打卡
	财商	团队辅导	记账本、模拟股市
	休闲活动	团队辅导	兴趣交流会
生涯向导	自我认知	个别化指导	生涯测试、生涯实践
	大学专业探索	团队辅导	专业导航、学长分享
	行业职业探索	实践指导	职业体验活动
	选科	个别化指导	匹配学习兴趣和能力
	志愿的选择	团队辅导	专题教育
	升学路径选择	团队辅导	专题讲座、海外课堂
	社会理解	实践指导	时评阅读、社会调查

需要说明的是，最有成效的开展形式并不意味着只采取某一种形式。在实际工作中，不同辅导方式是综合使用、相辅相成的。从实际成效的角度考量，某一种形式相对而言可能更有实操性或实效性。每一项指导内容实施的策略也不仅是以上罗列的这些，这只是体现了导师工作中最主要的实施策略。

🔍 生涯学科融合指导：更精准的学科生涯导航

参考各类高中成长导师制的应用模式来看，主要有德育导师制、学科导师制、学术导师制、心育导师制和社会实践导师制等①。不同的应用模式下导师所承担的重点工作和主要任务侧重点有所不同。经过长期的研究与实践，各校的导师制都已经将各种应用模式进行了整合，导师给予学生的是更全面的成长指导。学科学习是学生的主要任务，学科学习与学生未来发展息息相关，学科老师是建构生涯导师的主体，其不可替代的优势在于专业的学科知识、学科素养和学科生涯导航力。因此，发挥学科导师的长处，弥补生涯心理专业导师在学科个性化指导上的不足，是高中导师制需要重点关注和突破的方向。

聚焦核心素养：学科生涯导航专业化

2014 年 3 月 30 日，教育部印发《关于全面课程深化改革落实立德树人根本任务的意见》。该《意见》明确了"核心素养"的内涵。中国学生发展核心素养主要指学生应具备的能够适应终身发展和社会发展需要的必备品格和关键能力。具体到不同的学科，又形成了学科核心素养。学科核心素养是学科生涯导航的重要基础。

对学科生涯导师来说，学业指导不是一般意义上的提高分数，而是引导学生认识到学科的内在魅力和未来价值。因此，导师要完成学科生涯导航的任务，必须深入理解本学科核心素养的价值与内涵，基于核心素养培育开展专业化、个性化的学科生涯导航。

以闵行中学为例，各学科的生涯导师围绕学科核心素养进行深入思考，并在导师工作中开展学科生涯导航的实践。

一位语文学科教师对基于学科核心素养的生涯导航的思考：

语文学科的核心素养包括语言的建构与运用、思维的发展与提升、审美的鉴赏与创造、文化的传承与理解。如何依托核心素养开展学科生涯导航？对此，我的思考如下：

培养学生语言运用的素养与能力。一个人，无论从事何种职业，他在工作中都要

---

① 潘蓓蕾.国内外普通高中学生成长导师制研究综述[J].上海教育科研,2018,(08):77-81.

涉及听说读写,和语言运用密不可分。因此,对学生进行语文理解与表达能力的培育都是有价值的工作。

培养学生的思维习惯与质疑精神。一个在职业上有成功发展的人,必然是一个善于思考、有独立个性的人。相比理科学习,语文学习更关注个人成长和社会发展,能在人文与社会的视角下培养学生的思维习惯和不唯书、不唯上的质疑精神。

培育学生的人文精神。人文精神,包含对民族优秀文化和世界优秀文化的学习与传承,但更重要的是对人的尊严、价值、命运的维护、追求与关怀。

基于以上的认识与思考,我在导师工作中开展"时事评论"系列团队辅导课。课上,由一位学生在导师的指导下制作时事PPT并进行分享,让所有学生了解热点时事的来龙去脉。然后,在导师课上大家畅所欲言,对时事背后的是非进行价值判断。导师课是一个思想碰撞的过程,大家围绕主题进行充分的讨论,导师起到引导的作用,让"理越辩越明"。导师课之后,布置学生完成一篇时事评论文章,对课上的讨论和观点进行梳理并形成文字。完成后,指导学生搜索相关的时评文章进行学习和借鉴。在这样的过程中,学生对社会问题进行了思考与判断,既有语言运用的训练,又有思维能力的培养,更有价值观的澄清。这些必备的品格与关键的能力对学生的生涯成长都具有重要的意义。

该案例中,导师围绕学科核心素养和学生职业发展的关系进行了深入的思考和阐述。在此基础上,利用团队辅导的形式开展了运用语言、训练思维、培育人文精神的学科实践活动,取得了良好的效果。学校各学科的导师也都进行了这样的思考与实践。

构建知识图谱:学科生涯导航体系化

知识图谱是一种揭示实体之间关系的语义网络,可以对现实世界的事物及其相互关系进行形式化的描述[①]。

在学科生涯导航中,可以通过构建生涯图谱的方式对学科的特点与学生生涯发展的需求结合起来,通过可视化的载体揭示学科知识与生涯规划之间的相互联系,形成学科生涯导航体系。

基于学科生涯导航的知识图谱可以包含以下方面的内容,及每个方面具体的案例、支撑材料等。

学科核心素养:是学生通过学科学习形成的能够适应终身发展和社会发展需要的必

---

① 徐增林,盛泳潘,贺丽荣,王雅芳.知识图谱技术综述[J].电子科技大学学报,2016,45(04):589-606.

备品格和关键能力。

学科知识模块:是承载学科核心素养培育的学科学习的具体内容体系。

学科相关专业:与学科有密切关联、需要学科知识背景的大学相关专业。

行业领域:与学科有密切关联、需要学科知识背景的相关行业与职业。

学科人物:在学科相关专业和行业职业领域有代表性的杰出人物。

各学科根据以上要求构建学科的知识图谱,呈现学科生涯导航的体系(见表4-6)。

表4-6　物理学科生涯导航示例

学科素养	知识模块	大学专业类	学科人物	行业领域
物理观念、科学思维、科学探究、科学态度与责任	热学	能源动力类	吴大观	飞机动力装置
		环境科学与工程类	Willis Carrier	家电-空调
	力学	力学类	钱伟长、Newton	机械制造业
		建筑类	梁思成、Gaudi	建筑设计、土木工程
	原子物理	材料类	钱学森、Rutherford	高分子材料工程
	电磁学	电子信息类	Maxwell	大数据分析
		电气类	Benz	汽车

学科生涯知识图谱以相对清晰的结构和可视化的方式给学生呈现了学科知识的主要体系和学科生涯的主要内容与探索途径。学生可以根据学科核心素养了解未来从事某一职业行业的必备品格和关键能力,根据知识模块了解学科主要的知识内容,根据大学专业类别明确专业探索的方向,根据学科人物的榜样示范提升与发展自我,根据行业领域了解相关的职业与行业。

对于导师来说,在学科生涯导航的过程中可以把知识图谱作为重要的参照,在指导的具体过程中进一步细化,学科生涯导航的目标和方向将更为明确。

开展研究性学习:学科生涯导航深入化

研究性学习是指学生在教师指导下,从学习生活和社会生活中选择和确定研究专题,主动地获取知识、应用知识、解决问题的活动①。在学科生涯领域的研究性学习中,学科本身是学生感兴趣的方向,能充分调动学习的积极性。同时,学生通过研究性学习,能够对已经学过的知识建立一定的联系,同时为了解决问题还会主动地去学习新的知识。研

---

① 《全日制普通高级中学课程计划(试验修订稿)》(教基〔2000〕3号).

究性学习又具有开放性和实践性,可以引导学生关注与探索跟行业职业、社会需求相关的学科问题,推动学科生涯探索不断深入。

因此,导师应该指导学生开展研究性学习活动,通过学科知识的综合运用来解决实际问题,提高学生对学科知识体系和应用价值的认识,从而促进学生进一步思考和确认自己的职业规划。

　　小奕同学喜欢编程,读高一时看到编程社团招新便毫不犹豫地加入,学习了一段时间编程知识后,他发现所住小区存在停车的问题,就想尝试通过编写一个小程序去解决。由于不确定能否实现,便向导师顾老师提出自己的创意点"小区双道停车系统",顾老师大加赞赏,鼓励他放手去试,于是他迈出科创的第一步。接下来就是顾老师对他全过程的指导。

　　在项目进行的过程中,小奕每次遇到技术上的问题都向顾老师请教,顾老师并不直接回答,而是发给他一个 API 文档的网页链接或是一个硬件设备 pdf 文档相关内容的页数范围,让他自己去找寻,帮助他养成了看文档学习技术的能力与习惯。虽然在最开始的时候,找文档、看文档是艰辛的,但是文档知识的完备性对于打下牢固的技术基础具有重要作用。

　　在指导他写论文的过程中,顾老师借助各种各方资源帮助小奕提升论文写作的科学规范性和创意性等。顾老师发现他偏内向不太会表达,于是便刻意训练他的演讲能力和表达能力。在演练的过程中,一开始小奕紧张得说不出话,顾老师一直鼓劲,并传授了一些演讲的准备方法,比如列提纲等等,在一次次的尝试和顾老师不遗余力的帮助下,小奕克服了自己的羞涩和胆怯,越来越能自如地表达,最终顺利地完成了演讲,并在之后的竞赛展示阶段表现出色。这个技能后来在他参加浙江大学综评录取面试时起到了关键的作用。

　　高中阶段,小奕是一个不折不扣的科创小达人,先后拿到上海市青少年科技创新大赛二等奖、中国(上海)国际发明创新展览会金牌等十几个奖项。高中毕业,他进入美国伊利诺伊大学香槟分校,攻读电子与计算机工程专业。日常学习中,找文档、看文档、演讲、阅读文献是常态,让他万分庆幸的是,有了高中阶段的科创经历做基础,他毫不费力。目前,他已经在国际顶尖高科技年会 IEEE 年会上发表了论文并受邀宣读,他所主笔的数学建模论文拿到美国大学生数模竞赛二等奖。

从学校的实践来看,科创活动和课题研究成为研究性学习最主要的两种形式和途径,学科生涯导师在其中的指导作用非常重要。不少学生根据自己的学科兴趣和发展规划选择有相关学科背景的教师担任自己的导师,研究性学习的指导由此成为导师工作中最主要的内容。导师成为学生研究性学习的参与者、陪伴者和指导者,依托创新科技大赛及其他课题研究竞赛的驱动,引导学生进入学科相关领域开展深度的探索与研究,从而将学科生涯导航落到实处。

链接未来发展:学科生涯导航个性化

高中阶段的生涯教育,是为学生未来的专业选择和职业规划奠基。有关生涯教育对于职业规划的意义、价值,众多研究者进行了阐述。如黄秀英指出,学科课程是生涯教育的主要载体,能增加学生对专业知识、职业世界以及自己职业方向的了解,为学生未来发展奠定坚实的学科素养基础[1]。李慧敏等认为生涯教育融入学科课程与教学之中,能够引导学生认识所学学科对自身发展、社会进步的重要价值,激发学生对学科的远景兴趣和学习潜能[2]。

因此,导师在学科生涯导航的过程中,要了解学生的专业选择和职业规划,结合职业方向挖掘学科中的生涯教育资源,引导学生将当下学习生活与未来选择与发展连接起来,在实践中进一步思考自身的专业选择和职业规划。

一位学科生涯导师分享其学科方向的指导案例:

在我指导的学生中,同学 A 想报考经济学专业,同学 B 想学习建筑学。这两个职业实际上和数学学科都有密不可分的联系。因此,我从数学学科的角度指导他们了解学科学习和未来职业选择的关系。

我给同学 A 提供了一些与经济学系相关的函数题目,通过解题与交流,告诉他数学与经济学的关系。在社会经济飞速发展的背景下,数学被广泛应用于各个领域,数学理论也被用来解决经济实际问题。函数是数学的基础,在实际生活中,处处离不开函数知识,函数与经济分析紧密相连。高中数学有很多与经济有关的函数知识,数学是经济研究的基础,可以说没有数学就没有现代的经济研究。数学知识在物价、投资、经营中都起着重要的作用,它渗透到经济生活的各个部分。随着经济的快速发展,数学参与和运用的领域越来越广泛,例如,国民经济、消费经济等需要运用数学知识分析和解决问题。因此,我建议同学 A 要关注数学在经济学中的应用,为将来报考经济学专业打好坚实的基础。

---

① 黄秀英.生涯教育"学科化"的路径探索[N].中国教师报,2020-09-02(006).
② 李慧敏,孟庆冬.新高考契机下生涯教育与学科渗透[J].文教资料,2021(02):147-148.

我布置给同学 B 的题目则与建筑学有关。我告诉他，几乎每一个建筑都蕴藏着数学的奥秘。几千年来，数学一直就是用于设计和建造的一个很宝贵的工具。它是建筑设计思想的一种来源，也是建筑师用来排除错误的手段。数学与建筑，就像混凝土搅拌后砂石与水泥相互黏合那样，有着一种无形的十分密切的联结。数学为建筑服务，建筑也离不开数学。建筑专业中，数学算是一门基础性课程，是建筑专业学生必须学习的课程之一。数学因其专业性较强，所培养的人才大多也以实用性人才为主。所以，高中阶段所学习的数学基本都要与大学所学专业有效地衔接起来，以便能在今后专业课堂中得到实际应用，使学生在所学专业上更加深入。

案例中，导师根据学生的职业规划，从学科资源中选取相关资料提供给学生，在进行学业指导的同时开展学科生涯的指导，这满足了学生个性化的学科学习需求，对学生的生涯规划和职业规划起到重要的指引作用。

导师工作协同机制：形成育人合力

导师制是一项系统工程，不只是导师个体的任务，也不是导师团队的任务。不同生涯导师擅长的领域、熟悉的工作内容、生涯辅导能力不一，因此，应该多方协同发挥作用。学校除了要激发生涯导师的工作热情，还应该摸底了解生涯导师的擅长领域，方便选配合适的学生。另外，也要注意与班主任工作的协调[1]。

实际工作中我们发现，除了导师之间、导师与班主任之间的协同，导师与学科教研组、导师与生涯心理专任教师之间都可以进行有效的协同。各方的沟通与协同能够形成育人的合力，从而提升导师工作的实效性，促进学生全面而有个性的发展。

导师工作的协同应有基本的程序和机制。从学校的实践来说，协同的请求由导师提出。导师提交申请书，主要阐述需要协同指导的原因以及对协同指导的初步计划。申请书由年级生涯导师领导团队进行审核后与需要参与指导的教师进行联系。参与协同的教师和导师结对，一起制订协同指导的具体计划。最后一起实施协同指导，指导学生在某一领域的探索与实践。

🔍 导师团队协同：取长补短

导师间的协同主要是跨学科的协同，主要针对的是学生的学业指导。

跨学科协同的一种情况是转介。比如导师自身是语文教师，但学生在学业方面的发展需要由其他学科的教师进行指导。这种情况下导师成为学生和学科指导教师之间联系的桥梁，虽然不参与学科指导，但全程关注与陪伴。

跨学科协同的另一种情况是合作。学生在开展研究性学习活动时，所探索的领域往往是跨学科的，因此需要不同学科的教师共同参与指导。这种情况下导师和其他学科的教师相互合作、共同指导。

报名参加"青史杯"高中生历史剧本创作大赛后，无数疑问盘旋在小孙同学心中：

---

[1] 陈宛玉.高中生涯导师制：是什么，做什么，怎么做[J].中小学心理健康教育，2018(27)：23 - 25.

自己并无剧本创作经验，史料搜寻、人物设计、矛盾铺设、剧情转承……这些能够驾驭吗？于是她找到导师。

交流中，导师表达了对她的信任和期待。不过，历史剧本创作是一个融合历史与语文两门学科的活动。剧本故事以真实发生的史事为基础，以推理和想象来填补史事的断裂之处，再用剧本的语言、形式呈现出来。创作优秀的历史剧本既需要扎实的史学功底，又需要较高的文学素养。因此，作为历史教师的导师联系到任教小孙语文学科的教师，两人决定共同指导。于是，两位老师分别从历史演绎视角和剧本创作视角对小孙进行了悉心的指导。

几个月以后，小孙同学凭借剧本《风雪平安夜》获得了这届大赛一等奖。

从这个案例中可以看到不同学科导师针对同一位学生同一项任务开展合作指导的过程。如今的研究性学习越来越趋向多学科融合与项目化学习，不同学科导师间的合作指导也将成为常态。

导师与班主任协同：双管齐下

在学校育人体系中，班主任担当班级常规管理和班集体建设的重任，在班级教育教学活动中处于核心地位。发挥导师与班主任的协同作用对导师工作的推进十分重要。

在一年的实践工作之后，我们对导师案例进行分析研究，发现班主任经常在导师工作的过程中发挥重要作用。

经过和班主任的沟通，我了解到小金同学数理化很强，尤其是数学，经常排在年级的前三名，而文科，尤其是英语比较薄弱，词汇量跟不上。

基于这种情况，班主任召开了班级任课教师会议，大家一起讨论小金的情况。数学老师认为弥补英语学科上的不足是小金当前的主要任务，因此数学学科上不会给小金太多的任务。物理和化学老师对此也表示认同。

……

班主任告诉我，最近小金在学习任务的分配方面开始向英语倾斜，不再过度地学习数理化，这是一个好的现象。但是，他也表现出畏难情绪，觉得自己的英语成绩要提高非常困难。

……

班主任安排了英语学习十分优秀的小张同学和小金同桌。小张经常会和小金交流，告诉他自己学习英语的一些窍门。

……

在班级期中成绩总结会上，当着全体同学班主任表扬了小金在英语学科上取得的进步。小金面带笑容来到我面前的时候，我看到小金学习英语的心态已经发生了明显的变化。

从这个案例可以看出，班主任对生涯和学科教师的支持体现在：能帮助导师了解学生的基本情况，也能向导师反馈学生的动态变化；能调动和协调班级教师或学生的力量为导师工作提供支持，也能和导师形成合力共同进行指导。因此，当导师需要班级教师和学生的帮助时，班主任的协同作用很是重要。

导师与本学科教师团队协同：专业引领

导师在指导工作中，有两方面内容需要学科背景的支持。一是学业指导，二是学科生涯指导。如何有效地开展这两方面的指导工作，不仅仅是导师面临的问题，还应该是整个学科教研组探索研究的问题。学科教研组理应对本学科的导师提供有力的支持。

一方面，各教研组应针对相关问题开展专题研讨，从学科核心素养出发梳理学科生涯的理念、内容和实施途径。

语文教研组研讨纪要

语文学科的生涯教育对学生的意义是什么？

培养学生语言运用的素养与能力；培养学生对社会与人文话题的理性思辨能力；培养学生审美的心态与能力；培育学生的人文精神。

语文学科的生涯教育如何有效实施？

通过书籍阅读；通过对社会生活的观察和思辨；通过和语文任务相结合的社会实践活动。

教研组对导师工作给予怎样的支持？

组内教师推荐阅读书目，帮助导师制定学科阅读书单；为导师提供社会观察与思辨的素材；为导师开展社会实践活动出谋划策。

分析这份语文教研组研讨纪要，能归纳出教研组对导师的支持主要体现在三个方面：帮助导师深入理解本学科对生涯发展的意义；帮助导师明晰学科生涯主要的实施途径；对导师工作的开展提供学科资源的支持。

另一方面，导师在工作中如遇到学科生涯的实际问题，教研组团队应该进行即时的协同和支持。特别是与年轻教师担任导师时，教研组中的资深教师应该积极协同，予以及时支持。

当所有教研组都能在研讨的基础上开展行动支持导师工作时，学校导师团队在学科生涯教育方面就会有长足的进步。

学科生涯导师与专业生涯导师协同：解决疑难

导师由各学科的教师担任，尽管接受过生涯和心理方面的培训，但还不完全具备专业知识和专业能力。因此，当开展心理疏导和生涯指导时，面对需要专业知识的疑难问题恐怕会捉襟见肘，此时就需要寻求生涯心理专任教师的支持，形成协同的指导。

> 学生小陈在班中担任文艺委员，但与其他班委经常产生矛盾。最近一次"班班有歌声"比赛，她铆足了劲要让班级取得好成绩，但在组织过程中她又与同学发生了矛盾，于是赌气不干了。导师李老师知道后找她谈心，想让她反思一下自身是否在人际沟通上存在问题，但小陈把责任都推在同学身上，李老师也无法说服她。
>
> 想到进校时学生都做过心理测试，于是李老师找到心理老师寻求帮助。心理老师首先查看了小陈的测试报告。从报告看，小陈为人坦率，敢于直言不讳，但有时会显得冒失；喜欢独自完成自己的工作计划，不依赖别人；每当自己陷入困难和困扰之中时，总是希望能得到别人的帮助和支持；希望能够经常得到别人的关心与鼓励。前两点果然和小陈的表现相符，而后两点则让两位老师看到了帮助小陈改变的切入点。于是，心理老师建议李老师对小陈组织"班班有歌声"的工作给予帮助和支持，过程中多加鼓励，以此来赢得小陈的信任，进而帮助她改进人际交往中的表现。
>
> 李老师按照心理老师的建议去尝试，果然取得了良好的效果。班级在"班班有歌声"比赛中取得好成绩，小陈也在人际交往方面有所改善。

从案例看，导师与心理教师协同的最理想状态是心理教师在幕后进行专业性的指导，由导师实施教育。如果学生的问题比较严重，导师无法有效解决，导师将学生转介到学校心理室由心理老师进行指导也是很有必要的。

🔍 校内外导师协同:强强联手

在学生的生涯探索和实践的过程中,校内导师和校外导师都能够提供指导和支持。一位学生的生涯实践可以由校内外导师共同指导,形成校内外导师之间的工作协同。

校内外导师的协同往往在学生生涯探索与实践的任务驱动下形成。闵行中学每年开展的公益劳动、生涯讲堂、暑期实践、海外课堂、科创活动中都活跃着校外导师的身影。但在这些活动开展的过程中,校内导师的作用也不可忽视。一般而言,校外导师是专业领域的卓越人士,在学科前沿探索、学科实际应用等方面有开阔的视野和敏锐的触觉,对于学生的学科生涯导航和职业规划有重要的指导作用,但他们对学生的兴趣、特点、需求等方面的了解毕竟有限,而校内导师对学生的了解更全面、更深入。因此,可以在学生与校外导师之间形成沟通的桥梁,促进学生在校外导师的指导下更有效地开展生涯实践活动。

在物理组张老师的带领下,6位高二年级的同学来到美国加州大学伯克利分校开展学术研学活动。他们将通过一系列通识类课程与技能类课程的学习,了解世界前沿科技的发展趋势。张老师对6位学生的兴趣、特长和职业规划比较熟悉,因此在陪同学生一起听课的过程中根据授课内容和学生的特点来思考和优化每一位学生的研学计划。一方面,她每天与6位学生有半小时的团队交流,了解和倾听学生的想法和需求。另一方面,她也会与伯克利分校的指导教师进行交流,传送学生的想法,表达自己的感受与思考。学生在她的指导下对研学活动有了更深入的理解和思考,伯克利分校的老师通过和她的交流对学生的特点与需求有了更多的了解,可以根据学情来完善教学和互动的策略。回国后,她继续成为学生和伯克利分校导师之间的联系人,协助校外导师指导学生完成研学相关的论文。

校内外导师的协同,需要的就是这样的"强强联手"。双方都发挥自身的长处,然后形成有益的互补,使校外导师的指导更有针对性和实效性。

第五章

生涯导师培养与发展机制建设

本章要点

生涯导师培养与发展机制的基本要素与运行方式

培养与发展的目标和内容：以分层分类为遵循

参考国内外经验：中小学导师培养

生涯导师培养与发展的目标：以胜任为进阶模型为引导

生涯导师培养与发展的内容：优势发挥与综合提升相结合

生涯导师培养原则

培养与发展的路径：建构培养体系与支持自主发展相辅相成

建构分层培养体系：进阶提升

倡导与支持导师自主发展：导向知行合一

生涯导师培养与发展机制的基本要素与运行方式

教师承担着传播知识、传播思想、传播真理的历史使命，肩负着塑造灵魂、塑造生命、塑造人的时代重任，是教育发展的第一资源，是国家富强、民族振兴、人民幸福的重要基石[①]。《关于全面深化新时代教师队伍建设改革的意见》明确提出教师育人意识和能力有待加强，要强化教师育人能力培养[②]。以生涯导师制探索育人方式变革，着力培养与发展生涯导师，朝着实现教师综合素质、专业化水平和创新能力大幅提升，培养骨干教师、卓越教师、教育家型教师而努力。

从师范教育，到教师教育，再到如今一方面实施教师教育振兴行动计划，建立以师范院校为主题、高水平非师范院校参与的中国特色师范教育体系，另一方面完善教师职后培养体系，促进教师终身学习和专业发展，搭建教师培训与学历教育衔接的"立交桥"等。教师培养与发展，一直是教育事业发展的一大要事，均是各级教育主管部门，包括学校关注的重点。

在学校探索与推进生涯导师制的过程中，建构成熟的生涯导师培养与发展机制也是重中之重。建设高中生涯导师队伍，需要从目标与内容、路径等角度，系统建构，稳步推进。

[①]　中共中央，国务院.关于全面深化新时代教师队伍建设改革的意见[EB/OL].（2018 - 01 - 20）[2022 - 01 - 15].http://www.gov.cn/zhengce/2018-01/31/content_5262659.htm.

[②]　中华人民共和国教育部.教育部关于全面深化课程改革落实立德树人根本任务的意见[EB/OL].（2014 - 04 - 08）[2022 - 01 - 15].http://www.moe.gov.cn/srcsite/A26/jcj_kcjcgh/201404/t20140408_167226.html.

培养与发展的目标和内容：以分层分类为遵循

生涯导师的培养和发展是导师队伍建设的重要内容。《上海市教育委员会关于加强中小学生涯教育的指导意见》提出,建设大中小幼一体化生涯教育培训基地,配套建立市、区、校三级生涯指导教师研训制度,定期为教师提供具有针对性的生涯教育相关培训和继续教育,打造专业化中小学生涯教育教师队伍[①]。

在全员导师制下,学科教师向生涯导师转变,将承担新的工作职责和工作内容,必定面临角色转化的不适应。首先,教师群体的生涯教育意识不足。受升学压力的影响,学科教师以学科知识教学为主要任务,部分教师对生涯导师制的参与缺乏积极性。教师需要从生涯发展的视角理解学科知识,在教学过程中着重将生涯指导融入学科教学中,从学生终身发展的角度认识学科知识的意义。其次,教师个体的生涯指导能力普遍不足。学科生涯导师则普遍缺乏生涯指导的相关理论知识和实践方法,对生涯指导的内涵、目标和方法缺乏系统的认知。少数教师参加过生涯指导培训,但是由于实践和反思不足,对生涯指导理论的理解不到位。课题组调查显示,70%的教师表示生涯辅导知识储备较为欠缺,对具体的学生指导缺乏科学合理的方法。超半数教师认为学科教师对学科与生涯如何融合尚未厘清(51%),缺少生涯指导方面的专门知识。提高生涯指导能力,积极参加生涯指导专业培训,是教师的自觉要求。闵行中学结合学校自身情况,逐渐建立生涯导师培养发展机制,明确培养目标和模式,建立生涯导师培养支持系统,提高教师的育人能力,促进导师的专业发展。

🔍 参考国内外经验:中小学导师培养

国外很多国家已经建立了专业化的学生发展指导队伍,他们的学生发展指导教师都经过了专业化培养,并走向专职化。他们必须具备严格的资质要求,必须至少拥有"指导与咨询"硕士学位,获得职业资格证书,有两年及以上从教经验。

---

① 上海市教育委员会.上海市教育委员会关于加强中小学生涯教育的指导意见[EB/OL].(2018 - 03 - 26)[2022 - 03 - 26]. http://edu.sh.gov.cn/html/xxgk/201803/402152018002.html.

英国生涯发展学会将生涯教育师资的能力要求划分四个领域：职业伦理与反思性实践、使他人掌握生涯管理能力、使个体获得更加广泛的生涯发展服务、促进和改善生涯发展服务。具体标准有理解和应用生涯发展理论，帮助学生设定生涯发展目标、探索生涯发展需求、评估个人能力，规划和实施生涯教育活动，转介资源和团队合作，监督和改进生涯指导服务等[①]。

美国学校咨询协会制定学校咨询师专业标准，将其划分为专业精神、基本技能、提供直接和间接学生服务的能力、管理项目和争取学校支持的能力四个领域，例如，在专业精神上，相信每个学生都能学习、都能成功等；在基本技能上，学习和应用理论，建立学校咨询项目的愿景，制定学校咨询项目的目标并推动实施等；在学生服务上，设计并实施学校咨询核心课程，提供咨询服务支持学生的成就，转介专业人士，与家庭、教师、管理者及相关者合作等；在项目管理与学校支持方面，理解教育法律、教育政策、教育趋势，设计、实施和评估学校咨询项目，合理评价学校辅导员绩效等[②]。

从国际经验看，生涯教育的师资队伍构成多元化，以专职学校咨询师、生涯顾问、生涯技术教师为主导，学科教师共同参与生涯教育，生涯专业导师和兼职导师在生涯辅导上分工负责，从不同方面指导学生有序发展。对生涯导师专业能力的要求主要是理解和应用生涯发展理论、设计和实施学校生涯教育项目、提供咨询服务指导学生发展、寻求多方合作和转介资源、评价生涯辅导工作等能力。

国内部分中学对生涯导师培养方式进行了系统梳理。浙江省杭州第十四中学重视导师培训，通过创建数字化平台、成立名师工作室、鼓励教师考取心理健康教育证，开展以职业规划师、升学指导师、心理辅导师为对象的"三师"培训，提高教师的生涯指导能力[③]。浙江省丽水中学建立了"3＋1"生涯规划教育师资团队[④]，"3"指生涯规划导师、学业导师、成长导师，"1"指精英导师。生涯规划导师为生涯通识教育专（兼）职教师，负责生涯教育课程开发、个体咨询、生涯规划指导等；学业导师负责学业指导，向学生普及学科知识、指导学习方法、指出学科知识与大学专业的联系等；成长导师以班主任为主，负责生涯规划个别辅导、生涯教育活动落实等；精英导师为各行业精英人士、高校教师、校友、家长等校外导师，为学生提供职业体验。每类导师通过不同的方式进行培养（见图5-1），生涯规划导师通过国家生涯规划师培训、个案研讨、成长工作坊等方式进行培养，成长导师通过通

① 张蔚然.英美两国中学阶段生涯教育的比较研究[D].上海：华东师范大学，2019.
② 张蔚然.英美两国中学阶段生涯教育的比较研究[D].上海：华东师范大学，2019.
③ 冯冬怡.构筑高中生涯规划教育体系：让学生学会选择[J].中小学管理，2016(12)：14-16.
④ 范寿仁，梅进德，等.生涯规划教育的"全息模式"[J].人民教育，2018(15-16)：76-79.

识培训、生涯沙龙、课堂观摩等方式进行培养,学业导师通过专题培训、大学访问调研的方式进行培养。

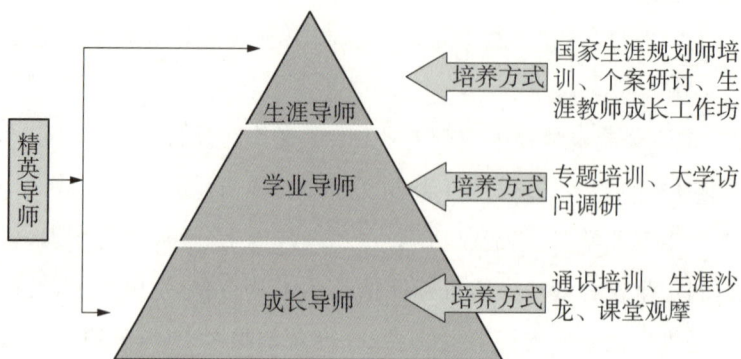

图 5-1　浙江省丽水中学"3＋1"生涯规划师资团队构建模式图

蔡小雄等提出了构建多样化的培训模式[①]:分层分项与全员培训相结合、主题教育与行动反思相结合、专家导航与自主学习相结合、案例分析与体验参与相配套。具体做法有定期组织导师开展案例讨论,针对学生指导过程中的问题进行交流,分享指导经验和成功案例。建立导师成长的动力机制:形成导师发展的保障性文件;建立共同参与的合作交流体系,创设团队氛围;建立富有激励效应的评价体系。

生涯导师培养与发展的目标:以胜任力进阶模型为引导

培养目标对培养实施具有方向引导作用。成为一名优秀的生涯导师,需要每一位教师的专业发展与成长。我们借鉴企业界的胜任力概念,建构生涯导师胜任力进阶模型,以此确定生涯导师培养目标,努力搭建与此匹配的分层培养与激励体系,为每一位教师的自主发展与成长提供基本参照。本模型包括准入、骨干、首席三个阶段的培养,准入阶段,涉及生涯导师准入的标准,如本书第三章所述。骨干、首席两个阶段则是生涯导师培养与发展的目标。

骨干生涯导师培养与发展目标

骨干阶段生涯导师的培养与发展涉及如下 12 条目标:

教育情怀:即对教师职业认同、归属,对学生成长与发展关切、支持,对教育事业持有

[①]　蔡小雄,王静丽.成长导师培训:走班制的补给与诉求[J].基础教育参考,2017(21):13-15.

坚定、热爱之情。

育人敏感：对育人活动有着洞察和领悟，能够敏锐觉察育人的时机，实施恰当的育人行为，客观评估育人活动有效性，并及时调整和完善。

学科核心素养：熟练掌握和运用学科核心观念、知识、技能，通过学科实践，解决复杂问题的价值观、必备品格和关键能力，并能够聚焦学科核心素养开展教学、育人活动。

成果导向：以形成学习、工作成果为导向，辅导学生时注重促进学习成果的形成与表达，个人发展中注重教师工作模式、特色等成果的凝练与呈现。

宽容：在育人伦理、道德正当性范围内，允许学生持有不同观点，尊重学生的自由行动、独立思想。

心理学、生涯发展相关知识、信息：不断学习、掌握与教育育人活动相关的心理学、生涯发展相关的理论、原理、信息等。

实践性知识：对某一类育人活动开展实施的认识、理解、解释、看法、观点等，多由前期相关经验进行凝练总结、迁移运用、创新发展得来，形成教师的育人价值取向、惯例性育人行为等。

倾听：在与学生沟通的过程中，能够通过言语、非言语信息，觉察学生的欲望需求、情绪情感、困惑困扰等。

创新：不受陈规和以往经验的束缚，能够提出新思路、新方法、新创意。

课题研究方法：能够指导学生选题、课题研究设计、研究过程、成果表达等各项活动的能力。

计划和组织：面临某一情境，或为了实现某一目的，恰当地安排工作，合理分工，协调各方采取有效行动。

亲和力：友善，尊重学生，给学生一种易于接近、愿意主动沟通的感觉。

首席生涯导师培养目标

首席阶段生涯导师的培养与发展涉及如下 12 条目标：

育人理想：综合育人活动一般规律、时代与国家发展对人才的要求、教师个人理想信念生成的对于培育怎样的人、如何培育人的使命、信念和认知。

学科热忱：使遇到挫折与失败，也有着对学科相关知识学习、技能掌握、探索、研究与实践活动保持热爱、好奇并愿意为之付出的激情。

社会参与：有理想、敢承担，具备致力于实现个人价值、推动社会进步的社会责任感和创新、实践能力。

学习发展：适时进行自我评价和反思，评估自己的优势与不足，并能够设定目标，主动学习新知识、技能，或完善和发展自己。

教育专题知识：围绕教学、育人中某一主题的原理、规律、实践方法等知识。

共情：能够充分了解学生，倾听、体会到学生没有表达出来或表达不完整的想法和感受。

概念性思维：通过分析、综合、体验、实践等，理解情境，找出情境背后的联系、关键或潜在问题，提出或不断修正认知的能力。

协同合作：指根据需要，协同各方资源，有效分工、合作，以完成任务或达成目标。

资源开发与整合：根据育人需求，积极引入和创造人力资源、信息化平台资源、校内外场馆资源等，并将其合理、有效纳入育人活动的设计与组织实施中。

成果表达：能够通过教育反思、教育叙事、教育日志、教育案例报告等形式将育人实践相关经验进行总结凝练、表达呈现、传播发展的能力。

自我关爱：能够觉察、照顾自己的身心健康、情绪情感、职责使命等，并通过积极、友善、有效的方式促进自由、自信、自主、自在的生命体验。

知行合一：坚持以知促行，以行促知；言行一致；言必行，行必果，以不断自我完善、自我实现。

🔍 生涯导师培养与发展的内容：优势发挥与综合提升相结合

不同发展阶段的生涯导师需要具备不同的态度价值观、素质和知识、技能等，需要根据个人优势及不同阶段导师的胜任要求设定不同的培养与发展内容。

准入导师的培养与发展内容

我们期待，准入阶段的导师能够充分认识到自己在从事育人辅导活动中的优劣势，充分发挥优势开展辅导活动，并着力补足短板，充分利用导师协同工作机制，一边协同其他导师，面向学生开展个性化支持与辅导工作，一边注重个人专业发展，学习新领域的知识、技能等。具体而言，这一阶段的生涯导师需要评估并注重如下方面的学习与发展：

学科/领域育人[①]相关：掌握所教授学科（所从事、专注领域）核心素养、知识体系、高

---

① 学科/领域育人，特指专业生涯导师、学科生涯导师和校外生涯导师充分发挥其在某一专业特长领域之所长开展育人工作。相对，"综合/全面育人"则指导师需要关注学生在各方面的成长需求、问题等，助力其全面、个性发展。

中知识点及其拓展、应用等,组织、指导学生进行知识拓展学习、专题研讨,方法与策略指导,以及相关大学、专业、未来发展方向探索等。

综合/全面育人相关:聚焦个别化指导、实践指导、团队辅导等育人实践的开展,导师需更加关注并学习教育学相关知识与技能,例如,如何与学生建立良好的导生关系;如何因材施教,给予学生诸如学习兴趣激发、学习效能感建立、学业发展目标制定、学习成效分析、综合能力发展等方面的支持、鼓励、反馈、激励等个性化辅导;如何设计、组织、实施、指导各类育人实践活动的开展等。

当然,上述两者并非独立的关系。学生的需求各有不同,教师各有优劣与发展定位。一位导师尤其是准入阶段的导师无法做到满足每一位学生各方面的需要,我们期待导师能够关注学生的需求与现实困难、困惑等,以己之力或协同校内外导师,或推荐资源等方式,以指导者、陪伴者、合作者等不同角色,陪伴学生成长。

此外,最重要的在于每一位导师对个人生涯导师角色的认同与发展定位。他们需要从过去仅关心学科教学、心理健康咨询等角色中转变过来,有意养成关爱学生全面、个性发展的意识,需要培养民主开放的团队建设的能力,需要在与学生的互动中、问题解决中、自我反思中发现个人的优势与限制,做到情绪稳定、积极发展。

骨干导师的培养与发展内容

我们期待,骨干阶段的导师能够初步形成育人自觉与热情,独立承担面向学生的全面辅导工作,在某一方面形成专长,同时能够指导准入阶段的生涯导师开展育人工作,组织团队开展研讨活动。

学科/领域育人相关:精通所教授学科(所从事、专注领域)核心素养、知识体系、高中知识点及其拓展、应用等,能够组织、指导学生进行学科相关研究性学习、项目式学习等学科实践活动。同时,能够聚焦某一专业(领域)问题形成专长,如"整本书阅读促进学生语文核心素养养成""模拟政协提案指导""从语言学习到全球视野养成""智能应用科创项目开发指导""历史剧创作/表演指导""生活中的化学探究""长三角/上海人文地理研究",或者让自己成为某一方面的专家,如"沪上大学通"等。

综合/全面育人相关:掌握更多心理学、生涯发展等相关知识、助人辅导技能,能够与学生建立良好的工作同盟关系,与学生充分探讨、实践事关个人学业发展、综合素养提升、大学专业探索、情绪与精力调适等领域的阶段性发展任务与策略;对学生高中各阶段发展的常见问题、个性化发展诉求等具有预见性、敏感性,并能够结合学习、校园活动等契机,因需、因时设计、实施适合的个别化指导、实践指导、团队辅导等育人活动。

上述两者同样相辅相成。学生的发展涉及方方面面,导师与学生之间的互动沟通,可能是由导师发起的,也有可能是由学生主动提出的,甚至可能是在互动中进一步发现、拓展、深入的。导师与学生在任一领域的积极、有效互动,都有可能引发学生在各个方面对自己成长与发展的思考、探索和反思。这便是导师充分发挥出其育人价值的有效路径,也是导师充分了解学生、个人相关经验积累,培养相关技能、素养等专业发展的新路径。

我们期待,这一发展阶段的导师在与学生的深入沟通中,在彼此的相互反馈中,滋养其育人情怀,形成对学生的尊重、亲和等的自觉,对育人思想与有效策略的自主创新探索,形成在个人专注领域中的丰富的实践性知识。同时,也希望导师培养成果导向意识,一方面注重个人理论学习、实践探索、实务研究等的相互促进,慢慢有意识形成个人育人实践成果;另一方面有意识培养育人闭环意识,助力学生以适当的路径、形式,形成个人发展阶段性成果,评估育人举措成效,并在此基础上不断优化。

首席导师的培养与发展内容

我们期待,首席阶段的导师有着自己的教育理想,并由此发展出一系列个人认同和行之有效的育人实践经验,能够引领志同道合的导师团队开展课题研究,一方面注重理论学习、课题研究与实务工作的联结,探索将个人、团队实践经验不断凝练、发展、完善为成熟的育人模式,另一方面能够突破壁垒与当前条件限制,整合开发各类资源开展育人实践活动,做好反思复盘。同时,还能够通过开展名师工作室、发表文章、报告讲座等辐射和影响至更多人。

学科/领域育人相关:有着浓厚的学科热忱,对所教授学科(所从事、专注领域)核心素养、知识体系、高中知识点及其拓展,以及相关知识、领域前沿追踪、学术方向展望、社会参与等有着自觉探索、深度学习与积累。能够结合教育教学改革方向,充分分析学情等,形成有效的学科教学与育人实践的系列思考与行动调适。

综合/全面育人相关:在育人工作中,更能够看见学生、共情学生,助力其全面、个性发展,同时还能够看见自己,并关爱自我,实现自我调适与成长。在自己专注的育人领域中,成长为实务型专家,能够以综合、系统的观点分析、应对育人实践中的各类问题。

两者同样相互促进。育人是人影响人的一系列专业性活动。无论是导师与学生之间,还是导师与导师之间,从接触认识,到熟悉熟知,再到欣赏认同、相互促进,都是彼此在专业发展与个人成长中的相互赋能与达成。

我们期待,在这一发展阶段的导师能够趋向于行知合一、知行合一。徜徉于追寻个人教育理想的遐思、实践与实现之中,做到专业发展与幸福职业生涯的自觉与自在。

🔍 生涯导师培养原则

循序渐进原则。根据导师专业发展的特点,采取循序渐进的原则推进生涯导师培养,按照准入导师—骨干导师—首席导师的顺序开展阶梯式培养,逐渐提高导师的专业能力。

分类培养原则。在全员参与的基础上,学校对导师采取分类培养的原则,每位教师均有其专业所长,学校根据教师的专业特长分别培养专业生涯导师、学科生涯导师、校外生涯导师,使教师发挥各自优势;同时关注不同导师需要成长的方面,助力其全面发展。

实践导向原则。导师培养坚持理论与实践相结合,依托生涯导师制,通过任务驱动,引导教师不断地实践行动和反思,逐渐提升专业能力。

培养与发展的路径：建构培养体系与支持自主发展相辅相成

在人人都是生涯导师的美好图景下，一方面需要根据准入、骨干、首席不同发展阶段的导师培养与发展目标、内容等，建构分层培养体系，另一方面还需要鼓励、助力导师自主发展，为之匹配适合自己的专业发展路径与举措。导师专业发展与个人成长涉及方方面面，且因人而异，现行各级教师专业发展管理与专业机构设有丰富的教师培养与发展体系，因此，我们通过借助、整合各类现行、日常培训与教师研修计划项目，辅以校级、校际研修、研讨活动，并充分支持生涯导师自主发展，以助力其专业成长。

🔍 建构分层培养体系：进阶提升

准入生涯导师培养

准入阶段导师的培养路径主要有分类培训、"青蓝工程"、学习优秀案例、师徒带教等。

分类培训。 闵行中学探索以"见习教师规范化培训基地""上海市未来教师储备与培养计划基地"等师训工作为抓手，建立规范化的青年教师培训培养体系，遵循"真问题、真研究、真培训"的"三真"培训思路和"给规范、给技能、给任务"的"三给"目标要求进行，使这一阶段的生涯导师能够聚焦提升个人专业素养、能力与技能；同时，借助班主任基本功训练等培训项目，采取自主阅读、校本培训、网上培训、经验分享等方式，提升导师综合/全面育人能力。

实施"青蓝"工程。 闵行中学实施"青蓝"工程，帮助准入阶段的教师充分提升其学科教学相关知识、能力与素养。了解教学五环节的常规工作要求及专业发展路径，加强教学督导，狠抓教学常规，定期检查教案、听课笔记、教学反思、学生作业批改情况等。组织生涯导师参加专题讲座，开展青年教师教学、班主任基本功等相关比赛，如：教学设计、说课、课堂教学、班主任个别辅导等，以赛促研，以赛带练。

学习优秀案例。 完成学科教学和育人理念和方法的培训学习之后，还需要用具体的案例对准入阶段的导师进行示范。通过展示生动、直观的案例助力将理论和方法运用于实践。学校定期开展论坛、案例讨论、论坛报告等形式，将优秀导师的成功经验进行分享展示,引导准入阶段的导师学习优秀经验与做法。

师徒带教。这是准入阶段生涯导师的重要成长路径。带教师傅的言传身教、一对一指导,有助于准入阶段的生涯导师尽快适应角色,在短时间内获取优秀的教育教学经验,提高工作成效。学校可以充分借鉴学科教学中的师徒带教管理与组织经验,通过一对一带教与团队教研、研讨、合作相结合,助力这一阶段生涯导师尽快积累、内化、转化实践性知识,以独立开展各类辅导活动。

骨干生涯导师培养

骨干阶段导师的培养路径主要有"骨干系列"工程、专项培训、沙龙研讨活动等。

"骨干系列"工程。依据《闵行区"百千名骨干教师"培养工程实施意见》等,对骨干教师提出教育教学及教科研方面详细具体的工作目标,例如,必须开设区级层面以上的教学公开课,必须主持一次教研组的主题研修活动,必须发表 1 篇教育教学的论文或案例,参与学校期中、期末考试命题和审核工作,带教青年教师,指导青年教师开展教学小课题、开设选修课,参与校本课程建设,参与校班主任论坛、校班主任工作室等。同时,发挥骨干教师的引领作用,通过骨干教师教学示范课、师徒结对、青年教师专业发展论坛和教学展示等活动,努力形成合作共进的教研氛围和行之有效的教研方式。加强与区教育学院的合作,创设平台,鼓励所有学科教研组在区级层面开展教学研讨活动,助推教师专业成长。通过项目引领、跟踪、考量骨干教师的专业发展,为更高层次的名师发展奠定基础。

专项培训。学校坚持以内部培养与外部培养相结合的方式深入专项培训。在学校内部组织专题培训,培养骨干导师的专业指导能力。在外部培养上,学校鼓励导师积极参加上海市学校心理咨询师培训和国际生涯规划师培训,通过系统培训获得专业资格证书,掌握心理咨询和生涯规划咨询的专业知识和技能,从而能运用专业特长能力对学生开展针对性辅导,满足学生个性化需求。组织艺体指导和科创指导的导师积极参加市区级专项培训,例如,戏剧导师加入专业学习团体,诸如闵行区戏剧教师联合会、吕凉戏剧艺术发展中心举办的百姓剧社等,参加上海市中小学综合艺术师资(戏剧、戏曲)专项培训、上海市校园戏剧首批龙头学校暨艺术教育一体化培训班,接受更专业化和系统化的培训,通过更高的平台增长专业知识和技能。

开展沙龙研讨。学校每个月组织导师研讨交流,讨论学生发展指导实践的策略,针对如何指导学生开展课题研究、如何开展学科生涯融合等问题进行研讨。在过去几年闵行中学组织的研讨会上,陆续有老师分享了寒假学习指导方式;线上读书交流和线上课题交流;指导学生阅读、学长经验交流等有效举措;根据学生专业兴趣推荐阅读书目、指导课题研究;引导学生探索职业兴趣;提升学生适应力、完善人格、提升自信和人际交往;英语学科融合生涯实践;价值观引导;学习指导策略;读书交流、模拟采访、主题演讲、指导课题研究、大学信息交流等。通过研讨交流会,导师们互相学习学生指导方法,如小组会议、模拟面试、社会实践、读书交流、课题指导、借助学长学姐资源等。每一次研讨都促进了导师思维的成长,为导师们开展生涯辅导工作提供了理论指导和经验借鉴,帮助导师拓宽工作思路,提高导师的专业能力。

首席生涯导师培养

首席阶段导师的培养路径主要有组建和运行名师工作室、管理导师团队、外派学习与交流等。

组建和运行名师工作室。首席导师是某一育人领域中的实务型专家。通过组建名师工作室等,引导志同道合的生涯导师共同开展课题研究、实践探索等,并形成育人实践成果。可以说,这是首席导师由个人专业发展向组建团队、指导团队成员发展,充分发挥团队力量实现团队专业发展的最优路径。

管理导师团队。首席导师承担导师团队的管理和指导工作,制订导师工作计划,监督导师工作过程,评估导师工作成效,指导导师工作,促进全体导师指导水平提升。首席导师通过管理导师团队,从全局角度认识和理解导师工作,研究导师工作,促进和改善学校的学生指导工作,这对首席导师的专业成长具有重要意义。

外派学习与交流。为首席导师提供外派学习的机会,如高校进修、跨省学习、出国学习,让首席导师学习更前沿的学生发展指导理念和方法,进一步增长知识和技能。鼓励首席导师积极参加对外交流,让他们走出去参加校际交流、教育集团交流、学术会议、学术论坛,激发导师专业成长的内在动力,促进导师专业水平提升。

倡导与支持导师自主发展:导向知行合一

教师专业发展有着鲜明的自主属性,其机制简单来说就是将"先行"的理论知识在其已有经验、信念和价值观的基础上内化、整合而形成自己所"使用的理论"或"个人理论",同时又将自己的实践知识在批判与反思基础上通过不断总结与概括而使其"显性化",形成抽象的理论知识[①],并在不同的育人情境中迁移、创生,不断发展。相较于教学,教师的

---

① 王鉴,徐立波.教师专业发展的内涵与途径——以实践性知识为核心[J].华中师范大学学报(人文社会科学版),2008(5):125-129.

育人相关理论、知识发展滞后，需要在育人情境中充分发挥个人知识、经验等先行实践，并逐步实现知识化。这一过程便导向于知行合一，即坚持以知促行，以行促知，实现教师言行一致，言必行、行必果，达成自我实现。具体来说，可以有如下四条相互联系、彼此促进的路径：

理论性知识学习及其发展路径。教师基于个人发展需求与规划，学习与提升理论知识水平，快速提升教师认知水平。具体可以包括如下路径：图书、文献资料阅读；政策文件阅读；互联网在线学习；在职学历进修；传统的通识培训；专家报告、专题论坛等。

实践探索及其发展路径

理论知识只有通过实践探索方可转化为教师的实践性知识，现实中存在诸如"自上而下的改革并没有提高教师专业发展的自主性与积极性，而外来的培训不仅耗时耗力，对教师解决问题能力的提升也有限"[1]等问题，需要透过教师的自主实践探索进行应用，并辅以反思，达成教师对育人知识的理解和实践应用的对话，这是将导师的理论性知识转化为实践性知识，以及将实践性知识凝练为理论性知识的充分必要条件。围绕思想引导、心理疏导、学业辅导、生活指导和生涯向导领域各主题的个别化指导、团队辅导、实践指导，均是良好的实践探索路径，辅以基于实践的反思、元反思[2]活动，持续精进，便能够实现事半功倍的成效。

课题研究及其发展路径

生涯导师是育人实践的主体，围绕其育人实践开展研究，能够最大限度调动教师的主观能动性和洞察力，发现育人过程中的问题，并以提出假设、探索实践、验证成效等方式进行探索、分析和解决。具体可以开展案例研究、行动研究、叙事研究，甚至实验研究。案例研究，即通过剖析育人案例，分解、领悟、领会教师行为背后的教育信念、策略，进而升华教师的实践性知识[3]；行动研究，则将导师角色定位为批判性、系统地考察自己教育教学实践的研究者，研究和理解自己的课堂和改善自己的教育实践，在"追问和反观"实践的过程中，完成对教育实践性知识的解构和再建构[4]；叙事研究，即导师以叙事的方式来研究教育的问题，表达对教育的理解和解释，即通过对有意义的教育实践的描述和分析，揭示内隐于日常事件、生活和行为背后的意义和观念，使人们从故事中体验、思考和理解教育的

---

[1]　陈向明，张丽平.求内涵　寻路径　慎思辨——第十一届上海国际课程论坛综述[J].教育发展研究，2014（2）：81.

[2]　元反思，即对反思的反思。

[3]　徐立波.教师实践性知识生成与发展研究[D].兰州：西北师范大学，2009.

[4]　蒋茵.基于教育行动研究的教师实践性知识[J].教育探索，2005（2）：118-121.

本质与价值①。此外,课题研究可以是个人研究,也可以是团队研究。

协作交流及其发展路径

协同辅导是生涯导师开展育人工作的一种途径,能够突破导师个人、校内导师的局限,引入更有效的资源,开展面向学生的辅导。同时,交往是教师专业发展的重要路径②。创建学习共同体,使导师能够在共同的参与行动中取得进步,感受参与的快乐,同时通过开展诸如主题式研讨、案例分享、案例督导等形式多样的交流分享活动,形成脑力激荡、相互学习的氛围,促进教师的共同发展。

---

① 周国韬.关于教师的叙事研究[J].全球教育展望,2003(4):11-15.
② 徐今雅.交往:教师专业发展的重要路径——哈贝马斯批判理论对教师专业发展的启示[J].教师教育研究,
2008(1):13-17.

第六章

生涯导师评价与激励机制建设

**本章
要点**

生涯导师评价与激励机制的基本要素与运行方式

生涯导师评价标准：以发展为导向的设计

发展性评价原则，让生涯导师工作进入良性循环
构建评价标准体系，使生涯导师评价工作合理科学有导向
评价维度权重设定，使生涯导师评价工作逻辑清晰有侧重
规范评价制度，使生涯导师评价工作有章可循

生涯导师评价过程与实施：规范操作促成长

公布评价标准和制度
过程性数据收集
依据评价标准和评价制度进行评价
评价反馈与申诉
评价公示

生涯导师评价过程与结果激励：赋能导师再成长

评价结果运用
评价结果的呈现形式与激励方法

生涯导师评价与激励机制的基本要素与运行方式

生涯导师评价的有效施行,是引导教师潜心育人的关键,是提高教师素质和促进教师发展的有效方法,更是检验高中生涯导师工作开展情况和实现整个高中生涯导师队伍科学管理的重要途径。

生涯导师的评价属于教师评价的范畴,具体的理念与实践需在教师评价框架的基础上,结合生涯教育特色内容进行整合。教师评价自 19 世纪末首先在国外兴起,20 世纪 80 年代以来进入快速发展阶段,对我国教师评价发展有重要影响[①]。在改革开放之后,我国教师评价模式逐渐专业化,注重评价理论的发展和评价工具的改进。2020 年,中共中央、国务院印发《深化新时代教育评价改革总体方案》,指出"改革教师评价,推进践行教书育人使命"。

闵行中学探索校本化成熟的、经过多年实践的、具有可行性的教师综合评价系统,在开展生涯导师制工作后,以当下先进的教师评价理论为参考,探索生涯导师工作内容和工作机制,以及具有学校文化特点的生涯导师评价与激励体系。

生涯导师的评价与激励体系的运行需要有明确的评价标准。制定评价标准的原则和方针应首先考虑在内并作为总引领。其次,需构建评价标准体系,让生涯导师评价工作合理科学有导向;设定合理评价维度权重,让生涯导师评价工作逻辑清晰有侧重;规范评价制度标准,让生涯导师评价工作有章可循。学校拥有一套评价标准后,还应规范导师评价的过程与实施。最后,生涯导师的激励通常与评价相辅相成,评价结果的运用于导师激励,根据不同结果,结合导师发展需求,给予相应的激励方能公平公正,将导师评价和激励工作落到实处。

---

① 毛利丹.中小学教师评价研究[D].上海:华东师范大学,2016.

生涯导师评价标准：以发展为导向的设计

当前教师评价的理论研究中，评价主要分为两类①，一是奖惩性评价，也就是根据教师的工作评价结果，对教师的聘用、晋级、奖金等做出安排，更注重管理功能；二是发展性评价，以激发教师内在动力、促进教师的专业发展为目的的持续性评价，它是兼顾管理、评判、促进为一体的评价模式。发展性评价的核心在于面向未来，即评价目的在于改进，而不在于证明，以实现教师发展并带动学校教育质量的提升，达到教师、学生与学校多方共同发展的多赢局面。

🔍 发展性评价原则，让生涯导师工作进入良性循环

发展性评价原则，重视导师个体在学校育人环境中的价值，能够促进导师的生涯发展。发展性教师评价是一个动态系统②，是从起点到阶段目标，给予被评教师全程指导和帮助的评价，对被评导师的点滴工作给予肯定，赋能导师，体现高中生涯导师评价机制建立的初衷。因此，发展性原则是建立生涯导师评价机制的总原则。在此基础上，闵行中学在实践的过程中，逐步确立以下原则指引高中生涯导师评价工作的开展。

导向性原则

生涯导师的评价应以为导师提供专业提升和开展生涯教育工作的方向指导为主要内容。若导师希望获得理想的评价，就必然会了解评价的标准和方式，并依据标准来调整其发展状态。学校通过生涯导师评价标准的制定，达到对导师进行思想引领和行动指导的目的。生涯导师的评价管理有章可循，导师教育行为也有"条"可依。

可行性原则

为了使评价体系具有可操作性，将评价切实落地，真正发挥作用，应充分考虑学校现实环境和导师发展现状。

---

① 宋洪鹏，赵德成.把脉中小学教师绩效考核——基于绩效管理的视角[J].中国教育学刊,2015(8):92-95.
② 陈隽.基于可视化知识图谱的我国中小学教师评价研究述评[J].当代教师教育,2019,12(4):32-39.

全面性原则

每一位生涯导师的工作都是立体的。为生涯导师建立评价标准体系时，不能只从一维角度看导师的全方位工作，如果评价体系单薄，那么导师工作的积极性将无法被充分激发。评价主体的选择也应多方位，以最大可能达到客观公正、全面的评价，看见导师的每一分耕耘，尊重导师的每一次发光，这同时也是评价公平性的重要体现。

构建评价标准体系，使生涯导师评价工作合理科学有导向

高中生涯导师的评价内容标准处在教师评价标准的范畴之内，在制订具体内容标准细则时须体现生涯导师的工作特色和特殊胜任力要求。评价标准设计的科学有效性，是决定绩效考核成功的关键。

不同学者对发展性教师评价标准体系的构成有多种不同看法，有的研究从素质教育的建设要求出发，提出教师评价标准体系应包括反映教师基本素质、工作状况和工作成效的指标[1]；另有学者提出，要从教师专业素养的层面，即专业态度、专业意识、专业知识和专业能力四个方面出发，建构发展性教师评价指标体系的基本内容框架[2]。这些理论都为我们进行实际的生涯导师评价标准体系构建提供了很有意义的参考。当前，我们综合运用生涯导师胜任力模型和当前学校常用的"德、勤、能、绩"教师评价标准，探索建构生涯导师评价体系。

依据生涯导师胜任力模型构建评价体系

近年来，胜任力模型被运用在人力资源管理的多个方面[3][4]，包括招聘、培训、薪酬设计、绩效评估等。在企业员工、高校教师、基层干部的评价体系中，均有构建或使用胜任力模型的应用和研究[5][6]。胜任力模型视角下的评价体系是基于各胜任力要素而构建的，可以较为全面地分析和研判职工的显性和隐性素质，能够很好地衡量职工的工作能力[7]，进

① 刘尧.发展性教师评价的理论与模式[J].教育理论与实践，2001(12):28-32.
② 陈柏华，徐冰鸥.发展性教师评价体系的构建——教师专业素养的视角[J].教育理论与实践，2006(09):50-53.
③ 闵思奇.基于胜任力模型我国民营企业高管绩效研究[J].企业科技与发展，2021(10):129-131.
④ 王凯，钟波涛，孙峻，骆汉宾.基于胜任力模型的建筑产业工人绩效评价研究[J].工程管理学报，2022,36(01):135-140.
⑤ 崔思敏，杜宏茹，李正新.胜任力模型在驻村干部绩效考核中的应用研究——以新疆和田地区为例[J].湖北农业科学，2021,60(05):193-196+201.
⑥ 李方.搭建基于胜任力模型的绩效管理体系[J].人力资源，2020(22):60-61.
⑦ 邹丽杰.胜任力模型视角下的人力资源绩效管理体系构建[J].人力资源，2020(14):76-77.

而推动完成工作任务,真正地从人本角度出发,将个人发展与企业单位等战略规划统一,推进组织整体发展。

闵行中学在实施生涯导师制的过程中,通过对教师和学生的访谈、专家讨论等方式,建构了生涯导师胜任力进阶模型。该模型分别对准入、骨干、首席三个阶段的生涯导师的态度价值观、知识、技能、特质四个方面的核心胜任力进行了系统化建构(见表1-1)。依据此模型进行评价内容标准构建的好处是,框架清晰,具有评价的科学性,且以生涯导师的胜任力作为评价生涯导师的指标,直指生涯导师工作的核心需求,用一定思想高度引领导师成长,能够使教师对生涯导师的专业发展阶段有准确的认知。

闵行中学在依据该模型制定评价内容标准时,将胜任力模型与原有教师评价要素进行关联性分析,依据不同维度的胜任力进行符合学校特色的具体化阐述。以准入生涯导师的评价标准为例,当导师在评价中能够符合相关各项标准时,即被认定为准入导师。后续发展评价则相继以骨干、首席导师的标准为参照。

"德、勤、能、绩"标准体系

"德、勤、能、绩"为目前闵行中学常用教师评价标准。我们认为,此标准应用到高中生涯导师的评价中,依然可行,可综合评价导师工作的态度、表现、成效等各个方面。需要注意的是,传统的"德、能、勤、绩"模式评价标准往往很全面,因此在应用这一评价标准体系时,应根据学校层面关于生涯导师制的建设核心标准,经过层层分解,形成导师个人的关键评价标准,使教师明确高中生涯导师制的重点任务,将生涯导师制的战略目标落到实处。以下提供与生涯导师制有关的评价标准框架供参考(见表6-1、表6-2)。

表6-1 高中生涯导师"德、勤、能、绩"评价标准及要素

评价标准	相关要素	评价标准	相关要素
德	要素A 关爱学生	能	要素A 开展三类辅导活动
	要素B 亲和友善		要素B 案例反思
	要素C 有同理心		要素C 沟通能力
			要素D 问题解决能力
勤	要素A 纸质书面记录	绩	要素A 论文发表
	要素B 培训出席率		要素B 学生获奖
	要素C 导师活动出勤		要素C 开展培训
			要素D 经验交流
			要素E 个人获奖

表 6 - 2　高中生涯导师制评价标准及其相关要素内涵理解(以评价标准"德"为例)

评价标准:"德"
高中生涯导师评价中的师德标准是导师工作的前提,它要求导师工作以学生为中心,将爱投注其中,为学生的生涯发展指导奠定基础

要素 A　能够以平等、尊重的态度对待所带教的学生,从学生的角度出发,为学生的生涯发展着想	要素 B　对待学生、家长、同事态度友善,与人相处真诚,展现出积极乐观的心态。乐于协同多方力量辅导学生
要素 C　充分理解学生面临的生涯困境,给予学生情感抚慰,热忱地提供力所能及的帮助	

结合学校本身特色使评价内容标准个性化

学校的生涯导师制必须特色鲜明,与其所在校园的文化、品牌项目、总体规划等密切关联。因此,除以上两种评价标准体系外,生涯导师评价标准应符合学校整体特性,与学校的发展目标相匹配。如以"创新"为品牌特色的高中在制定生涯导师制评价内容标准时,应注重考察生涯导师的"创新"意识,以及生涯导师如何将"创新"应用到学生培养和导师专业发展之中。

🔍 评价维度权重设定,使生涯导师评价工作逻辑清晰有侧重

在任何一个评价标准体系中,每个评价指标的重要性均有所不同,需要对每个绩效指标设定相应的权重系数。权重的设定有两个方面的考量,一是突出评价重点,在众多评价标准体系中让更为重要的标准起作用;二是在不同评价主体的评价过程中,权重设定比例不同,做到多评价主体灵活考察导师工作的不同侧重点。并非每一维度的评价都需要全部主体参与评价,学校可依据评价要点和实际操作性进行规划和适当删减。

以下分别以"德、勤、能、绩"评价标准体系的维度重点指标权重分布示意表和评价主体的不同维度权重分布示意表说明评价权重的模型(见表 6 - 3、表 6 - 4)。

表 6 - 3　高中生涯导师评价维度重点指标权重分布示意表

评价标准	权重	相关要素	子权重	总权重
德	W%	要素 A:关爱学生	A_1%	W%×A_1%
		要素 B:亲和友善	B_1%	……
		要素 C:有同理心	C_1%	……

（续表）

评价标准	权重	相关要素	子权重	总权重
勤	X%	要素 A：纸质书面记录	A_2%	X%×A_2%
		要素 B：培训出席率	B_2%	……
		要素 C：导师活动出勤	C_2%	……
能	Y%	要素 A：开展三类辅导活动	A_3%	Y%×A_3%
		要素 B：案例反思	B_3%	……
		要素 C：沟通能力	C_3%	……
		要素 D：问题解决能力	D_3%	……
绩	Z%	要素 A：论文发表	A_4%	Z%×A_4%
		要素 B：学生获奖	B_4%	……
		要素 C：开展培训	C_4%	……
		要素 D：经验交流	D_4%	……
		要素 E：个人获奖	E_4%	……

注：W%＋X%＋Y%＋Z%＝1，A_1%＋B_1%＋C_1%＝1，A_2%＋B_2%＋C_2%＝1，后同。

表6-4　高中生涯导师评价主体的不同维度权重分布示意表

评价维度	评价主体	评价权重	结果
态度价值观	导师自评	A_1%	
	学生评价	B_1%	
	家长评价	C_1%	
	直接负责人	D_1%	
知识	导师自评	A_2%	
	学生评价	B_2%	
	家长评价	C_2%	
	直接负责人	D_2%	
技能	导师自评	A_3%	
	学生评价	B_3%	
	家长评价	C_3%	
	直接负责人	D_3%	

（续表）

评价维度	评价主体	评价权重	结果
特征	导师自评	A_4 %	
	学生评价	B_4 %	
	家长评价	C_4 %	
	直接负责人	D_4 %	

注：A_1 % + B_1 % + C_1 % + D_1 % = 1，后同。

设定维度权重的常用方法有多种[1][2]，不同学校可酌情选择适合的方式，以下两种方法是简单、经典的权重设定方法。

专家调查法。专家调查法是相对简单的权重设定方法，导师制管理者根据自己的经验和认识，或与相关负责人共同讨论商定后决定各维度的权重。

权值因子判断表法[3]。由评价人员组成评价专家小组，由专家组制定和填写权值因子判断表，然后将各位专家所填写的权值因子经过处理和计算，得到判断表中的数据，综合来确定权重。这种方法能够以统计学方式，综合考虑多位专家的意见。

🔍 规范评价制度，使生涯导师评价工作有章可循

生涯导师的评价制度是规范制定的评价过程和具体操作依据。在学校制定评价制度时，有以下几个要素需考虑在内：评价周期，即多久进行一次导师评价；由什么主体组织评价，既符合组织架构又符合生涯导师制工作的现实因素；由哪些主体参与评价过程才是民主且客观的。

评价组织主体

在学校中，评价组织主体通常由校长领衔，教导、德育、人事等各部门领导参与组织。闵行中学即由校长领衔，由副校长与德育学生部共同组建的管理与支持小组负责组织，并由年级组长负责推进实施。为确保公平、公正、公开，可选取导师代表若干名，参与到评价

① 常建娥，蒋太立.层次分析法确定权重的研究[J].武汉理工大学学报：信息与管理工程版，2007,29(1):153-156.
② 陈云洁.S银行小微金融事业部绩效考核的优化研究[D].苏州：苏州大学，2015.
③ 段茗玉，陈燕敏，夏嘉阳，等.应用权值因子判断表法设计高校附属公立医院教学评估指标权重[J].中国医院，2019,23(10):57-58.

工作中,监督评价组织工作,并反馈导师们对评价工作的意见。

导师评价组织参与人员名单在评价工作开始之前进行公示,以保障导师评价工作的公平、公正、透明。

生涯导师评价主体

高中生涯导师评价的主体是导师工作的评估人,评价主体与评价内容相匹配是重要原则[1]。闵行中学在选择评价主体时注重选择了解和熟悉生涯导师工作的主体,从不同的立场出发,形成不同的评估观点。不同的评价主体代表评价的不同角度,也能够反映出导师工作的不同层面。为了教师和学校的发展,必须实现教师评价主体的多元化,其中最重要的是尊重导师的主体地位,尊重导师的个体差异,只有导师主动地参与自我评价,主动地寻求发展,评价的最终目的才能达到。闵行中学经过综合考虑,选择导师本人、学生、年级组长、家长或所在导师团队的带领者四类评价主体进行评价。

导师自评。这一主体评价形式,一方面有助于导师提高自我管理能力,另一方面可以获得导师对绩效考评工作的支持。导师对自己的工作情况很了解,他们知道自己哪些方面做得好,哪些方面需要改进。如果给他们提供对自己的绩效情况加以评价的机会,会促使他们更加主动地开发工作技能。在实际运用中,自评经常出现"趋高"现象,需要用其他评价主体的评价结果来平衡。

学生评价。学生往往是导师工作第一现场的参与者和直接受益者,学生受教育的质量和被教导的感受是最重要的标准,这也使得学生成为最好的评价信息来源。为了避免产生师生间不必要的误会,保证学生提供信息的准确性,学生评价一般采用匿名的方式进行。

年级组长或所在导师团队的带领者评价。闵行中学导师制以年级为单位,年级组长即团队管理者,同时,导师团队带领者是专业发展引领者,两者对导师工作及其专业能力、素养等有深入的了解,能较准确地反映被评价导师的实际状况。同时,他们可以通过对评价结果的分析,有效地为生涯导师的专业发展提出建议。当然,考评也存在局限性,当导师制负责人不能了解导师的全部工作时,可能会导致评价有失公允。需要注意避免直接负责人对导师的某些不客观评价。

家长评价。家长与生涯导师之间有直接的互动,且家长是学生成长的直接见证者,所以,作为评价主体家长与学生有类似的作用,家长评价可结合学生评价使用。

---

[1] 董国永,刘丽,王健,鲁长芬,王先茂.中小学体育教师评价的应然与实然[J].体育学刊,2017,24(06):122 - 126.

评价周期

生涯导师的评价内容中，有部分专业知识可以通过短时间的强化培训得到提升，由于导师的个人特质和风格、导师成就以及带教学生的发展表现在短时间内很难获得迅速提升，因此导师评价需要有一个合理且相对稳定的考核周期[①]。

闵行中学从生涯导师工作内容和学校综合管理层面考虑，综合评价每学年一次，至少有一次评估结果形成书面评估报告，在每个学年最后一个上课日的两周前发给导师。考勤类、过程性材料每学期由评价组织方收集一次，及时归档，妥善保存。

---

① 曾晓东.对中小学教师绩效评价过程的梳理[J].教师教育研究,2004(01):47-51.

生涯导师评价过程与实施：规范操作促成长

生涯导师评价的实施需要有规范的流程，将评价过程清晰化有利于评价管理，也有助于导师进行工作规划。导师评价工作的科学性也有赖于评价过程的规范性、合理性和反馈性[①]。

公布评价标准和制度

综合各方情况，制定出合理的评价标准和评价制度。公布评价标准和制度，就评估目的、考核内容、考核组织、流程等在前期与教师进行及时充分的沟通和宣传，使所有导师了解评价的目的和评价过程[②]。

过程性数据收集

导师评价所需材料繁多，需考虑不同材料的属性，使用调查问卷法、重要事件记录法、访谈法、观察法等方法定期收取导师评价工作材料[③]，并分类归档保存。

闵行中学参考 edTPA 的理念[④]，为每位导师进行电子档案袋的评价管理，该档案袋可以储存几乎所有的评价，包括自我反思、学生评教、培训情况、获奖情况等。具体来说，导师在组织学生生涯教育活动时，除了活动本身的准备工作，同时从评价的角度，提交活动方案、活动过程记录、学生成果样本和反馈等材料。这样的电子档案可以给评价组织方提供非常全面的数据。在进行电子档案管理时，闵行中学特别强调所收集的信息必须是生涯导师真实的日常工作经历的随时记录，使评价工作日常化，也就是将导师评价嵌入导师平常的学生生涯教育中，而不是独立于工作，花费额外精力编撰的经历。

---

① 田月明.教师评价过程中应注意的问题[J].科技情报开发与经济,2005,15(10):230-231.
② 闫晓勇.平衡发展与奖惩:基于 IPO 模型的开放式高校教师绩效考核体系[J].高教论坛,2020(12):82-84.
③ 庄瑶.基于发展性评价的中小学教师评价数据的收集研究[J].教育现代化,2018,5(52):358-362.
④ 周文叶,董泽华.教师表现性评价系统的研发与实施逻辑:以 edTPA 为例[J].教育发展研究,2021,41(12):20-27.

依据评价标准和评价制度进行评价

学校生涯导师评价组织方综合不同主体的评价，根据评价制度的规定，汇总得出导师的工作评价结果。

评价反馈与申诉

评价结果的反馈是高中生涯导师制负责人与导师的良好沟通契机，应予以重视。一次有效的评价工作要求在评价结束后，进行深刻的"回头看"，让导师对自己的评价结果有一个反思。闵行中学通过对工作评价结果进行反馈，并与导师一起制订出可操作性的改进计划，形成"评价—反思—评价"的良性循环，让导师了解自己工作的前进方向，明确评价的目的，确保评价活动真正地发挥作用。在结果反馈过程中，以赋能导师专业发展为主基调，贯彻发展性总原则。如果导师对评价结果有异议，可以在拿到评价报告一周之内提出申诉，由学校组织相关人员进行数据评价和结果复核，重新做出评价。

评价公示

将无异议的导师评价结果依据学校采用的评价结果呈现方式进行公示。

生涯导师评价过程与结果激励：赋能导师再成长

评价结果的得出不应是评价的结束，将评价结果的效用最大化可以为导师带来正向发展的内在动力。对结果进行合理运用，保证良性循环，进行深层次的诊断，建立一个整体的、全方位的、及时兑现的教师工作激励体系，可促进全体教师的发展和成长，帮助他们成为更有成长力的高中生涯导师。

评价结果运用

生涯导师的评价工作对于导师来说有一定激励作用，评价结果的合理运用能更大程度对导师优秀行为和品质正强化。闵行中学的导师激励从两个方面入手，一是与津贴挂钩，满足导师基础的物质需求，采取评价结果与薪资收入并轨的激励方式，独立设定导师工作专项经费，按照评价结果对津贴进行等级划分。首席导师所拿津贴为 M，骨干导师 90% M，准入导师 85% M，另外，获得特色称号的导师，可额外获得部分专项称号奖金。

二是与职业发展挂钩，这也是常用的评价结果运用方式，同时也能满足导师的精神追求和专业发展需求，引导导师进行自我激励[1]。闵行中学在这一方面的具体激励措施包括，将生涯导师工作评价结果纳入校内干部提拔和教师职称申报的考察参考依据；鼓励评价结果优良的生涯导师发挥专项特长，在学校专项资金的支持下开展课题研究；成立生涯导师名师工作室，打造高阶导师品牌。与职业发展挂钩的运用方式不仅能够促进导师个人成长，还能为学校生涯导师的发展添砖加瓦，导师拥有品牌影响力，也意味着学校的育人环境有亮点、有特色、别具一格。

两种导师评价结果的运用方式可结合使用，从导师的短期收益和长远发展出发进行多重激励。

---

[1] 康宁.优化教师激励机制与约束机制的制度分析[J].教育研究,2001(9):23-26+38.

🔍 评价结果的呈现形式与激励方法

评价结果可依据学校文化特色进行呈现。闵行中学将评价结果达到不同胜任力水平的导师授予"准入导师""骨干导师"和"首席导师"称号，与生涯导师胜任力模型一一对应。学校可根据实际情况，按照评分，将导师分为不同等级，从正向引导和赋能角度，斟酌选择不同等级的导师称号。

依据不同评价标准的维度，还可以选出多个最具特色生涯导师荣誉称号，如最具亲和力导师、最创新导师、信息5G导师等。评价结果多元化呈现，将每一份荣誉颁发给该评价维度排名前列的导师，让导师的个人特色被看见、被肯定。

除将评价结果单独与导师沟通之外，闵行中学还用多重方式展示导师工作的闪光点。学校将评价结果进行公示是最简单直接的对导师工作进行认可的方式，而召开导师表彰大会或在教师工作总结大会上为导师颁发荣誉证书则为这份认可增添了一份仪式感。此外，首席导师除了具备学生生涯规划指导的能力，还拥有丰富的学生工作经验和饱含热情、富有技巧的工作方式，可为准入和骨干导师带来启发。为此，闵行中学还开展了导师的工作经验分享会，促进导师工作的进一步沟通，对于做分享导师来说，来自同事的赞赏也是无形的勋章。

闵行中学生涯导师在工作过程中，积累了大量工作案例、研究课题和心得体会，这些成果以恰当的方式展览是对导师工作的呈现和提炼，也是导师工作的发展方向。现在已经将这些案例和工作经验结集成书——《今天，我们怎么做高中生涯导师》。优势被看见是最好的赋能方式，扩大已有优势比发展新的优点更加容易。展览导师工作成果，可以让每个闪光点更加熠熠生辉。

第七章

校外生涯导师工作机制建设

本章要点

校外生涯导师工作机制的基本要素与运行方式

实践指导：校外生涯导师的主要工作方式
参考国际经验：开展综合实践活动
参考先行经验：校外导师的工作路径
校外生涯导师参与实践指导的路径探索

校外生涯导师队伍及育人资源建设
落实一个个项目需求，系统建设
校内生涯导师与校外生涯导师协同育人能力的发展
校外生涯导师的聘任与激励

校外生涯导师工作机制的基本要素与运行方式

高中育人方式改革的有效推进需要注重利用高校、科研机构、企业等各种社会资源，构建学校、家庭、社会协同指导机制①。社会资源广泛存在于诸如家庭、社区、高校、各行各业、各种组织机构之中，它们蕴藏着丰富的育人资源，能够为学校教育提供不可替代的支持与保障。如家长是各行各业的代表，工作于各类组织机构，能够为学生了解职业世界、拓展学习及应用提供便利；社区中存在着丰富多彩的学生公益劳动、志愿者活动等社会实践活动资源；高校是学生下一个人生目的地，如何选择大学和专业是高中生普遍关心和思考的问题，走进它、了解它，便是最好的探索方式，高校能够为学生研究性学习、课题探索、社团活动的开展提供专业指导和设施条件。此外，高校毕业生，尤其是本科、硕士、博士阶段的在读学生，也能成为极好的校外生涯导师。因此，我们在建构生涯导师队伍时，应该将社会资源考虑进来，组建校外生涯导师队伍，并充分发挥校外生涯导师的育人作用，采取校内生涯导师与校外生涯导师协同育人举措。

本章单独论述校外生涯导师工作机制的构建，从校外生涯导师如何参与育人活动，如何组建校外生涯导师队伍，以及如何促进校外生涯导师与校内生涯导师的协同三个方面进行探索。

---

① 国务院办公厅.国务院办公厅关于新时代推进普通高中育人方式改革的指导意见[EB/OL].（2019-06-11）[2022-01-08].http://www.moe.gov.cn/jyb_xxgk/moe_1777/moe_1778/201906/t20190619_386539.html.

实践指导：校外生涯导师的主要工作方式①

实践指导是生涯导师与学生互动的一种重要方式，备受学生青睐。这一指导形式与高中必修课程"综合实践活动课程"密切相关。综合实践活动课程是当下高中育人方式改革中构建全面培养体系的一大重点。新课标也明确提出综合实践活动课程最低修习 8 学分，包括研究性学习、党团活动、军训、社会考察等，其中研究性学习 6 学分，其他综合实践活动至少共修满 2 学分②等。

从 2000 年《全日制普通高级中学课程计划（实验修订稿）》首次提出"综合实践活动"，到 2001 年教育部颁布的《基础教育课程改革纲要（试行）》将综合实践活动课程正式纳入国家规定的必修课程之中，再到 2017 年教育部颁布的《中小学综合实践活动课程指导纲要》明确提出，综合实践活动是高中阶段学生的必修课程，与学科课程并列设置，是基础教育课程体系的重要组成部分，综合实践活动课程被提高到越来越重要的位置，也越来越得到学生、家长、学校及社会各界的重视。

综合实践活动是从学生的真实生活和发展需要出发，在生活情境中发现问题，转化为活动主题，通过探究、服务、制作、体验等方式，培养学生综合素质的跨学科实践性课程，主要有考察探究、社会服务、设计制作、职业体验③等形式。系统建构综合实践活动课程与学科课程在目标、设计、实施、资源建设等各个方面的整合、融合，是落实新课程标准、培育学生学科核心素养的一大方向。校外生涯导师能够为综合实践活动课程提供体验空间、专业指导等。结合现实情况，实践指导是能够最大限度地发挥校外生涯导师的独特价值的主要方式。

🔍 参考国际经验：开展综合实践活动

20 世纪 90 年代，活动课程、综合课程成为国际教育探索的新方向，引领着教育开启

---

① 校外生涯导师的工作方式：事实上，校外生涯导师均积极参与个别化指导、团队辅导等导师与学生的互动，且成效显著。校外生涯导师在实践指导方面的作用不可替代，且更解学校之需，因此，本章以实践指导作为校外生涯导师的主要工作方式。

② 中华人民共和国教育部.普通高中课程方案（2017 年版 2020 年修订）[M].北京：人民教育出版社，2020：6.

③ 中华人民共和国教育部.教育部关于印发《中小学综合实践活动课程指导纲要》的通知[EB/OL].(2017 - 09 - 27)[2022 - 06 - 09].http://www.moe.gov.cn/srcsite/A26/s8001/201710/t20171017_316616.html.

了新一轮的历史性变革,以适应知识经济时代的到来。这一改革主要受到以杜威为代表的进步主义教育运动流派的影响。杜威提出经验课程观,倡导"以学生为中心""从做中学""从活动中学""从经验中学"等,并提出真实的社会生活是教育的关键场所,教师应该把课堂延伸到社会中,让学生在活动中获得知识,实现生活、生长和经验的改造,并提出五个阶段的学习模型:情境——学生要有一个真实经验的情境;问题——情境内部产生一个真实的问题,刺激思维;假设——观察如何解决这个问题;推理——展开解决问题的思考并加以推敲;验证——用行动来应用和检验观念①。学生通过这五个阶段的学习来获取知识和经验,培养动手操作能力、创造能力等综合能力。这极大丰富了教育活动的内涵,此后,各国相继开展了以"学生中心""活动""经验"为指导的教育改革。

美国经验。美国各州具有自主权,没有统一的课程标准,但从 20 世纪 90 年代,各州几乎都开设了综合实践课程。大致有三种类型:STS 课程(Studies of Science, technology and society,科学、技术和社会课程)、设计学习课程和社会参与性学习课程。

STS 课程始于 20 世纪 70 年代初,美国斯坦福大学赫德(Paul Hurd)教授提出:科学教育和科学课程应注重价值观、技术和决策,要联系社会、技术和人类进行科学教育。美国、英国、澳大利亚和加拿大等国陆续提出并实行了各种类型的 STS 课程②。STS 综合实践课程包括自然研究和社会研究两个部分,活动形式包括调查和问题探究。

设计学习课程也是 K12 设计教育中的一部分,旨在让学生从小就在脑海中生成创意"快捷键",学会像设计师一样创新地思考、认识和改造世界。设计学习课程教给学生设计思维,将设计过程及其蕴含的创新法则教授给学生,让学生体验定义设计问题、调查和研究问题、产生初步想法、生成创意、开发原型、展示及评估和修改等完整设计过程③,引导学生以设计师角色代入日常社会问题的解决过程,激发学生的创造力,以及为更好的生活而学习的愿望。

社会参与性学习课程则要求学生走进社会参与公益活动、志愿服务等社会参与性活动,依次按照计划、服务、反思、庆贺等阶段开展服务性学习。在计划阶段,师生通过各种渠道了解社区需求,并结合课程内容,确定要进行服务的主题,与相关机构沟通,共同讨论确定服务的时间、形式,制订出详尽可行的计划,安排服务所需的训练,组成服务团队等。在服务阶段,则以单独或组队的方式完成。反思阶段最关键,也是最具特色的阶段,即要

---

① 罗海丰.杜威课程理论探析[J].中州大学学报,2000(2):42-44.
② 曹尚伟.STS 课程教育评介与思考[J].比较教育研究,1992(6):7-11.
③ Zande R V. Design education: Creating thinkers to improve the world [M]. Lanham, Maryland, US: Rowman & Littlefield, 2016:18-19.

求学生在服务结束后进行讨论,写反思日志,对服务过程进行反思,教师也需要对活动设计、组织等进行反思。庆贺则是一个分享的环节,让学生、教师、服务对象一起分享彼此的学习和经历[1]等。

英国经验。英国的课程内容主要围绕学术、职业和就业三个领域展开,涵盖经济产业理解、职业教育和指导、健康教育、环境教育、公民教育五个方面的内容[2]。以"学科交叉课程"的方式实施,即寻求广领域、复合、交叉的课程组织形式,采取横断的方法编制教育内容和方法。

日本经验。1998 年日本发布《学习指导要领》,综合学习被列入其中。发展至今,作为明确倡导自主学习的学校课程,综合学习具有三大目的和作用:一是掌握探究学习的必备知识与技能;二是在现实社会和生活中寻找问题、搜集信息、整理分析、归纳表达;三是自主学习和合作学习相互促进,形成积极参与社会的态度。这一课程注重体验,鼓励学生由自身出发思考人与自然、他人和社会的关系。如中学阶段的综合学习涉及互联网应用、药品使用、交通安全,并有针对性地开展学校访问、企业参观、见习体验等升学和职业教育。同时,综合学习聚焦核心素养,重视实践应用,并得到经合组织(OECD)的肯定:综合学习有力地促进了日本学生问题解决能力的提升……它与学科课程共同关注课程交叉,不仅提升了学生在国际学生评估项目(PISA)中的表现,而且增强了他们对学校的归属感和对学习的积极态度[3]。

在各国推进建构综合实践活动课程的过程中,整合社会资源、提升教师相关专业能力等,均是共同的命题和努力所在。

参考先行经验:校外导师的工作路径

现代学校教育体系下的导师制最早应用于大学阶段的人才培养,校外导师也不例外,最早出现在专业学位的研究生培养中[4]。2009 年,我国为了更好地适应国家经济建设和社会发展对高层次应用型人才的要求,制定了《关于做好全日制硕士专业学位研究生培养

---

[1] 潘利若,姚梅林.美国服务性学习对我国中小学综合实践活动课常态化实施的启示[J].教育科学,2011,27(2):85-89.

[2] 殷伟.高中综合实践活动课程实施的现状、问题及对策研究——以罗山县 L 高中为例[D].兰州:西北师范大学,2012.

[3] 李昱辉.日本综合学习嬗变、特征与问题[J].比较教育研究,2019(1):61-68.

[4] 现代学校教育体系:导师制的历史渊源其实最早可追溯到诸如古希腊时期苏格拉底的教育思想和我国春秋时期孔子广收门徒、个别指导,并提出因材施教等,本书暂不讨论。

工作的若干意见》，决定加大对专业学位研究生教育的招生力度，并明确指出，要对研究生培养模式不断创新，校内及社会的资源都要充分利用，建立健全校内外双导师制，以校内导师指导为主，校外导师参与实践过程、项目研究、课程与论文等多个环节的指导工作……注重实践研究和创新能力的培养[1]。

专业学位研究生的培养单位与合作单位之间、校内导师与校外导师之间的有效合作，成为双导师制有效推行的关键。这是专业学位研究生培养的重点方向，并且正在推进建设中。事实证明，校外导师和实践基地的数量和质量对专业硕士培养成效有显著促进，是其培养模式中的关键性因素[2]。多数情况下，学生、校内导师对校外导师有过高的角色期待，如学生期待校外导师能够参与培养的全过程，在培养计划的制订过程中，扮演人才培养规格和知识结构框架设计者的角色；提供"市场前沿知识和技术"、经典案例教学活动，以及与校内导师进行合作教学；给学生提供职业生涯指导、项目指导、具体实践技能指导以及交往指导；弥补校内导师和学校在现实认知、实践技能、设备资源等方面的不足；成为学生就业工作的支持者、就业经验分享者、就业咨询者以及就业信息提供者；与学生建立"亦师亦友"的关系。在现实中，校外导师并没有参与培养的全过程，在各培养环节中都出现了不同程度的角色缺失、中断、偏差[3]。这与校外导师的队伍建设、校内导师与校外导师的合作机制等相关，但一些问题值得我们思考，如校外导师是否要参与所指导学生培养的全过程？这一全过程的参与是否现实、可行？

校外生涯导师参与实践指导的路径探索

我们认为，受到校内外客观因素的制约，以中学聘请校外生涯导师参与实践指导为例，更可行的路径应当为校内首先建构学生实践体验体系，并以具体项目合作为核心积极拓展社会资源，与相关组织建构合作关系，组建实践项目小组，共同协商实践项目内容，并聘请校外生涯导师参与相关环节；随着实践项目的拓展与深入，由双方共同协商，并聘任校外生涯导师，以更多元、更深入，甚至更系统、更有针对性的方式参与学生指导。

以闵行中学为例，学校不断规范"生涯认知—生涯测试—生涯体验—生涯实践"的生

① 中华人民共和国教育部.教育部关于做好全日制硕士专业学位研究生培养工作的若干意见[EB/OL].(2009-03-19)[2022-06-10].http://www.moe.gov.cn/srcsite/A22/moe_826/200903/t20090319_82629.html.
② 李明磊,黄雨恒,周文辉,蓝文婷.校外导师、实践基地与培养成效——基于2013—2017年专业学位硕士生调查的实证分析[J].中国高教研究,2019(11):97-102.
③ 王丽根.全日制工程硕士校外导师的角色研究[D].南京:东南大学,2015.

涯教育模式,坚持知行合一,使学生从认知、深化、实践、验证到新的认知、新的实践、新的验证,螺旋式上升认识自我,规划人生,最终建构了"生涯准备、生涯觉醒、生涯模拟"三阶段,以及"公益劳动课程化、生涯讲堂系列化、暑期实践个性化、海外课堂学术化、科创孵化机制化"的"五化"实践模式。在这一过程中,充分与社会资源合作,并聘任各行各业的专业人士担任校外生涯导师,参与指导各实践活动,并由此以更多元的方式与校内生涯导师合作,参与学校育人。

指导公益劳动

引导学生进入社会如社区、医院、敬老院、邻里中心和艺术场馆、博物馆等做志愿公益服务,是学校生涯教育的重要实践环节,可以帮助学生了解社会,培养学生的责任意识、规则意识和奉献精神,例如,闵行中学组织学生在上海市第五人民医院开展急诊室导医志愿劳动,以及在敬老院开设互动手工课程,在邻里中心开设中小学生辅导课程,在博物馆开设导览课程等。各组织及其工作人员承担了学生在公益劳动、志愿者活动中的指导工作。

进校生涯讲堂

学校每周邀请科学家、优秀学者、医生、媒体工作者等行业精英来学校开设讲座,为学生讲授生涯课程,学生可借此机会聆听来自行业精英的生涯建议。多数社会精英由此被聘为校外生涯导师,开启对学生的互动指导。

一场场生涯讲堂不仅能分享故事,更能将学生的个性梦想一一照亮。"他人榜样"启发个人成长、自我兴趣领域聚焦、社会责任担当、职业伦理分享——生涯讲堂的系列话题,成为学校为每位学生提供的畅想未来、检验梦想的平台。而由此开启的学生与校外生涯导师的交流,则为主动互动的学生搭建了答疑解惑的桥梁。

2020年9月,金亚秋院士走进闵行中学生涯讲坛,分享他的观点:一是所有的学科知识都是有价值的;二是"执着"很重要,是支撑他个人成长成才的最重要品质。

2021年1月15—21日,闵行中学"实者慧"生涯讲堂——信勤大讲堂如期举行。闵中学生三五成群,选择感兴趣的话题,走进报告厅,感知可期的未来。来自不同领域的专家学者向学生们开讲:《严肃阅读与公共文化的建设》《大数据和 AI 技术驱动的智慧城市发展》《纳米技术与科学战"疫"》《机器人技术发展趋势》《汽轮机发展进程之关键焊接技术应用》《新国际形势下未来个人发展的 60 分钟思考》……专家学者与闵中学生感知时代脉搏、畅想美好未来的一场场思想碰撞,徐徐展开。

指导暑期实践

闵中学生从高一起便有机会在暑假参与"交大科创夏令营""微软女生夏令营""清华实验体验营""中日韩历史论坛""德国文化探访"等暑期实践活动。学校先后与上海市第五人民医院、上海航天设备制造总厂、上海交通大学、同济大学、上海市群益职校等单位共建生涯实践基地，让学生提前体验职业生活、学习大学课程和走进科学实验室，以丰富的实践体验经历、多元的评价增加学生的自我效能感、激发学习动力，引导学生探索专业、明确方向。

2020 年 8 月 15 日，闵行中学启航课程——科创夏令营开营。

开幕式上，学校副校长以"生涯课程　走近高校"为题，介绍了高考新政下的大学专业划分、各类升学通道、综合素质评价等内容，让同学们了解了学校各类多元平台以及丰富多彩的校园活动，为学生的个性成长提供多种选择。随后学校特聘校外生涯导师——心理学专家、教授，高级心理咨询师李老师以"生涯的思考与选择"为题，用丰富的案例，引导同学们通过认识人格、兴趣、意识、需求进行生涯规划。

8 月 16 日起，同学们在校外生涯导师——上海交通大学各位教授的专业指导下开始了各组学习。

机器人学习融合了物理、信息、机械、工程多个学科知识，可激发学生探索科学的兴趣，培养学生的动手能力、协作能力和创造能力。机器人组的同学组装了各式机器人小车，从简入深地学习了机器人的基本原理、基础机械结构，通过给机器人编写程序，安装控制器、传感器、编码器等设备，逐渐提高机器人的工作性能。课程最后一天，同学们展开了一场酣畅淋漓的对抗赛，他们在反复的调试中磨炼毅力，完善认知，克服困难，战胜自我。

Python 编程的同学循序渐进地学习编程理论知识，逐渐提高学习的难度和深度。他们用代码进行数学计算、编写程序命令等，完成从零基础的菜鸟到能够编制语音交互机器人、实现人机对话的跨越。精密严谨的程序训练提高了学生分析问题和解决问题的能力，提高了学生的逻辑思维能力和创新思维能力。编程战队的孩子们初期每天学习理论看似单调枯燥，但是沉浸其中也能感受到无限的快乐，在这一过程中，他们学会了忍耐和坚持。

8 月 23 日，所有同学在短短几小时内通过头脑风暴完成了对前 8 天活动的总结并用英语进行展示，这一方面考验着同学们的数理基础、逻辑思维和团队合作，另一方面也提升了同学们的语言表达能力与沟通自信心。时间虽短,同学们仍然出色地完成了此项任务。

有些同学正是在这样的项目中,找到兴趣所在,开启了高中圆梦之旅。2021届毕业生李同学(后就读于上海交通大学工科试验班)撰写了如下的成长故事:

我从文绮中学刚升入闵行中学的时候,是一个非常懵懂但对各种事物又感到非常新奇的女生,可以说闵行中学为我提供了丰富的课外学习机会,让我渐渐找到自己的兴趣点。在高一开学前的暑假,我参加了闵中和交大合办的启航夏令营活动,并且选择了从未接触过的 Python 编程学习。虽然在初期感到些许困难,但通过每天晚上对编程内容的复习,我意外地在结营考试中获得高分并荣获半额奖学金。因夏令营中的优异表现,获得交大老师在编程方面深入指导的机会,接触了人工智能相关领域的知识,用高一一年的时间在老师带领下参与《基于 SVM 的糖尿病预测》论文的写作。

后来,我获得去加州大学伯克利分校参加未来科学家项目与夏令营的机会。在科研项目中,我接触了最前沿的生态学知识,并且因为具备 Python 编程的基础,对于全新的 R 语言编程环境上手还是比较快的。在指导老师的悉心教导下,我与同伴合作完成了一个个探索小任务,自己也阅读了大量的英文论文,克服重重困难,最终大家一起完成英文论文,发表在 *Frontiers of Ecology* 这个 SCI 期刊上,我荣幸地成为第一作者。这个科研过程也让我们获评明日科技希望之星。

……

闵中给了我追逐自己梦想的底气与能力,让我度过非常快乐的三年!

带领海外课堂

近年来,闵行中学与美国加州大学伯克利分校、法国科技学院联盟、法国商学院联盟和工程师学院联盟、德国曼海姆大学等多家海外院校建立合作关系,开通了国内、国际教育交流渠道,不断拓宽"课堂"的范畴,给有需求、有兴趣的学生搭建国际平台,让学生与国内外知名高校的专家学者近距离接触,参与高校、科研机构的科研项目并发表论文。

2019 年 7 月 6 日—7 月 21 日,闵行中学师生一行共 19 人前往美国加州大学伯克利分校,开展为期两周的研学活动。

每天上午,同学们分成生物科学和机器人两个大组,在专业老师的指导下,开展从理论到实践的专题研究。机器人组的同学在博士生西文赛（Sivonxay）老师的主持下，涉猎前沿科技3D打印、无人机等课程，并完成科研项目"森林火灾救援机器人"的设计。为了完成这一项目，同学们好几个晚上都在加班加点，和指导老师一起不停地发现问题、解决问题，最终顺利完成。其中，有一位同学在过程中积极思考，设计出了改进垃圾分类的衍射项目，得到了导师的赞赏，并获得了"优秀学员"称号。生物组的同学们在伯克利分校和美国农业部博士后陈老师的带领下，通过每天的实验，一步步学会如何提取DNA，如何从土壤中获取和识别DNA，如何放大基因组等等，从中体验到了基因组的奥秘。两个项目组同时合作完成机器人采集火星土壤的任务。同学们也了解了基因研究在医学、生物、农业、未来火星开发等领域中的发展前景。陈老师还邀请专家共同开展了一场关于转基因食品的讲座，希望大家在对一个新事物做出判断之前，能够收集足够多的信息，形成批判性思维，提炼出合理的观点与见解。

　　每个工作日下午，闵行中学学生接受来自加州大学伯克利分校前沿思想的浸润与冲击。在伯克利尖端实验室——机器人学习实验室和CITRIS发明实验室中，同学们亲眼见证了从点子到发明的历程，也认识到发明创新不仅要不断试错，还要经常从不同角度来思考问题。伯克利全球创新部门主任维尔莱（Wehrle）教授为同学们定义科学研究的基调："影响个人，改变世界。"人工智能的专家们让同学们了解到这一领域的最新发展水平与前沿走向，也强调了人工智能科研背后人类情感与道德的重大决策意义。伯克利创新集团创立者埃耶（Eyet）教授用大量生活中的案例，引领同学们从生活中寻找发明的切入点，培养科研的洞察力。尤康（Yokom）教授则花了两个下午的时间从心理学的理论、大量的实例和现场演练教会同学们如何有效呈现自己的观点与科研成果。美国顶级国家实验室——劳伦斯伯克利国家实验室博士后涂老师关于如何写科研论文向同学们娓娓道来，并用身边例证讲述了科研舞弊的严重后果，强调科研的严肃性与严谨性。

　　在密集的课程中，伯克利教师团队为同学们创设了多次团队建设，让同学们的关系在最快时间内实现破冰，在有趣的活动中了解伯克利，在各项活动中打破固定思维模式，群策群力，合作共赢。在第一天的破冰之旅中，导师让同学们用一把卷尺和日常工具去测量金门大桥的车流量，纵向承重与横切风力，同学们在一头雾水的情况之下不得不想尽办法，跳出常规思维，看清事物本质，最终出色地完成了任务。在精心设计的校园寻宝过程中，同学们找寻着这个有着150年历史的名校中的标志建筑物，在探寻的过程中惊叹于她深厚的积淀，恢宏的历史和蓬勃的科研生命——107位诺贝尔奖得主、25位图灵奖得主、14位菲尔兹奖得主、劳伦斯国家实验室、陈省身楼等等，这些数字与名字本身也是伯克利激励学生的力量源泉。

　　闵行中学与伯克利的这一合作项目，帮助很多同学找到开启科研殿堂的钥匙，甚至结出了累累硕果。

　　例如，一次寒假学习营之后，6位闵中学子在校外生涯导师、美国劳伦斯伯克利国家实验室的青年科学家的指导下继续课题研究，历时18个月，并完成科研论文"Study of the effect of osmotic pressure on the water permeability of carbon-based two-dimensional materials"（中文名《碳基二维材料渗透膜中孔径和渗透压对水渗透性影响研究》），成功发表于美国工程材料学专业期刊《计算材料学》（*Computational Materials Science*）。

指导科创课题

　　闵行中学开发了创造教育的校本课程系列，形成了"创意与制作""单片机""智能机器人""程序设计"等创新素养培育课程。为保证课程的有效实施，陆续创建了多个智能控制实验室。规定高一、高二拿出两个课时开展创新素养培育拓展、两个课时开展学科选修、一个课时开展社团活动，并以此为基础，推行科创教育。

　　近年来，在青少年科学社团建设的基础上，闵行中学建立了面向全体学生的科技创新孵化机制，即在科创活动拓展、选修和社团活动基础上，每学期组织科创项目和研究课题的答辩活动，通过专业评委的评审，对于有创意的项目，给予导师指导和活动经费的支持，使优秀项目进入校级孵化平台，促进研究和科创活动的深入开展，并形成基于信息化平台的"科学创造"教育创新孵化五步法：①同伴榜样激励，启发创新意识；②多元课程开设，满足个性需求；③资源平台支撑，提升科学素养；④实践活动体验，锻造创新人格；⑤创新孵化机制，成就创新人才。在这一过程中，根据项目需求，邀请校外生涯导师参与专业评审、课题指导等各个环节。

　　创新教育是闵行中学的品牌与特色。学校创建了从鼓励创想"金点子"到形成选题，再到搭建科创资源平台，指导学生实施科创项目，助力科创规范和成果表达的全过程支持体系。在每一个环节，都有校外生涯导师的助力。例如，为了激发学生的好奇心，鼓励学生提出创想"金点子"，学校科创团队会邀请专业人士、社会各界人士、各行业标杆人物、创客等与学生交流创新项目，开设"学生科技论坛"，由高年级学生发布科创成果，邀请资深教师、高校教授等校外导师团与学生展开充分交流，低年级学生在观摩中体验科创的魅力。学校建立了创新项目孵化机制,由学生自主申请创新孵化基金,并提交申请书,学生按计划实施创新项目,记录和积累过程性资料,每年年底进行创新项目展示和成果汇报、评审,学生进行答辩,并聘请专家组进行评选,对学生提供成长性建议。以"明日科技之星"和"创新大赛"两大赛事为核心,推荐在孵项目参加各级各类科技竞赛,通过竞赛进一步提升学生的科创科研综合素质。每位学生在校期间都会经历"创新孵化基金+创新实验室平台"支撑的完整一轮创新孵化培育。每年都有很多学生在各类科创大赛中获奖。例如,在 2019 年上海市青少年科技创新大赛中,闵行中学共有 46 项课题获得上海市级等第奖,其中一等奖 5 项,二等奖 22 项,三等奖 19 项;各类专项奖 7 项。2020 年第二十四届全国发明展览会上,闵中学子斩获 5 项大奖……

校外生涯导师队伍及育人资源建设

社会资源中蕴藏着丰富的育人资源,社会资源的充分利用,有赖于学校基于育人需求与社会资源的积极互动,也有赖于双方在育人中的相向而行、并肩合作。这是学校积极整合社会各类组织机构助力育人资源建设的过程,也是各行各业人士充分发挥资源和专业优势协同学校教师提升育人质量的过程。

落实一个个项目需求,系统建设

学校和教师是育人资源建设的主体和核心,社会资源的有效整合,始于育人需求,服务于育人愿景、目标与举措。在生涯导师队伍的建设中,便也是这样一个从学校育人出发,综合考量校内导师队伍的结构、优势、不足等,寻求支持、探索创新、寻求有力支撑的过程。

实践证明,社会资源、校外生涯导师对学校育人有独特的视角、思维方式、学科背景、关注点等,利用和整合的过程便是一个不断探索、逐步协同的过程,不可也无法一蹴而就。校内外导师团队建设的过程,也是一个不断探索、逐步积累的过程,既需要从项目需求出发,点上着力,也需要从系统出发,整体建构。

从一个个项目着力

学校育人由一个个项目组成,既包括各学科课程项目、活动项目等常规项目,也包括育人方式改革下生发的探索,如导师制项目、文化建设项目、环境育人项目等,这些项目在持续进行、逐步推进,学校会邀请不同的社会资源参与进来,给学生开阔视野,创造体验和实践空间等。无论是便利资源的利用,还是意外之机的把握,都需要落实到一个个具体的课堂、活动、项目,甚至一段段对话之中,校外生涯导师也不例外。

校外生涯导师参与育人的路径是很多的,如上一节所述,进校做一场科技趋势、社会形势的分享,为学生的一个科创项目提供建议、实验室资源支持,带领学生开展一个项目活动……事实上,还有很多项目有待我们探索,如同在育人方式变革下,在贯彻新课标的当下,学校的课程建设中"时代性""关联性"的落实,需要更多的社会情境供给营养,这是我们对校外生涯导师的期待。有的校外导师能够迅速领会，并直接供给，但更多时候，从校内导师清晰描述需求到校外导师能够有效提供支持，可能需要更多沟通、互动和创新、创造。从一节具体的课入手就是一个很好的尝试：合作做好一节课或者一个实践作业的设计，校外生涯导师需要充分了解学校、老师和学生需求，校内生涯导师理解校外生涯导师的思路、资源和中间可能需要的转化等，进而为可能的后续协同奠定基础，这便是实践（隐性）知识的前期积累。

从学校育人整体，系统建构

从学校整体育人的角度，生涯导师队伍建设需要有系统建构。

我们期待怎样的育人图景？ 要回答清楚：我们的初心何在？如何一步步实现初心？需要我们了解学生，了解老师，思考当代的育人使命，分析当今的国际、国内趋势，清晰描绘，并落实在一项项育人举措和可能的改进空间中。比如闵行中学在探索生涯导师制的过程中，期待人人都是生涯导师，期待能够充分助力学生全面而有个性地发展。在实际过程中，我们发现，导师与学生的互动可以分为个别化指导、团队辅导和实践指导三大类。个别化指导发生于日常；导师和学生对团队辅导褒贬不一，因人而异；而实践指导则属于导师希望探索、学生期待发生的互动。一起去大学走走，了解可能的未来；走出校园，进入博物馆、城市弄堂，看见社会，遇见未来，碰触时代，接触社会，甚至用自己所学分析问题、解决问题；抑或遨游在知识的海洋中，拓展学习更多知识，进行有趣的创新创作、创意创想……比如，有老师指导学生创作历史剧，有老师带领学生实现科创想法，有老师带领学生进行人文考察……但这远远不能满足学生探索世界、参与社会、创新创造的愿望，需要做的还有更多。

达成我们的育人图景，校内老师的优势与不足有哪些？ 每个时空情景下的教育都有着相应的使命，在百年未有之大变局的当下，尤其如此。不得不说，无论是育人方式变革，还是新课标学科核心素养的落实，均对学校、教师提出了很大挑战。我们在探索推行生涯导师制的过程中，也有很多现实问题需要解决，社会资源、校外生涯导师是潜在的可利用资源，可供利用和整合的前提在于，我们要思考清楚，需要他们做什么？这就需要我们从期待描绘的理想育人图景中，找到并学会准确描述，或发出清晰的需求。分析校内老师的优势与不足，便是其中重要的一环。比如在寻求校外生涯导师支持实践探索的过程中，清晰地知道，校内老师普遍缺乏对社会各行各业，以及纷繁复杂的大学和专业的理解；在面对社会真问题、思考真应对方面，校内老师恐怕也缺少大局观，没有多元视角，没有方法论；在科创方面，可能有的学校还没有一个实验室能够让学生自由地做探索，甚至学校里没有老师知道,这样的实验室里需要做哪些软硬件设施的配置……

我们有哪些潜在的资源?需要怎样的校外生涯导师? 理清了需求,便需要盘点资源、寻找合适的人选了。有些资源是便利的,如学校周边的社区资源、企业和高校资源;而有些资源是需要去特别寻找的,比如某位学生在课题研究过程中遇到困难,需要专业支持,如何找到这样的专业支持?整体思考课题研究与学校科创、创新教育以及学生研究性学习指导相关方面,学校科创教育需要怎样的资源?如何建构不同层次、更多元的资源结构?特别需要具备哪些知识、技能、经验的校外生涯导师加持,均需要系统思考,并主动寻求这样的支持和帮助。

我们可以如何起步,并一步步达成? 如上一点论述,任何资源的利用、整合,均需要从一个个项目探索开始。而从学校整体建构的角度,还需要思考分阶段探索方向与目标,并逐步和稳步趋近。

🔍 校内生涯导师与校外生涯导师协同育人能力的发展

校内生涯导师与校外生涯导师协同育人的达成,需要有一个过程。从学校育人主体校内生涯导师的角度,需要培植和发展资源观,双方需要各自发挥优势,不断探索协同育人路径。

培植生涯导师的资源观

资源观是在探讨企业竞争优势时的一个核心概念,经历了从资源基础观到动态能力观的演进。资源基础观认为,企业如果拥有有价值的、稀缺的、不可模仿和不可替代的资源,企业就有获得持续竞争优势的潜力。如同某一学校在过去的发展过程中形成的优势学科,往往便是由一个在学校教学中有建树的教师带领教研团队不断积累,形成其竞争优势的结果。20世纪90年代,无休止的竞争已经迫使企业不断地根据外部环境来重构其资源基础,资源既存在于企业内部,也可能来自企业外部,企业需要整合两者,并且在整合的过程中形成一种持久的、能够迅速回应外部环境变化并为企业带来持续竞争优势的独特能力,即动态能力[①]。学校育人的目的与企业创造竞争优势与绩效不同,但是在资源利用、整合方面,却有相似之处。在探索育人方式改革的当下,培养老师的资源观便是重要的一步。

---

① 董保山,葛宝山,王侃.资源整合过程、动态能力与竞争优势:机理与路径[J].工商管理理论论坛,2011(3):92-101.

在传统的教育体系中,教育有着明确的知识范围、知识点,有着清晰的考核标准,甚至出题套路、题库等。一定程度上,育人成效是相对清晰的边界范围、考核标准要求下的产物,但是在如今这个充满变化的时代,教育的使命和基本规则发生了变化。边界条件正日趋模糊,体现时代性、选择性、关联性的要求非常明确,对社会资源的需求也更为迫切。因此,教师也需要经历从资源基础观到动态能力观的转变,需要向外拓展与探索,更新育人理念、知识与举措。

在我们建构生涯导师胜任力进阶模型的过程中,也充分考虑了这一要素。准入生涯导师需要保持开放,并具备问题解决与信息搜集及处理能力等,能够基于现实情境,从育人需求的角度,搜集信息、分析问题、解决问题;骨干生涯导师需要具备计划和组织能力、成果导向等,能够从项目实施的角度,进行任务分工,以及分析人、财、物等客观条件,学会计划和组织;而首席生涯导师则希望能够具备资源开发与整合能力,能够从组建团队、运行生涯导师学习共同体的角度,从需求出发,充分开发、整合资源,探索育人模式创新。而对校外生涯导师而言,他们是拥有潜在资源的一方,资源作用的发挥,也同样需要逐渐探索和明晰,如何将手中的潜在资源有效纳入学校育人举措中,同样也是一个需要发挥问题解决能力和资源整合能力的过程。

拓展校内外生涯导师协同育人路径

校内生涯导师与校外生涯导师,均是育人方式改革的探索者,如何充分发挥各自优势,达成更好的协同育人成效,需要不断探索,积累经验,实现更大程度的融合、协同。

以往,在利用、整合社会资源的过程中,各类社会组织机构以专家讲座和报告、参观讲解、互动对话的方式,支持学校育人。未来,我们期待越来越多的共创、协同等,比如共同设计一次学生深度参与、校内外导师合作指导的活动或项目,比如合作开发、实施一个完整的从社团课程到助力学生创作作品、成果表达的全过程,比如从实验室建设,到课程开发,再到课程群建设的进阶路线。我们期待,越来越多、越来越深入的融合发生。

🔑 校外生涯导师的聘任与激励

校外生涯导师的聘任需要基于和服务于学校的育人需求。客观地讲,不是所有人都具备育人理想,也不是所有人都已然具备参与各类育人活动的条件,如时间、能力等。因此,学校需要提出明确的用人需求,对校外生涯导师的期待,并与相关个人或组织协商,聘任更合适的校外生涯导师。例如,从基本面考虑,我们期待校外生涯导师关爱学生成长,对育人感兴趣,甚至觉得能从与学生互动中感受乐趣、汲取能量;我们期待校外生涯导师可以根据需要确保有时间参与活动,事实上,这两者是相互影响的。同时,我们也期待校外生涯导师善于沟通、易于协同合作。而从参与学校育人的角度,我们希望校外生涯导师能够提供专业指导、支持和帮助。在与个人、组织沟通的过程中,需要通过恰当的方式提出或确认,进而选择更适合的校外生涯导师。

校外生涯导师需要从不同方面予以激励。无论是出于个人意愿,还是组织委派,校外生涯导师均需付出时间、精力,提供专业支持和帮助,甚至在这一过程中会解决很多实际问题。因此需要学校表达感谢,并以多种方式予以激励。例如,在相关活动现场设置聘任证书发放环节,给予校外生涯导师身份的认同;在学校生涯导师制相关论坛、培训、研讨活动中,邀请校外生涯导师参加,加强互动;年度发送感谢信给生涯导师个人及机构,对其付出表示肯定与感谢等。

第八章

高中生涯导师队伍建设机制的运行与优化

高中育人生态视角：可持续发展

以生涯导师为支撑，建构可持续发展的高中育人生态

知识生态视角：个人知识与学校知识的螺旋式上升

由知识主体的进化促进知识生态系统的多样性

从个人知识到组织知识的螺旋式上升

从外部知识到个人知识、组织知识的螺旋式上升

生态环境视角：为生涯导师队伍建设创设条件

建设学生发展中心，拓展多样育人空间

重构校园景观环境，丰富导师工作空间

丰富校内外综合实践活动，培植实践育人敏感

构建学生海外交流项目平台，培植国际教育视野

构建虚拟空间，创设导师工作与知识管理空间

高中育人生态视角：可持续发展

以生涯导师为支撑，建构可持续发展的高中育人生态

我们探索生涯导师制，期待由此建构可持续发展的高中育人生态，实践育人方式的调整与教育育人本质的回归。

任何一个孩子都生活在自己的世界，以及与周边大大小小的环境互动中。如同1976年美国哥伦比亚大学师范学院前院长克雷明（L. A. Cremin）在《公共教育》一书中提出的"教育生态学"所述。也如同俄国心理学家布朗芬布伦纳（Urie Bronfenbrenner）提出的社会环境影响个体心理发展的"生态系统理论"：环境是一组嵌套结构，每一个嵌套在下一个中，就像"俄罗斯套娃"一样，即个体处于环境系统的中间或嵌套于其中，每个系统都与其他系统以及个体交互作用，影响着发展的方方面面。校园是青少年成长的一个重要环境，我们期待，通过生涯导师制，建构起助力他们全面而有个性发展的育人生态。

可持续发展是一种系统、综合、整体的社会发展观和文化价值观，是人类社会发展的一项基本原则，包括社会、经验、文化、教育等各个方面，包括整个人类社会的可持续发展观，已经成为一项国际共识。1996年，联合国可持续发展委员会总结了可持续发展教育的特点：可持续发展教育应该人人参加；可持续发展教育具有综合性和跨学科性；可持续发展教育强调学科的联系；可持续发展教育更加注重实践；可持续发展教育贯穿人的一生[1]。我们对生涯导师制的期待符合上述全部特点。我们期待，以生涯导师为支撑，建构起的育人生态也是可持续发展的，能够在当前高中育人方式的背景下，描绘出一幅欣欣向荣的教育图景。

生涯导师成为连接各方的"超级个体"，建构可持续发展的育人生态

学校要发挥教育主阵地作用，加强家庭、社会教育资源的开发和综合利用。2020年11月《中共中央关于制定国民经济和社会发展第十五个五年规划和二○三五年远景目标的建议》进一步提出"健全学校家庭社会协同育人机制[2]"。2021年3月教育部等六部门

---

① 赫克尔，斯特林.可持续发展教育[M].王民，等译.北京：中国轻工业出版社，2002：287.
② 新华社.中共中央关于制定国民经济和社会发展第十四个五年规划和二○三五年远景目标的建议[EB/OL].（2020-11-03）[2022-03-30].http://www.gov.cn/zhengce/2020-11/03/content_5556991.htm.

印发的《义务教育质量评价指南》中，明确提出"创建良好的育人生态"，要"完善学校、家庭、社会协同育人机制"[①]。在这一机制中，学校需要起到充分的驱动主体作用。

以生态系统为隐喻和参照，建构育人系统。根据俄国心理学家布朗芬布伦纳提出的影响个体心理发展的社会环境"生态系统理论"，核心是个体，包括个体的生理、心理特征；紧邻个体的是那些能够对个体产生直接影响的社会因素，例如，家庭、朋友、学校称为微系统；包裹微系统的是系统中各因素的相互作用，称为中系统；中系统之外，是哪些直接影响微系统中的重要他人，比如父母的工作状况，构成了外系统；位于外系统外层的是宏观系统，包括特定文化中的价值观、态度、习俗以及法律等；最后，社会变迁及其对其他系统中因素的影响构成了时间系统，居于整个模型的最外围[②]。参考这一系统理论，我们绘制出影响高中生发展的生态系统图，如图 8-1 所示。

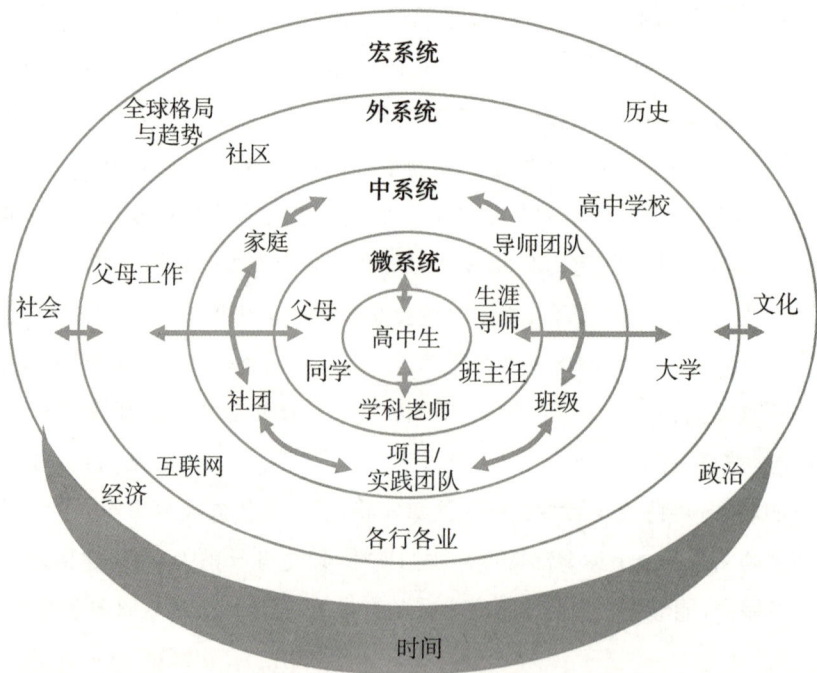

图 8-1　影响高中生发展的生态系统图

① 教育部等六部门. 教育部等六部门关于印发《义务教育质量评价指南》的通知[EB/OL]. (2021-03-04) [2022-03-30]. http://www.moe.gov.cn/srcsite/A06/s3321/202103/t20210317_520238.html.
② Brofenbrenner U, Morris P A. The Bioecological Model of Human Development [M]. Lerner R M, Damon W. Handbook of Child Psychology: Theoretical Models off Human Development. Hoboken, New Jersey, US: John Wiley & Sons Inc., 2006: 793-828.

在这个系统中,高中生是核心,对其影响最大的微系统层包括父母、生涯导师、班主任、学科老师和同学;中系统是其微系统中各因素的相互作用,诸如家庭、导师团队、班级、社团、项目/实践团队;外系统包括了社区、父母职业、高中学校、大学、互联网以及各行各业;宏系统则包括了全球格局与趋势、历史、政治、经济、文化、社会等各个方面;最外层是时间因素。

我们期待生涯导师能够成为这一育人生态中的枢纽——连接各方的"超级个体"。一方面,作为其学科教师,充分发挥学科育人价值;另一方面,承担起学生个性化辅导的职责,连接家长、社区、社会等各种资源,成为各类育人活动的设计者、实施者,以及校内外资源、家长的协调者。

建构可持续发展的育人生态。生态系统具有系统固有的整体、结构、功能、稳定等特征,也具有生态系统的区域性、循环、开放、演进等特征。整体上看,生态系统与时空变量相互影响,不断与外界进行着物质、能力与信息的交换。同理,我们也希望,以生涯导师为连接建构起的育人生态,以生态系统做隐喻和参照从而建构育人体系,是开放、协同的,也是适应、演进的。

建构开放、协同的可持续发展育人生态

开放、协同是生态系统的两大特点,这意味着生态系统中的各个要素和谐共生,构成了一个结构合理、功能完备、相互协同的系统,并与外界保持开放,形成能量等的互换,实现可持续发展。因此,当我们以生态系统做隐喻,在建构以生涯导师为连接的可持续发展育人生态时,需要以其为参照,设定努力的方向、评估的标准,确保其可持续发展的态势与方向。

是否保持一定开放,实现与外部资源的融合?在生态系统中,外部环境的变化会使生态系统发生重构,演化出新的生态功能。在这新一轮的育人方式变革中,学校教育一方面要自我革新,另一方面,要积极主动整合外部资源。《普通高中课程方案》明确提出,要更新教学内容,有机融入社会主义核心价值观,中华优秀传统文化、革命文化和社会主义先进文化教育内容,努力呈现经济、政治、文化、科技、社会、生态等方面的新成就、新成果,充实丰富培养学生的社会责任感、创新精神、实践能力相关内容[1],这是新课标的要求,也是我们对生涯导师能够充分发挥学科生涯导航价值的期待,是我们在建构生涯导师队伍时设定校外生涯导师的初衷。大学与科研院所的教授、各行业精英、校友能够将新时代的气息带入大学校园,能够带领学生碰触时代的脉搏;能够提供方便学生体验社会、探索世

---

① 中华人民共和国教育部.普通高中课程方案(2017年版2020年修订)[M].北京:人民教育出版社,2020:4-5.

界的情境;能够为学生开展研究性学习、科创、社会实践等提供指导;为正在探索未来发展方向的高中生解惑、引路。同时,如何将外部资源实现深度融合,值得思考和探索。比如当前,各企事业单位积极参与学校教育,帮助学校建设实验室,创设更好的学习空间,比如建设航天实验室,后续相关课程开发,教学和活动开展,便需要引入企事业单位导师,校内老师充分学习,相互合作,共同开发出适合本校高中生的课程或项目式学习模式,由此真正助益教师与学生的发展。

是否各司其职? 当一个系统因外界环境或自身发展需要而探索推行新举措时,建立健全与之匹配的组织关系、机构设置、人员安排、资源分配等组织功能,是一大关键。即需要考虑和衡量,是否建构了能够正常、有序、相互协调运行的组织架构和格局;组织架构中各部门职责权利是否分解得当、明确;各环节是否有顺畅的反馈机制,以确保问题能够及时被发现、调整和解决。

闵行中学根据学校实际与生涯导师制运行需要,设定了组织结构图,相关部门与人员协同工作体系,如图8-2所示。在这个架构中,校长引领,是第一责任人,负责生涯导师制、生涯导师学习共同体的共同愿景构建、文化建设、特色项目创建、导师培养与导师队伍建设、导师激励等,同时,负责理顺内外资源、条件和保障,尤其注重进一步整合社会资源,开发社会实践基地,为教师开阔视野、增强体验、开展生涯辅导提供支持保障,建立起学校、家庭、高校、各行业、各企业资源融通的生涯体验和生态体系。

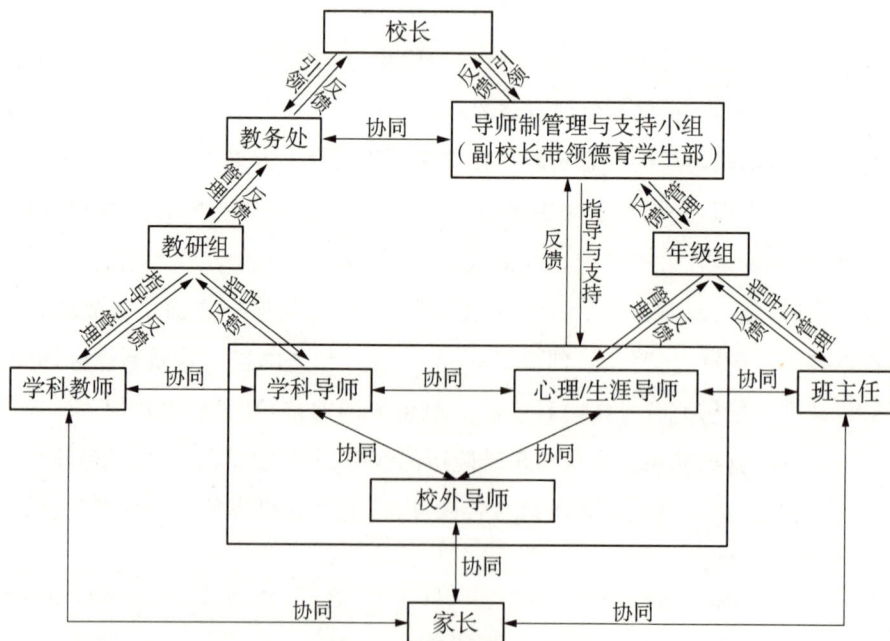

图8-2 生涯导师制相关部门与人员协同工作体系

由副校长领导德育学生部成立生涯导师制管理与支持小组,全面负责生涯导师制的管理、指导与支持工作,包括制订学校生涯导师制推行计划,以及指导、管理各年级有序开展;建设生涯导师队伍,包括准入、工作、培养、激励等相关制度制定、组织实施、考核评估等;搜集了解生涯导师制实施、生涯导师工作相关的需求与意见,提供尽可能的支持,调整理顺实施过程中的各个环节,并反馈给校长,在校长的引领和指导下,建设学校、家庭、高校、各行业、各企业资源融通的生涯体验和生态体系。

生涯导师制在各年级逐年推行,因此,由年级组长在生涯导师制管理与支持小组的指导下,负责相关管理工作,包括制订年级生涯导师制推行计划与收集运行反馈,生涯导师团队建设,以及生涯导师工作与年级工作的协调。

是否足够的相互协同? 任何一个系统、组织的顺畅、有效运行,有赖其组织、成员的相互协同,由此带来组织的自生能量,推动育人新举措的健康、可持续发展。同时,作为连接各方的"超级个体",协同本就是生涯导师工作开展的充分且必要条件。因此,需要考虑和衡量各方协同是否足够顺畅;是否有暂未协同的环节;阻碍协同的因素是什么;是否需要支持、协调;如何促进各方协同等。

闵行中学组建了由学科生涯导师、专业生涯导师、校外生涯导师构成的生涯导师团队,三者各有优势,协同合作,这在生涯导师制推行之初、生涯导师任职之初尤为重要。如学科生涯导师在工作之初,在学生遇到心理困惑时,需要专业生涯导师支持,在学生出现明显的心理问题时,需要专业生涯导师提供专业支持与帮助;同样,专业生涯导师在指导学生时,可能涉及学生的学科学习、课题研究等,这就需要学科生涯导师的协同。校外生涯导师队伍本就是为学科生涯导师、专业生涯导师拓展资源、指导学生活动开展而建设的,校外生涯导师职能与优势的发挥以及活动的开展,需要学科生涯导师、专业生涯导师参与设计与组织。

对一位学生而言,班主任、学科教师等是原本就有的,生涯导师需要与他们协同,必要时请他们提供支持,为学生提供个性化的指导与帮助。如当某位同学想要克服面向公众演讲、发言时的忐忑情绪时,可以请这位同学相关学科老师予以关注,为他创造课堂发言、为同学们讲解习题、担任学习兴趣小组组长等机会,可以请班主任鼓励他参加班级管理、班级活动,请心理老师提供放松训练等,必要时请校外生涯导师提供专业指导,以助力学生的成长。成长需求的挖掘很重要,成长契机与条件的创设,过程中的指导等,都同样重要,需要各方协同。同时,还需要做好与家长的协同。

在闵行中学推行生涯导师制的过程中,将学科生涯导师列为主体,并且非常重视其生涯导航价值的充分发挥,这与新课标施行、学科教师的专业发展方向一致,需要各学科教研组开展相关教研活动,指导学科教师进行探索。因此,导师制领导与支持小组需要与教务处协同,指导、管理各教研组开展相关教研活动,从理念转换,到模式、策略探索,再落实到育人自觉上。

建构适应、平衡的可持续发展育人生态

动态、演进是生态系统的两大特点,这意味着在任何一个时空条件下,系统内部都充满差异、矛盾,同时维持着平衡的状态,当内外因素发生变化时,系统将启动其调适、修复、完善机制,慢慢形成新的稳定与平衡,由此不断演进。因此,我们也需要向生态系统学习,以适应性、平衡性为参照,设定努力的方向、评估的标准,确保其可持续发展的态势与方向。

是否适应当下? 当在一个系统内推行一项新的举措时,势必需要建立健全与其匹配的机制制度,以确保其有序、高效运行。即需要考虑和衡量,在当前的现状条件下,如何起步?具体如何实施?需要设定哪些规范?如何有效激励积极参与该项举措的人等。

闵行中学启动生涯导师制,有其多项先发优势:生涯教育推行多年,培养了一支生涯教育骨干队伍,在全校范围内探索实施了"五化"实践模式,但是客观上还存在很多不甚成熟的条件,诸如依旧有很多老师暂时未参与到前期实践中;我们提出"人人都是生涯导师"的愿景,但仍旧有很多学科老师对于如何做好学科导师充满疑虑,还存在着学校整体教师年龄结构失调等问题,并不适合起步即推行"人人都是生涯导师",在全校范围内同一时间推行。因此,我们决定逐年级施行,借鉴前期探索生涯教育的经验,鼓励一部分老师先行,并由先行者的实践为引导,通过协同、论坛等形式,让更多的人参与进来,慢慢发展施行。继而,具体到生涯导师的准入、工作、培养、评价等工作,均需要相应的制度、规范、要求等,即需要建立准入机制、工作机制、培养机制和评价机制,即如同本书第三、四、五、六章所述,建立各机制的调适演进体系,如图8-3所示。在具体实施的过程中,需要时刻注意评估:当前的工作机制是否现实?是否做到了实事求是,适应当下学校各方面的情况?

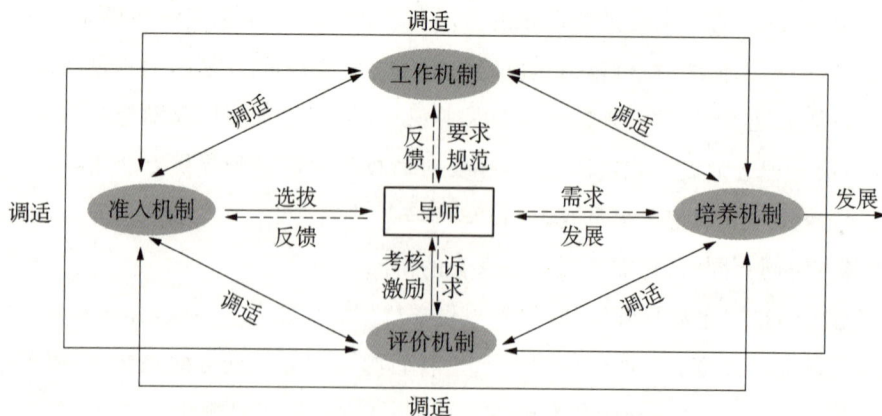

图8-3 生涯导师制相关制度调适演进体系

是否相互调适、平衡，并为正向演进蓄能？系统是一个整体，相关部门、人员需要协同，各项制度也需要相互调适、配合，以相互自洽，并随着内外环境变化而做出调整。即需要考虑和衡量，各个机制制度是否逻辑自洽、彼此支撑，是否存在漏洞和彼此不协调的情况从而导致相关工作推行过程中出现不同的参考标准和规范。在现实复杂的情境中，需要评估是否设定了相对灵活的调适举措，是否存在有损士气的制度，是否设定了过高的要求，是否激励不够等，并不断调适，以确保系统正向演进。在实施过程中，准入机制、工作机制、培养与发展机制、评价与激励机制相互调适、不断健全，以保持可持续发展的态势。

知识生态视角：个人知识与学校知识的螺旋式上升

人类正在迈入知识经济时代，知识正在成为这一时代的关键性资源。萨维奇（Charles M. Savage）在其《第五代管理》一书中，进一步提出管理历史进入第五代，即以知识为核心的管理，而目前的组织管理中，只利用了组织潜在知识的 5%～15%。1991 年，美国社区情报实验室创始人珀尔（George Pór）提出了知识生态系统的概念，他认为知识生态系统是信息、灵感和洞察力、人和组织能力的自组织系统。在这个系统中，信息、思想和灵感杂合并相互吸取营养[1]。

1994 年，美国圣菲研究所教授霍兰德（John Holland）做了名为"隐秩序"的著名演讲，而后出版了《隐秩序——适应性创造复杂性》一书，解释诸如免疫系统、城市等复杂系统是如何运行的。他将系统中的成员定义为具有自身目的与主动性、积极的主体，而且正是这种主动性以及它与环境的反复、相互的作用，成为系统发展和进化的基本动因，而这种主动的、复杂的交互作用便是"适应"，由主动性个体的适应构成了系统的复杂性，及其演进[2]。

知识生态系统便是这样一个复杂系统，其中有显性知识，也有隐性知识；有个人知识，也有组织知识。具有自主学习能力的适应性个体便是核心主体单元，他们与不同个体组成大、小学习组织。这样，个体之间、个体与组织之间、组织与组织之间的知识交流，成为知识分享、利用、存储、创新、应用、评估的基础，由此，个体与组织协同进化，系统与外部环境调适演进，构成一个自适应、不断发展的复杂系统。

知识同样是教师专业发展的核心，我们尝试抽离并聚焦生涯导师及其学习共同体之间的知识互动与演进，探讨如何建构一个有助于导师及其学习共同体可持续发展的生涯导师知识生态。

---

① 孙振领，李厚卿.关于知识生态系统的理论研究[J].图书与情报，2008(5)：22－27＋58.
② 霍兰.隐秩序：适应性造就复杂性[M].周晓，译.上海：上海科技教育出版社，2019.

🔍 由知识主体的进化促进知识生态系统的多样性

生物多样性是地球生命的基础，是指生物及其与环境形成的生态复合体以及与此相关的各种生态过程的综合，由遗传（基因）多样性、物种多样性和生态系统多样性三个层次组成[①]。2021 年 10 月 12 日，习近平在《生物多样性公约》第十五次缔约方大会领导人峰会上讲话提出："'万物各得其和以生，各得其养以成。'生物多样性使地球充满生机，也是人类生存和发展的基础。保护生物多样性有助于维护地球家园，促进人类可持续发展[②]。"对于知识生态系统来说也一样，大大小小的适应性个体、团队的多样性，是其发展的基础性条件。

逐步扩大生涯导师队伍规模，成立大小团队，从知识主体数量上构建生态多样性。数量越多，越容易扩大规模；多样性越多，越容易激发个体的动力，便于个体找到着重发展的方向，并在累积到一定程度后相互作用，发生质的变化。具体而言，在盘点全校教师的基础上，兼顾准入与发展，逐步扩大"人人都是生涯导师"的范围，让更多的导师成为生涯导师，承担相应职责，提供相关培训，慢慢培养出各具特色的生涯导师。同时，鼓励以年级、学科等自然因素，或感兴趣的项目（如生涯导师提升学生社会理解力的辅导策略）、问题情境（如某一个复杂学生案例的积极应对）、科研主题（地理学科在学生发展指导中的价值发挥）等非自然因素组建各类生涯导师小组，一方面，为各位导师建立学习共同体小团队，确定个人主体发展方向，另一方面，促进生涯导师之间的沟通和交流，必要时做跨团队沟通，碰撞出思维、思想、理念、经验、范式的火花，相互学习，充分发挥学习共同体的作用。在发展到一定程度后，可以由优秀生涯导师成立工作室（历史剧创作辅导工作室），或组建课题团队（如历史学科中的博物馆资源开发），实现优秀生涯导师个人发展、辅导骨干教师发展、组建聚焦某一主题的骨干团队等多重职能。

对"普通高中生涯导师队伍建设机制的研究"课题组来说，现阶段组建了闵行中学校内、课题组成员校课题及团队。如校内实施了"融合生涯教育，高一政治培养财商的策略研究""从'互联网＋'到'信息技术课程＋'的探索与实践""高一历史课堂教

---

① 中华人民共和国生态资源部. 生物多样性概念和意义［EB/OL］.（2010－01－14）［2022－04－05］. https://www.mee.gov.cn/home/ztbd/swdyx/2010sdn/sdzhsh/201001/t20100114_184321.shtml.

② 共同构建地球生命共同体——在《生物多样性公约》第十五次缔约方大会领导人峰会上的主旨讲话［EB/OL］.（2021－10－12）［2022－04－05］. https://xhpfmapi.xinhuaxmt.com/vh512/share/10312156.

学中基于学科核心素养培育的生涯教育实践研究""高中数学教学中渗透生涯教育的研究""高中生命科学教学中的生涯教育研究""基于博物馆资源的高中历史教学与生涯教育实践研究""以英语学科核心素养为纲,以生涯规划目标为领的英语学科融合生涯教育实践"等课题。课题组成员校实施了"创新素养培育学习案例""高中阶段提升成长导师开展生涯教育能力的有效途径和方法策略的研究""用好'四维'评价助力学生全面、个性成长""校外生涯实践案例""校内外生涯导师联动机制的实践研究"等课题。

阶段性结构调整,进一步扩大生涯导师个体、团队之间的交流、沟通和跨界、相互学习,促进知识流动。物质循环、能量流动、信息传递是生态系统的重要功能。同样,促进知识流动也是维系和发展知识生态系统的根本。在学校教育中,可由生涯导师的自然属性如执教年级变更等实现合作团队的更迭,也可由科研课题的拓展深化如课题"历史学科中的博物馆资源开发"拓展为"跨学科视角的博物馆资源开发"实现团队的跨学科组建,实现更大范围、更多元背景生涯导师的经验共享、共创与互动,进而促进知识创生。

在丰富生态知识多样化的过程中,一方面需要平衡现实基础与理想状态,另一方面需要适度推进从探索经验到生成知识,再到创生成果的转化;以及从个人到小团队,再到大团队的发展,在这个过程中,构建多样性的知识生态,逐步形成理想的生涯导师队伍梯队。

从个人知识到组织知识的螺旋式上升

日本著名的管理学家野中郁次郎和竹内弘高于 1995 年合著《创新求胜》一书,并提出知识创生螺旋模型(简称 SECI 模型),描述了组织内部产生、传递及再造知识的过程,而这一过程便是在显性知识与隐性知识、个体知识与组织知识不断转化和补充中实现的。这个过程一共有四个阶段:社会化阶段、外在化阶段、组合化阶段和内在化阶段,而每个转化过程都在一些"场域"[①]中进行,如四个阶段分别为发起性场域、对话性场域、系统化场域和演练性场域,并分别产生经验性知识、概念性知识、系统性知识和操作性知识。四个阶段相互连接,循环进行,形成知识积累与创生,如图 8-4 所示[②]。这一模型的突出贡献在于将知识创生理解为由个人隐性知识向组织知识转化的过程,并且重视知识对情境的依

---

① 场域,即创生知识的共享空间,也译作"巴",可以是物质空间如一间办公室,也可以是虚拟超物质空间如 BBS,还可以是精神空间如共享的理想等。

② SECI 模型相关内容与图,整理自:易凌峰,朱景琪.知识管理[M].上海:复旦大学出版社,2008.

赖、认知和行动相统一。知识存在于一定的情境之中，组织可以着力于搭建各类情境平台，以利于知识的分享与创新。

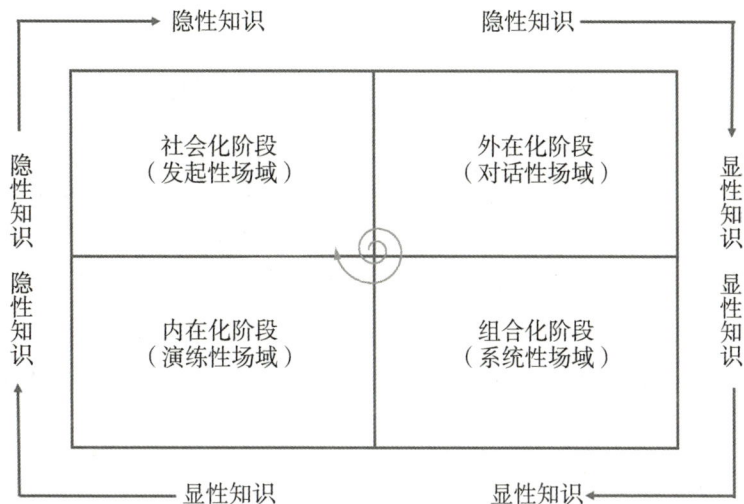

图 8‑4　SECI 模型

　　生涯导师学习共同体与 SECI 模型提出的适用场景相吻合。在传统的教育情境中，生涯导师相关的工作存在于部分老师的零碎经验之中，甚至只以某一个典型学生的案例故事存在——当时学生怎么样，我（们）如何做、做了什么，后来学生如何，现在学生怎样。如果按照 OECD 对知识的四种分类——知道是什么、知道为什么、知道怎么做、知道谁有知识，很多老师恐怕只能清晰阐述其中一二，很难做出问题情境下的自觉应对，难以用清晰、凝练的知识进行表达，更不用说完全从知识的角度进行系统讲解和列举。当学校里再有老师遇到类似情境手足无措时，只有对两件案例均亲历或目睹的教师才能推荐后来者向前者咨询请教。因此，大量的育人知识以最原始、朴素的样貌散落在个别教师的故事案例中，是一笔亟须汇集、整理、分享、概念化、体系化建构，并传播、广泛应用的精神财富。SECI 模型中提出的四个场域促进四个转化的逻辑，可以为我们所借鉴。

　　交流与分享，促进生涯导师分享个人隐性知识。这是 SECI 模型中的社会化阶段，需要提供导师之间进行感觉、情感、经验等亲身体验交流、分享的空间。其重点在于提供一些相对便捷、宜人的环境，比如宜人的茶水间、餐厅、导师工作室等；可以组织各种类型的公开课观摩活动；也可以通过一些导师间的辅导机制诸如师徒制、案例分享机制等实现；还可以是搭建导师团队在线工作平台，鼓励导师分享。在这一阶段，观察学习、交流分享是主要的学习形式，导师之间建立信任、交流思想、产生灵感，从而在于形成经验性知识。

对话与互助，助力隐性知识显性化。这是 SECI 模型中的外在化阶段，需要提供导师之间由个人经验向概念、原理、知识转化的场景。其重点在于搭建促进对话、反思和互助的场景，可以组织大大小小的案例研讨会，成员之间交换想法，援引概念原理、贡献智慧等；也可以是由问题情境出发组建的协同工作小组，在分析和解决问题的过程中互帮互助，相互提醒，并反思复盘，总结经验；还可以是导师制发展到一定阶段后，由优秀的生涯导师领衔的小组学习、同伴督导活动；还可以尝试将相关经验撰写成文。在这一阶段，对话、小组互助、复盘、反思、引入理论学习等是主要的学习形式，导师的思维在实践经验与反思、理论学习之间往复，经验性知识逐步升级为概念性知识。

组合，联结与建构，促进显性知识体系化。这是 SECI 模型中的组合化阶段，需要知识体系化的场景和条件。其重点在于促进导师或导师团队组合知识，借鉴他人经验，系统学习理论并进行自我建构。可以由导师团队集结校内某一主题相关培训资料、辅导案例、教师分享发言等材料，进行整合分析；也可以由生涯导师或导师团队查阅文献、借鉴国内外前人学术成果，进行知识建构，还可以组织研究论文、辅导案例征集与研讨活动。在这一阶段，资料分析、理论学习、合作讨论、体系化分析及解决问题是主要的学习形式，其间导师在一个个具体的案例、概念、理念、原理中间建立联系，构建模型、范式，使概念性知识跃迁为显性的体系化知识。

传播与实践，促进体系化知识具体化、丰富化，向更大范围、更深层次、适应更多元情境演进。这是 SECI 模型的内在化阶段，需要创建推广与实践的平台，让更多的生涯导师了解、消化、吸收，并在自己的育人情境与实践中思考、反省，形成自己的隐性知识。其重点在于促进导师推广前期建立的体系化知识，鼓励更多导师进行实践与探索。组织更大范围的知识推广与探讨，如参加报告会、论坛等；也可以由优秀导师辅导团队中不同学科背景、性格特点的老师进行试用。在这一阶段，演练、讨论是最主要的学习形式，其间导师个人将体系化知识具体化，融入个人实践，形成具有个人色彩的实践，导师之间分享实践经验，共同反思，精进个人理解与实践，完善知识建构，或者生发出新的知识创新方向，进而引发下一轮的 SECI 知识创生循环（见图 8-5）。

个人与团队不断互动，构成个人与团队知识的螺旋上升。在上述 SECI 模型推进的过程中，生涯导师个人之间、团队之间、不同团队之间、小团队与大团队之间，每一次互动、对话、合作都会成为显性知识与隐性之间、个人知识与组织知识之间的桥梁，助力它们拓展、反思、联结、顿悟，进而实现生涯导师个人知识的螺旋上升、团队知识的螺旋上升、组织知识的螺旋上升。

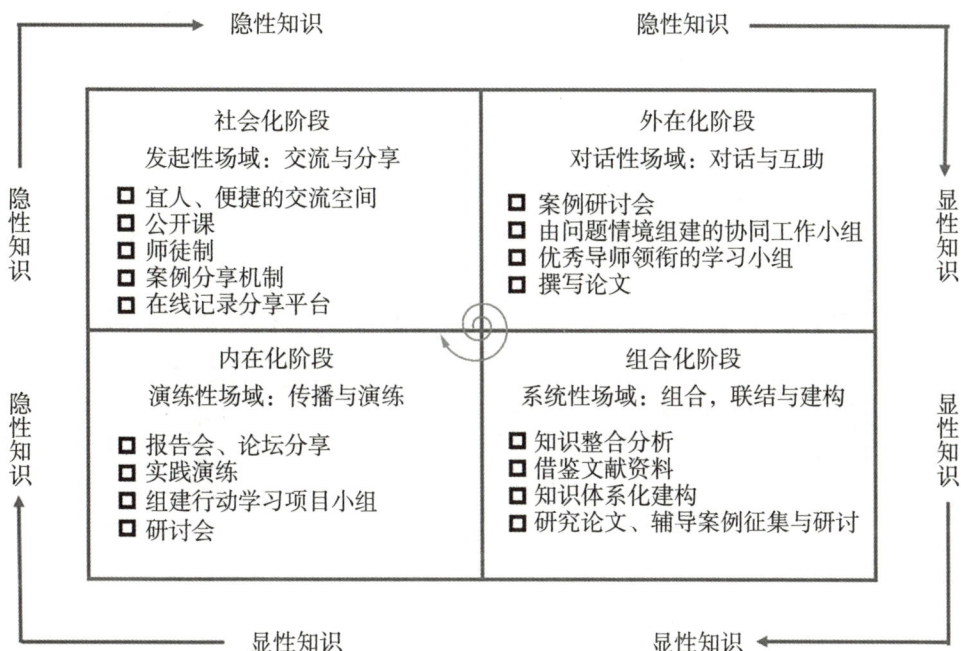

图 8-5 SECI 模型的场域建构——基于内部资源

在从个人知识到组织知识的跃迁过程中,一方面需要着力建设促进知识分享的文化,另一方面需要在实践探索与理论学习、知识创生之间搭建桥梁,助力生涯导师从琐碎的工作中反思、学习、创生,还可以引导导师团队以成果导向或以项目推进的方式,促进成果固化,进而促进其胜任感、价值感、认同感、归属感、使命感的觉知与体悟,进而激发生涯导师知识生态系统的内部跃迁动力,以及生涯导师队伍的发展壮大、实力提升。

从外部知识到个人知识、组织知识的螺旋式上升

任何一个生态系统都是开放的,知识生态系统不例外。一定程度上说,生态的演进正是生态系统与时间变量相联系,通过不断地与外界进行物质、能量、信息交换而发生的,生涯导师知识生态系统更甚。虽然我们都坚信,人人都是朴素的生涯导师,很多经验散落在导师经验之中,但对中小学来说,透过生涯导师制探索育人方式变革,还是一个比较新的命题,需要有更多专业知识和力量来支撑,为生涯导师们带来新的声音、专业的视角、探索的实践方向与主题。

SECI 模型是一个很好的模型,能够助力我们充分挖掘学校内部的资源和能量。我们同时将外部专业力量和资源考虑进来,以促进生涯导师及其团队的成长与壮大,如图 8-6 所示。

169

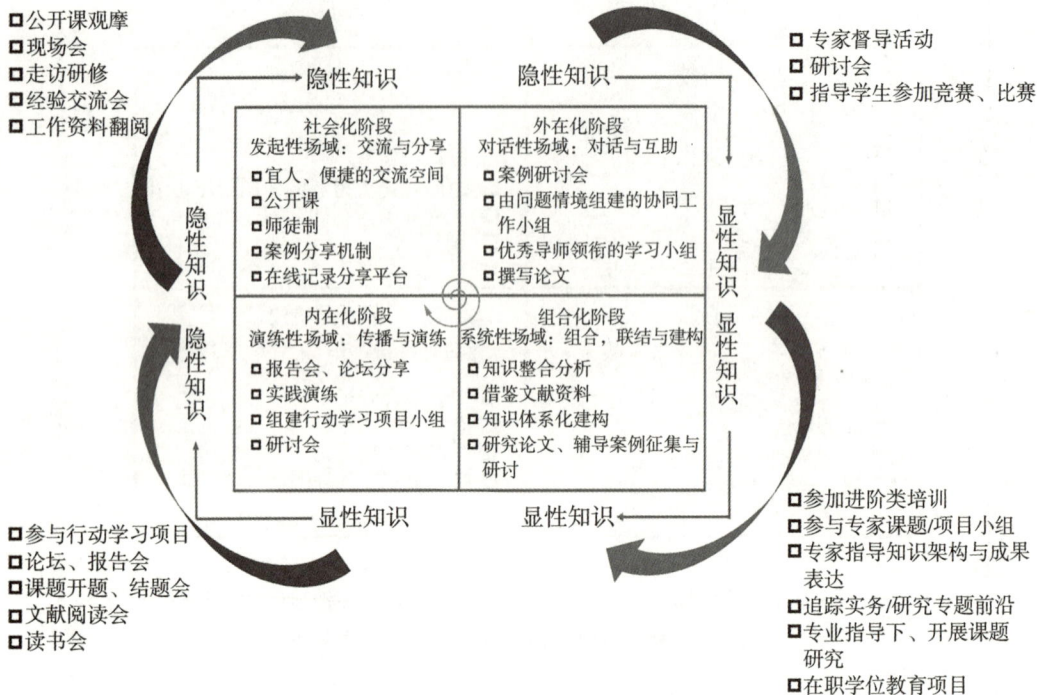

图 8 - 6　SECI 模型场域建设——综合外部资源

近年来,教师专业发展得到了各方关注,各类旨在培育高素质教师队伍的举措层出不穷。从 2002 年《教育部关于"十五"期间教育改革与发展的意见》首次提出"教师专业发展"的概念,以及一系列促进教师专业发展的举措,到 2010 年《国家中长期教育改革和发展规划纲要(2010—2020 年)》、2011 年《教育部关于大力加强中小学教师培训工作的意见》、2012 年《国务院关于加强队伍建设的意见》、2022 年《教育部等八部门关于印发〈新时代基础教育强师计划〉的通知》等等,构建开放、协同、联动的高水平教师教育体系,建立完善的教师专业发展机制[①]等成为新时代适应教育现代化和建成教育强国要求的重要举措。在探讨生涯导师制的过程中,我们也希望由此建立开放、协同、联动,充分借助外部专业资源,充分发挥内部优势力量的生涯导师队伍建设机制。

扩大观摩互动类活动范围,促进生涯导师隐性知识,即 SECI 模型中社会化阶段的对外交流与分享。每所学校、每个生涯导师团队都有其优势、历史经验和不断创新,因此促进学校、团队之间的交流互动,是促进其在更大范围经验共享、隐性知识觉知、交流的根

---

① 教育部等八部门.教育部等八部门关于印发《新时代基础教育强师计划》的通知[EB/OL].(2022 - 04 - 11)[2022 - 05 - 05]. http://www.moe.gov.cn/srcsite/A10/s7034/202204/t20220413_616644.html.

本。邀请同行、专家举办公开课；去参加同行的公开课，兄弟学校举办的现场会、经验交流会；参加走访兄弟高校、外省市甚至国外学校的研修活动，翻阅相关工作资料等，均是很好的途径。

促进与专家学者、优秀教师的对话，为生涯导师隐性知识显性化寻找快捷通道。 绝大多数中学老师都是实践家，从站上讲台那一刻开始，就靠着个人前期知识储备、经验积累与反思等，努力成为一名更好的教师，即积累大量的隐性知识，但是，个人知识储备毕竟有限，知识会进化，政策会有新的导向，教师的理论知识学习需要继续。这时外部的专家学者、优秀教师便能提供很好的专业支持，能够带来理论知识启发、思想视野开阔等等，进而找到隐性知识外显化的入口。参加专家督导活动、专家学者实践者云集的研讨会、指导学生参加竞赛/比赛等，均是很好的机会。

积极参与项目或课题小组，或在专家指导下开展课题研究，将显性知识体系化。 由专家学者、优秀教师领衔的知识体系化建构类活动，能够为教师提供充分的互动、联结、合作、自我建构的学习契机、经验、技能与方法。诸如参加进阶类培训，参与专家课题或项目小组，在专家的指导下参与知识建构与成果表达项目，抑或结合个人感兴趣的主题追踪国内外实务/研究专题前沿，在专业指导下开展课题研究等，如果有可能参加在职学位教育项目均是很好的路径。

系统学习，行动实践，以知促行，以行促知，生成系统理论指导下的隐性知识。 在过去的教师教育中，培训是主要的手段，在一定程度上让教师有了向专家学习先进理念与方法的便利，但根据 SECI 模型，实践、演练才是实现个人与团队隐性知识跃迁的充分且必要条件。充分借助外部资源，诸如一边参与由专家或优秀导师组建的行动学习项目，一边持续通过论坛、报告会，参加课题开题会、结题会，参与文献阅读会、读书会等持续学习活动均是很好的提升方式。

值得提醒的是，对于知识生态的可持续发展而言，理论学习与实践探索，团队结构调整，个人知识与组织知识流动，内部协同演练与外部专业力量支持，这几方面相辅相成，缺一不可。同时，将时间要素考虑进来，需要校长、学校组织与支持小组根据学校生涯导师制队伍建设进程进行系统调适与推进。

生态环境视角：为生涯导师队伍建设创设条件

教育生态系统是由生态主体与生态环境组成的复合与多元的整体①。生态环境是相对于某一主体而言的，包括了对这一主体产生影响的所有生态因子的综合。生态观强调适应性主体的主观能动性，同时也强调环境。杜威指出："学校是一种特别的社会环境，它用专门的设备来教育孩子。"苏霍姆林斯基也说："只有创设一个育人的环境，教育才能收到预期的效果。"上一节中，我们从知识生态系统的角度，构建发起性场域、对话性场域、系统化场域、演练性场域等将生涯导师的专业发展与生活以知识生态系统视角抽离出来的环境系统。本节，我们尝试以生涯导师及其队伍为主体，探讨如何为其工作、发展、壮大创设更理想的环境条件，这一育人生态中的另一主体是学生以及师生关系，以及微观层面校园内部的物质环境、社会文化环境、制度环境等，宏观层面政治经济环境、社会环境等均是重要的生态环境要素。其中，我们着重从"硬"环境如学生发展中心建设、校园景观空间重构，"文化"环境如校内外综合实践活动平台、学生海外交流项目平台，以及"虚拟"环境如导师工作与知识管理系统进行着重探讨②。

环境育人思想是我国传统文化中的一个重要理念，从"孟母三迁"的故事，到《论语·里仁篇》中"里仁为美，择不处仁，焉得知"③的论述，以及中国古代以书院为代表的教育机构在选址时往往远离市井喧嚣、依山傍水，到利用原有地形、保留古树，建筑与自然园林相辅相成，甚至将大量的教学、讲习活动放置于室外，讲究人与自然的和谐共生、天人合一等思想等方面，无不体现着"环境育人"的思想。2017年，《国家教育事业发展"十三五"规划》中就明确提出优化校园育人环境，改善社会育人环境，建设美丽校园④等。

马克思提出，环境能够塑造人，人能够改变环境，环境的改变和人的活动一致，只能被

---

① 范国睿.教育生态学［M］.北京：人民教育出版社，2000：32.
② 生态环境可分为"硬"环境、"软"环境和"虚拟"环境。"软"环境涉及本书第二章中"愿景建设与方向引领""文化建设与氛围营造"等内容，以及本书第三、四、五、六章各方面体制与制度建设相关内容。因此，在本节不做具体论述。
③ 大意为：选择住处，不住在有仁德的地方，那怎么能说是聪明智慧呢？
④ 国务院.国务院关于印发国家教育事业发展"十三五"规划的通知［EB/OL］.（2017 - 01 - 10）［2022 - 05 - 05］.http://www.moe.gov.cn/jyb_xxgk/moe_1777/moe_1778/201701/t20170119_295319.html.

看作并合理地解释为变革的实践①。环境是可以改变、创设和完善的,因此,在我们探索育人方式改革的背景下,即期待能够为以生涯导师为支撑的高中生可持续发展生态圈、生涯导师及其学习共同体创设丰富的成长环境,让校园环境建设服务生涯导师制的发展,满足教师专业发展、学生成长探索,以及师生校园生活之需。

🔍 建设学生发展中心,拓展多样育人空间

以学生发展为中心的教育,需要建构以学生学习为中心的育人空间。事实上,学习空间建设与重构是近些年教育界的热点话题。它起源于20世纪中后期学习科学的诞生,教育的内涵从"教"转向"学",继而"教"与"学"并重,主动学习、合作学习、以学生为中心的学习、促进学生参与、支持协作等相继提出,再加上信息技术发展,建构主义盛行等社会背景,引发了改造和重构传统教室、实验室等教学场这一世界范围的教育热点。这一股热潮改变了人们过往"学习在教室里发生"这一传统认知,提出诸多关键假设——学习不仅发生在教室里,还会发生在图书馆、走廊、餐厅等教室之外的场所;学习不仅发生在物理场所,还可以发生在虚拟场景中;学习可以在任意时间发生;学习是一种社会活动,学习者的社会性交往对学习而言非常重要;学习是学习者主动参与学习活动的过程;学习者之间存在个体差异,他们需要不同的空间支持与服务②。灵活布局,桌椅色彩形态多元、可移动,多屏空间,智能终端设备、虚拟课堂与在线空间等支持信息充分共享的学习空间涌现。2011年北卡罗来纳大学创办《学习空间杂志》,标志着学习空间作为学习环境研究的一个重要方面,在国际上获得越来越多研究者、实践者和政策制定者的关注③。

我国对学习空间的改造也在逐步进行。尤其是进入21世纪以来,随着新课程改革和素质教育的深入推进,为加快教育转型,适应信息社会对创新型人才的需求,教育装备在内容和形态上不断丰富,支撑研究性学习、跨学科教学和基于真实情境的创新实验室、学科教室、网络学习空间等新型学习空间成为重要的装备内容和趋势。北京市、上海市、浙江省等全面推进创新实验室建设,积极探索课程实施和创新型人才培养的新载体④。《新时代推进普通高中育人方式改革的指导意见》明确提出,积极探索基于情境、问题导向的

---

① 中共中央马克思恩格斯列宁斯大林著作编译局.马克思恩格斯选集(第一卷)[M].北京:人民出版社,1995:59.
② 许亚峰,尹晗,张际平.学习空间:概念内涵、研究现状与实践进展[J].现代远程教育研究,2015(3):82-94.
③ 杨俊峰,黄荣怀,刘斌.国外学习空间研究述评[J].中国电化教育,2013(6):15-20.
④ 中国教育报.砥砺奋进七十载　服务教育谋新篇——新中国70年教育装备行业发展历程[EB/OL].(2019-10-18)[2022-05-05].http://www.moe.gov.cn/jyb_xwfb/s5147/201910/t20191008_402174.html.

互动式、启发式、探究式、体验式等课堂教学，注重加强课题研究、项目设计、研究性学习等跨学科综合性教学①。但从生态环境建设的角度，需要统筹各方力量，创设课程实施条件和环境，开发课程实施所需要的资源，为学生提供丰富、便利的实践体验机会②，如开展研究性学习必要的空间、实验设施设备等。

　　闵行中学从实施生涯教育，探索对学生生涯发展、生涯规划能力的关注，希望学生能够逐步形成较为清晰的自我认知；获得较为宽广的视野，具备相对独立的思辨能力，学会寻找个人发展与时代需要、环境条件的契合点，进而实现学业发展与理想。当下，探索生涯导师制，一则期待充分发挥学科导师的生涯导航价值——将学科学习延伸至工作和生活世界，建立知识和生活实际的联系。如引导学生认识学科知识的价值和意义，使其对学科产生积极的自我效能感，培养学科兴趣，培养自主学习方法，在学科学习中探索专业和职业目标；掌握基本的人类发展知识和原理，为未来深入的学术探究、工作和生活奠定基础。诚如1992年《地理国际教育宪章》的提法：基础教育的各个学科都可以成为让学生有活力、有作用和有兴趣的学科，并有助于终身欣赏和认识这个世界③。二则期待能够指导学生探索学习知识的实际意义——创设探究型问题及活动，开展实地参观、课外调查、社会实践、课题研究等，尝试运用学科知识解决实际问题。三则，期待引导学生以更广阔的视野思考个人选择与发展——认识今日所学与学业选择、学术研究、职业选择的关系，了解自己可能会有的各种选择，了解城市发展与国家振兴，即站在当下时空畅想未来可能，寻找个人使命与生命意义。闵行中学在新建学生发展中心时，便以助力学生全面而有个性发展为核心，以开展生涯教育、导师开展辅导工作之需要为根本参照，进行了整体设计。

　　以"问闵"探文明，创设以"探"为主题的楼宇文化。学生发展中心以"问闵"为名。"闵"之形意在于我在闵中，闵中的我在此探求文明……"闵"之含义喻"悲悯"。悲悯在于探知世界变故中的怜惜之情，而怜惜之情源于人类对文明的向往。所以，"闵"形意交集于"文明"，"文明"承载于知识，知"知"方能知文明，所以吾辈需"问闵"，以"问闵"解"文明"而后创生新文明。而"问闵"之法在于"探"，探之法始于"访"、志于"寻"、基于"求"、坚于"究"、功于"析"、立于"造"、成于"赏"。结合问闵楼各楼层功能及实验室布局等，将1—7楼分别设定探访、探秘、探赏、探析、探造、探寻、探究等主题，相关文字在大楼入口处呈现。

　　带上知识，碰触未来与时代，触发感知、思考、体验、规划、成长，实现自我的内在驱动。

---

① 国务院办公厅.国务院办公厅关于新时代推进普通高中育人方式改革的指导意见[EB/OL].(2019-06-11)[2022-05-08].http://www.moe.gov.cn/jyb_xxgk/moe_1777/moe_1778/201906/t20190619_386539.html.
② 中华人民共和国教育部.普通高中课程方案(2017年版 2020年修订)[M].北京:人民教育出版社,2020:13.
③ 国际地理联合会地理教育委员会.地理教育国际宪章[J].地理学报,1993(7):290.

探索世界是青少年的内在驱动,知识是他们已经掌握的密钥。结合新课标的要求,聚焦中国学生缺乏知识体系认知的现状,通过导入"知识的产生历程""知识体系的载体表达""以知识贯通学科、专业、职业的理解""知识工作的情境、载体与反馈""人生发展"五个方面的空间叙事,让问闵楼成为学生获得密钥,认识世界、探索未来,思考人生的所在。

为各学科创设实践空间,匹配沉浸式走廊,引领学生探索、创新、创造。杜威曾经提出,教育是在经验中,由于经验和为经验的[①]。对学生而言,选择感兴趣的学科、领域开展实践,相关经验中蕴藏着显性知识和隐性知识,蕴含着学生对个人兴趣领域的深入探索和丰富情感,也可能生发出学生的创新创作成果。对老师而言,亦然。闵行中学首先将各学科实验室搬至学生发展中心大楼,结合学校已开展的学科实践活动,并积极与周边资源合作,建设成了各学科实践空间。

同时,围绕各学科实践空间,匹配沉浸式走廊,打造学科体验场景。苏霍姆林斯基曾说"要使学校的墙壁也会说话",如同他在《帕夫雷什中学》中论述"孩子在他周围——在学校走廊的墙壁上、教师里、在活动室里经常看到的一切,对于他精神风貌的形成具有重大的意义"[②]。而当今智能语音技术、触控屏等技术的出现,使得"要让学校的墙壁也会说话"成为可能,可以让学生探索更为广阔的天地,碰触学术、科技前沿,看见可能的选择与未来。

重构校园景观环境,丰富导师工作空间

校园实现绿色发展是近年来环境教育主题所倡导的校园生态图景。从 1996 年《中国的环境保护(1996—2005)》首次提出"绿色学校"[③],到 2016 年全国教育工作会议明确提出"以绿色发展引领教育风尚"[④],建设绿色校园正逐步成为校园建设的核心命题。近年来,我国校园的绿化建设、户外空间设计、景观设计逐步兴起,并日趋多样、灵活、人性化、层次性,并增加了服务教育特色,满足师生心理行为需要,传达校园精神等多重属性与功能。正如世界著名的"校园规划之父"道伯(Richard Dober)所言,目前已经有足够的证据说明,自然环境与人工环境的整合将会持续对校园规划设计产生影响,并使其受益。现代

① 杜威.学校与社会·明日之学校[M].赵祥麟,任钟印,吴志宏,译.北京:人民教育出版社,2004:116.
② 苏霍姆林斯基.帕夫雷什中学[M].赵玮,王义高,蔡兴文,等译.北京:教育科学出版社,1983:135.
③ 中华人民共和国国务院新闻办公室.中国的环境保护(1996—2005)[EB/OL].(2006-06-05)[2022-05-05].http://www.gov.cn/zwgk/2006-06/05/content_300288.htm.
④ 教育部.2016 年全国教育工作会议召开[EB/OL].(2016-01-16)[2022-05-05].http://www.gov.cn/xinwen/2016-01/16/content_5033379.htm.

校园正朝着能够更好地满足师生学习、生活和娱乐的多功能形态发展①。优秀的校园景观设计不仅要充分发挥景观之美化环境、提供遮阴、提高校内外环境稳定性、审美等功能，还应该站在学校教育需求的角度，结合科学的育人理念，通过合理的校园户外环境的规划、设计，运用景观的方法引导师生的行为，满足师生互动、活动开展之需要，实现育人目标，达到环境育人之成效。简言之，校园景观环境建设，应该是学校办学理念的物化表达，是发挥育人功能的一个途径。

导师与学生互动的空间环境与传统的教学环境相比存在巨大差异，需要小范围、不受干扰、舒适温馨的局部空间。传统的教室空间较大，适合开展学生人数较多的教学活动，不适配导师工作个别化指导的特点，且易受各种外界因素的干扰；教师办公室虽是小范围空间，但也易受干扰，而且对学生来说心理上容易产生压抑感，气氛不够温馨；小型会议室和交流室符合导师工作的基本要求，但显得严肃板正，而且数量上也不能满足所有导师开展工作的需求。结合校园现实条件，广大导师提出工作空间需要从传统的教学空间向校园公共空间拓展，利用校园景观、走廊和其他休闲场所等重构出适合导师开展工作的局部空间。

在此基础上，校园景观空间重构设定了复合性、交互性和人本性的原则。复合性是指校园景观空间既有观赏功能，又能为师生交流提供合适的场所，突破校园景观空间原有的单一功能。交互性是指功能性的设施能促进师生进行持续性的交流与互动，能比较灵活地开展一对一和小范围一对多的指导活动，适应教育教学活动的新模式。人本性是指空间布局创设优美的环境、舒适的条件和温馨的氛围，充分满足师生的心理和情感需求，从而促进生涯导师工作的有效开展。进一步梳理校园空间，确定校园草坪区、鱼池花坛区和楼顶花园三大景观区域，同时在新建学生发展中心大楼留出满足各类师生、生生交流互动需求的空间。

校园草坪区增设文化石，建设休憩空间。 校园文化是一所学校的灵魂，能传达教育思想、凝聚人心、展示学校形象，同时，也是一所学校的重要教育资源，是教师专业发展、学生生命成长的深厚土壤。因此，进门即视的草坪区在重构时，充分考虑了这个要素。在该区域设计了文化石，将学校办学的座右铭"实者慧"镌刻其上（见图8-7），以彰显闵中人的办学追求和为人处事原则。导师和学生在此区域进行交流互动，在潜移默化中受到学校文化的影响和熏陶。

① Slessor C. Eco-tech: Sustainable Architecture and High Technology [M]. London: Thames and Hudson, 1997: 21-65.

图 8-7　校园草坪区增设文化石

在校园景观设计中,各类休憩设施如形状各异的长凳、座椅等与树木、草地、蜿蜒的小径等自然环境错落分布,与植被、棚廊等形成半遮蔽的开放空间,能够给人带来轻松的感觉,适合在此进行个别交流。闵行中学的校园草坪区是学校大礼堂的原所在地。礼堂拆除后,旁边路两旁几棵有几十年历史的香樟树保存至今,成为闵中校园最有历史意义的代表。在校园景观重构中,它们依然被保留下来,成为师生流连徜徉和互动交流的新型景观空间。草地区域设计了步道,方便师生进出。空间内,除了文化石和香樟树外,还种植了乌桕、栾树、银杏等观赏性植物,在不同的季节着上不一样的色彩,与校园里其他区域新种植的紫玉兰、白玉兰、云锦杜鹃、映山红、紫荆、油茶、山茶、玉桂、朴树、柑橘等观赏性植物交相辉映,装扮着闵中校园的春夏秋冬。同时,增加了两处可供生涯导师开展个别指导的空间。一处在草坪区东侧,以运动元素的景观设计为背景,设置了三个造型简洁的三角形石凳,如图 8-8 所示。师生可以围坐在其间开展一对一或小范围一对多的互动交流。这个区域虽然是开放式的,但除了上下学高峰时段,其他时间过往的师生不多,形成了一个相对独立、不受干扰的交流空间。另一处在草坪区北侧,由两张长凳、镂空式梁柱和白砖路面组成一个小型的休憩广场,如图 8-9 所示。这个区域能容纳较多的学生,能够开展范围相对较大的一对多指导和交流活动。有些导师所指导的学生有 10~12 人,适合在这个区域开展团队辅导。辅导活动可开可合,也能够通过分组的方式化整为零开展。此区域虽然是开放性的,但镂空式梁柱的设计和周围的草木掩映在心理上给人带来保护感,形成了一个相对独立的导师工作空间。

图 8-8　校园草坪区建设休憩空间(一)

图 8-9　校园草坪区建设休憩空间(二)

　　鱼池和花坛区增设休憩设施。鱼池和花坛区是校园中的传统景观,位于教育楼一楼,被教室走廊围在中间。人天然有着亲水性,再加上池中自由游弋的五彩鱼,使得这个区域成为师生课余时举目可及的景致。原来的构造只能满足师生散步或驻足观景的需求,没有可供倚靠的栏杆和可供安坐的椅凳,缺少舒适性。在校园景观重构中,鱼池区设计了四处 L 形的观景步道,步道两侧设置了栏杆。原本只能在鱼池周围驻足观景的师生可以经由观景步道更近距离地观察池中的鱼群,观景的趣味感大大提升。同时,这四处步道提供了可供依靠的栏杆,提升了舒适性,如图 8-10、图 8-11 所示。

图 8-10　鱼池和花坛区增设休憩设施

图 8-11　鱼池一角

另外，花坛区依托种植的花卉，设计了两组圆形的环凳和两排四组弧形的长凳，使师生能够停留、休憩或聊天。环凳适合小范围的沟通交流，长凳能容纳较多的人进行互动，师生间或分或合开展活动十分灵活便利。

建造教学楼楼顶花园。在学校占地面积有限、现有空间已经难以继续开发的情况下，教学楼楼顶成为校园改造的重点。首先保证楼顶花园的景观属性，楼顶花园主要由花坛、观景区和步道组成。花坛种植草木花卉，观景区使用木地板，成为花坛草坪间相对独立的一个个小空间。步道连通每一个观景区，也有移步赏景的功能。楼顶视野开阔，周围远近的建筑也成为景观的组成部分，放眼远眺使人心旷神怡。

通过各种设施实现师生交流互动的功能。首先，设计了一个固定的师生交流空间，由木制凉亭、一张桌子和多张椅子构成。师生在此处可以进行小范围的交流、讨论和学习活动。此外,楼顶花园的入口处放置了多张椅子,师生进入花园后可以自行将椅子搬到花园中的各处观景区,自由摆放椅子随机生成交流互动的局部空间,成为一个自由寻找舒适景观、学生喜爱的角落。如图 8‑12、图 8‑13 所示。

图 8‑12　楼顶花园(一)

图 8‑13　楼顶花园(二)

楼顶空间的环境优美,视野开阔,在此处交流晤谈会给师生带来愉悦的心理感受,更容易激发灵感。在建造时,学校充分考虑了安全的因素,设置了由教工卡开门的限定,学生不能够自行进入,也因此避免了人员的拥挤和嘈杂,交流晤谈活动的私密性也得到了保障。

同时由于楼顶花园各观景交流区之间有一定的距离间隔,因此可满足多组师生同时开展活动,相互之间没有太大的影响,受到的干扰大大减少,可以开展长时间有深度的交流与指导活动。

🔍 丰富校内外综合实践活动,培植实践育人敏感

综合实践类活动有着独特的、暂未被充分挖掘和利用的育人价值。从 2001 年《基础教育课程改革纲要(试行)》明确提出从小学到高中设置综合实践活动[①],到 2017 年《中小学综合实践活动课程指导纲要》明确提出综合实践活动是从学生的真实生活和发展需要出发,在生活情境中发现问题,转化为活动主题,通过探究、服务、制作、体验等方式,培养学生综合素质的跨学科实践性课程,是国家义务教育和普通高中课程方案规定的必修课程,与学科课程按比例设置,成为基础教育课程体系的重要组成部分,并明确提出以培养学生素质为导向,面向学生的个体生活和社会生活,注重学生主动实践和开放生成,课程评价主张多元评价和综合考察等基本理念,价值体认、责任担当、问题解决、创意物化等具体目标,以及考察探究、社会服务、设计制作、职业体验等四大类主要方式[②]。综合实践活动课程设计和实施取得了一定的成绩,但是其育人价值远未被充分发挥。综合实践活动是一个师生共同探索新知的过程,是学生可以不断质疑、不断探索、不断表达个人见解,建构新知识的过程[③],是一个强调学生综合运用各学科知识,认识、分析和解决现实问题,提升综合素质,着力发展核心素养,特别是社会责任感、创新精神和实践能力[④]的过程,是一个试图在知识、世界、"我"之间建立联结,建构意义,即在物我关系、人人关系、内在关系上形成智慧[⑤]的过程,是最能够打破知识的权威地位,充分发挥学生的主体地位,成为师

① 中华人民共和国教育部.教育关于印发《基础教育课程改革纲要(试行)》的通知.[EB/OL].(2001-06-08)[2022-05-05].http://www.moe.gov.cn/srcsite/A26/jcj_kcjcgh/200106/t20010608_167343.html.
② 中华人民共和国教育部.教育部关于印发《中小学综合实践活动课程指导纲要》的通知[EB/OL].(2017-09-27)[2022-05-05].http://www.moe.gov.cn/srcsite/A26/s8001/201710/t20171017_316616.html.
③ 钟启泉,安桂清.综合实践活动课程:实质、潜力与问题[J].北京大学教育评论,2003(3):66-69.
④ 中华人民共和国教育部.教育部关于印发《中小学综合实践活动课程指导纲要》的通知[EB/OL].(2017-09-27)[2022-05-05].http://www.moe.gov.cn/srcsite/A26/s8001/201710/t20171017_316616.html.
⑤ 周洪宇,胡佳新.知识视域下的时间育人及其意义向度[J].教育研究,2018,39(8):19-27.

生追求独特价值和意义、获得解放和自由的过程。更进一步，育人应该是培育工具理性和人文理性的过程，并以为学生美好生活服务为宗旨。所谓工具理性，就是注重应用，注重方法；所谓人文理性，就是指导学生学会生活，获得生活能力，保持精神愉悦。学生主动将时间倾注其中的实践活动，便是承载其兴趣、志趣的所在。学生正是在一次次探索中确认，在一次次尝试中做到，在一次次创造中积累，在一次次表达中坚定，甚至在一次次"试错"中找准人生航向。然而，这些独特价值远未能充分发挥。

广义而言，校内外综合实践活动的种类是很多的。小至班级活动如主持主题班会、导师团队活动如行走上海、社团活动如城市定向，大至校园活动如校园 Open Day、校园孵化基金、南京生存实践、绍兴综合社会考察、志愿公益活动，再大至省市级活动如"进馆有益"微课题实践探究活动；可以与某一门学科知识与应用紧密相关，例如，"当化学学科走进生活"可以以各学科视角理解社会，还可以综合运用各学科知识、各领域技能进行创作、提出解决方案，比如开发一辆智能小车，提一个政协提案；还可以走进企业、碰触职业，比如走进医院、企业参访等。

任何一个活动，都可以因人、因时、因地、因事与学生在思想、心理、生活、学业、生涯等各方面的成长与发展相关，这就需要我们的生涯导师慢慢培植育人敏感——能够在特定的情境中看到学生，看到事情，理解学生的个人（或群体）体验，发现情境对学生的育人契机，知道做什么，以及如何去做，预测育人举措可能产生的结果，进而做好预案，慢慢实现育人自觉。

一定程度上，实践育人活动与传统的教学活动有很大不同，基于真实社会或自然情境是其显著特点。情境中蕴含着已有知识的应用状况、新知识的产生过程。客观上，很多教师还缺少学科的底蕴和积累，缺乏学科的自然视野和社会生活视野，这都是生涯导师专业发展的一大重点。同时，这方面也暂未形成成熟的理论、范式，有待教师创新创造，甚至必要时开发资源、整合团队、运营项目等。实践指导作为生涯导师三类活动中的一个重要类别，需要教师结合个人优势，有更多尝试与探索、体悟与反思、专业训练，并与学生共同创造、合作、达成。

🔍 构建学生海外交流项目平台，培植国际教育视野

开阔国际视野，是学生成长的一个命题。教育应该搭建一座立交桥，让学生看到未来的无限可能，拥有更广阔的视野思考、审视自己的未来。具体在升学路径方面，不仅要让学生看到就读国内大学的机会，还要让他们看到进入国外大学的可能性，利用高中这三年的时间，多交流、多实践、多走出国门开阔视野。对生涯导师而言，亦然。

近年来，闵行中学与美国加州大学伯克利分校、法国科技学院联盟、法国商学院联盟

和工程师学院联盟、德国曼海姆大学等多家海外院校建立合作关系，打通了国内、国际教育交流渠道，不断拓宽"课堂"的范畴，给有需求、有兴趣的学生搭建国际平台，让学生与国内外知名高校的专家学者近距离接触，参与高校、科研机构的科研项目并发表论文。也会请德国、法国的学生"走进来"，开展中国文化学习活动，推动中外青少年国际文化交流，特别是与法国、澳大利亚大学联盟的合作关系，给学生发展提供了国际化的升学通道。

比如有些学生利用寒暑假，在加州大学伯克利分校等海外课堂中接受了为期 1 个月左右的封闭式培训。他们通过一系列通识类课程与技能类课程的学习，了解世界前沿科技的发展趋势与商业运作模式等；通过小课题研究提升个人的表达能力与科研论文的写作能力。在实践中学习用科学的思维去发现问题、思考问题、处理问题；回国后，在教师的指导下继续完善相关课题数据采集、结论探讨、论文和报告提交。对学生来说，这都是宝贵的学习经验。

暑期，闵行中学高二年级的项同学随学校暑期游学团去美国。一周学习活动结束后，他获得了美国加利福尼亚大学伯克利分校终身教授的推荐信。一年后，凭借自己的努力和教授的推荐，他得到了美国东北大学的入学通知书，实现了自己满意、家庭欢喜、学校肯定的阶段性人生发展目标。项同学学习成绩中上，在闵行中学算不上"学霸"，伯克利教授推荐他也不是因为优秀的学科成绩，而是"主动性强，目标定位明确，追求卓越，具有良好的个性和领导素养"。这一推荐评价，应该是对当前"什么是有价值的学生素养"的良好诠释，也是对今天闵行中学"搭建多元、特色、国际化的学生成长立交桥"办学方向的重要启示。

🔍 构建虚拟空间，创设导师工作与知识管理空间

"互联网＋教育"是信息技术的发展为教育现代化赋予的发展空间。《中国教育现代化 2035》等政策文件做出一系列部署和要求，要将以"互联网＋"为主要特征的教育信息化作为教育系统性变革的内生变量，支撑引领教育现代化发展，推动面向信息社会的教育理念更新、模式变革、体系重构[1]。从电影、录音教学，到幻灯、投影教学，再到计算机、互

---

[1]　新华社.我国将推进"互联网＋教育"加快建设教育专网[EB/OL].(2019－08－28)[2022－05－05].http://www.gov.cn/zhengce/2019-08/28/content_5425418.htm.

联网环境下的教育信息化,再到如今智慧校园、教育元宇宙的教育信息化、网联化、智能化发展,实现技术与教育教学的融合创新,实现规模化教育与个性化培养的有机结合,成为两大核心命题。聚焦在以生涯导师为支撑的高中生态资源环境建设中,即让信息技术为学生全面与个性发展、导师育人目标、工作场景与专业发展服务。

线上生涯测评更便利。 从助力学生全面而有个性地发展的角度,生涯发展测评能够利用科学的测评工具,协助学生自我认知,在闵行中学的生涯辅导体系中,实施生涯评估是生涯课程的一个重要环节。以闵行中学导师制系统平台为例,涵盖了霍兰德兴趣评估、多元智能评估、职业价值观评估、学职群偏好评估、学科优势评估、选科决策困难评估、多元升学路径评估等评估及查看相应的评估报告等功能。通过生涯评估了解学生,并辅导学生自我认知是生涯导师的一项常规辅导活动。学生端可以在线完成评估,查看报告;导师端可以查看自己所指导学生的评估结果;学校管理员端还可以查看各评估的团体结果数据。此外,几项评估结果均与大学、专业等相关信息相关,在线系统能够链接相关信息,方便学生详尽了解。

海量信息搜索更便捷。 学生在考虑下一步升学目标、未来发展与方向选择时,有大量有关大学、专业、行业、职业、升学路径、选科要求等信息需要查询、了解、筛选,并在此基础上,或扩大、缩小范围,或调整方向等。互联网平台能够为学生提供快捷实施、搜索查询、有针对性收藏等功能。以闵行中学导师制系统平台为例,其"学职信息"模块包含了大学库、专业库、职业库、大学人才培养新动态①、大学排名、多元升学路径②、学职微课和大学专业选考信息等8个子模块,且可以相互连接。学生端和导师端均可搜索、查阅、收藏,并与生涯评估模块连接,方便学生根据自己的评估结果中的推荐专业等进行了解。

师生互选更智能。 师生互选、配对是生涯导师工作机制中的重要一环。现实中,会出现各种各样的状况,比如师生是否相互了解,是否设定每位生涯导师最多可以辅导学生的人数,有些导师可能会被很多学生选择,如何实现互选,如何尽可能满足学生的期望,等等。在线系统可以设定好规则,实现师生智能互选、配对。以闵行中学的生涯导师系统为例,每位学生可以查看各位导师的简介,并选择三位心仪的候选导师;导师端可以查看学生的自我介绍,并选择自己心仪的学生。首选完成后,系统可以将暂未确定导师的学生推

---

① 大学人才培养新动态子模块,汇集了各大学人才培养特色项目,包含拔尖计划项目、大平台项目、交叉学科项目、特设学科项目、中外合作培养项目、本硕连读项目等。可直接搜索关键词,也可按照特色项目类别、院校属地和院校特色来进行筛选。

② 多元升学路径子模块,汇集了综合评价招生、强基计划招生、保送生、艺体类招生、高水平艺术团招生、高水平运动队招生等近30个升学路径的详细介绍,包括简介、备考注意事项、报考流程和招生简章信息等。

送给暂未满员的导师,进行第二轮选择,依次完成第三轮选择。学校管理员端可以根据学校规定设定每位导师可以辅导学生的人数,对在三轮选择完成后还没有匹配的少部分师生,经过线下沟通后,在线完成配对。根据学校需要,也支持由学校管理员端将导师、学生互选结果一键导入。

师生互动更方便。师生互动需要预约,互动后做记录便于存档、后续查看等。以闵行中学使用的生涯导师系统为例,学生端可以从导师发布的互动活动中预约自己感兴趣或有需求的活动;对于已经完成的辅导活动可以简单记录,记录涉及对辅导效果或个人反思的内容,可以选择导师可见,方便双方了解辅导过程和效果;导师端可以发布活动,也可以简单记录辅导过程,查看学生记录等。学校管理员端可以实时查看本周师生互动活动的安排;可以查看每位导师撰写的辅导过程记录以及特定时间段里(时间范围可自主选择)的辅导数据,包含学生的评价、辅导次数、辅导时长、辅导主题类型分布等信息;可以查看特定时间段(时间范围可自主选择)全体导师总体的辅导数据,包含学生的评价、辅导次数、辅导时长、辅导主题类型分布、高频主题内容等信息。

导师知识管理更友好。网络空间,与正式空间、非正式空间①并称为三大类学习空间。教育部等六部门印发的《关于推进教育新型基础设施建设　构建高质量教育支撑体系的指导意见》也明确提出,要升级面向广大师生的网络学习空间,支持开发网络学习空间的移动应用,支持泛在学习和掌上服务……构建教育经历服务体系,建立师生数字档案,记录存储学习经历与成果②。从生涯导师知识生态系统的角度,导师需要利用便利的学习途径,获得理论学习、实务指导、案例参照;导师对学生的辅导蕴藏着隐性知识;导师之间需要知识、案例等的交流、互动、分享等……互联网平台均可以提供便利和友好的支持。以闵行中学使用的导师制系统为例,知识管理模块包含导师知识库和导师互动平台两个子模块。在导师知识库里,导师可以查看、评论、收藏各种有关导师制的知识,包括学校规章制度、理论与实务技能、辅导案例、培训资料等类别;也可以创建新的知识,分享给大家。在导师互动平台里,导师可以查看、回复、评论或收藏帖子,包括理论与实务探讨、案例研讨、培训及研修等类别;也可以自己发表帖子来分享经验或寻求建议、指导。

个人中心更专属。学生的成长、老师的发展均是一个日积月累的过程。因此在闵行

---

① 正式学习空间,如大礼堂、教室、实验室等;非正式学习空间如户外学习区、休憩空间、学习走廊、休息室等;网络学习空间如学习管理系统、社交网站或在线环境等。

② 教育部等六部门.教育部等六部门关于推进教育新型基础设施建设　构建高质量教育支撑体系的指导意见[EB/OL].(2021 - 07 - 08)[2022 - 05 - 20]. http://www. moe. gov. cn/srcsite/A16/s3342/202107/t20210720_545783. html.

中学的导师制系统中，学生端和导师端均可在个人中心模块查看自己收藏的学职信息，查看师生互动记录、评估报告，还可以记录自己日常学习、生活点滴、感悟与阶段性总结等。此外，导师端还可以查看自己在特定时间段（时间范围可自主选择）辅导学生的数据，含辅导次数、辅导时长、辅导主题类型分布等；可以查看自己在知识管理模块贡献的知识成果，包括在导师知识库中创建的知识和在导师互动平台发的帖子。

附录一 中学生涯导师制实施意见调查研究①

何美龙 黄梦杰 林 唯 钟 明②

[摘 要]本文通过对五所中学450位教师关于生涯导师制认知的调查,发现教师对生涯辅导重要性有充分的认识,对生涯导师关键能力和工作任务有基本的把握,教师认知水平具有群体差异,同时,多数教师表现出对生涯教育知识和能力培训的强烈需求。调查也发现部分教师教育理念陈旧,学校生涯指导工作要求不清晰,学校生涯辅导专业性欠缺,保障措施和评价激励机制不完善等问题。鉴于此,学校生涯导师制度的建设需要提升教师生涯教育观念,构建明晰的学校生涯导师制度,针对不同教师群体开展分层培训,建立生涯指导保障和评价机制。

[关键词]中学生涯导师制;学生生涯发展;导师关键能力

2019年6月11日,国务院办公厅发布《关于新时代推进普通高中育人方式改革的指导意见》提出,加强学生发展指导,普通高中学校要明确指导机构,建立专兼结合的指导教师队伍,通过学科教学渗透、开设指导课程、举办专题讲座、开展职业体验等对学生进行指导[1]。建立高中生涯导师制,加强对学生的全方位、个性化指导,帮助学生认识和发展自己的潜力和特长,对学生的健康成长和个性化发展具有重要意义,这也是现今高中教育尤为迫切的一项任务。上海市闵行中学承担了全国教育科学规划课题"普通高中生涯导师队伍建设机制的研究",探索生涯导师制的建立和实施。"生涯导师制"是指教师从学生个体的生涯发展特点和需求出发,指导学生更好地认识自我,探索外部,激发学生潜能,帮助学生发展能力的个性化指导的制度。在新高考改革和教育现代化的背景下,建立生涯导师制,深化对学生自我成长和未来发展的指导显得尤为紧迫。生涯导师制度如何建立?

① 本文是2019年度全国教育科学规划课题教育部重点课题"普通高中生涯导师队伍建设机制的研究"(课题批准号:DHA190438)的阶段研究成果之一。原载于《教育参考》2020年第5期第100～105页。
② 作者简介:何美龙,上海市闵行中学校长,特级教师,正高级教师,主要从事中小学管理、德育、生涯教育、地理教学等研究。
黄梦杰,上海市闵行中学初级教师,主要从事生涯教育、英语教学研究。
林唯,上海市闵行中学特级教师,主要从事历史教学、高中生涯教育、德育研究。
钟明,上海市闵行中学高级教师,主要从事语文教学、高中生涯教育研究。

生涯导师关键能力是什么？生涯导师工作目标和任务是什么？生涯辅导有哪些策略和方法？上海作为国家教育改革首批试点省市，开展了较为前沿的相关探索。为了进一步探索上述问题，了解教师对生涯辅导工作的认知现状，为学校生涯导师制建设提供参考，我们特展开本次问卷调查。

课题组在文献研究基础上，编制了"生涯导师制实施意见调查问卷"。问卷第一部分为教师基本信息，第二部分是主体部分，包括导师制意义、导师关键能力、导师工作任务、导师工作途径、现实困难与建议五个方面。调查使用问卷星线上平台集中发放问卷和收集数据。闵中教育联盟的 5 所学校参与了调查，其中 2 所为高中（市实验性学校和区实验性学校各 1 所），1 所为完全中学，2 所为初中（民办和公办各 1 所），样本具有典型意义。最终共收回 450 份有效问卷。对所获数据使用问卷星统计功能进行分析，针对选择题统计频次和频率以及交叉分析；针对开放性题目进行词频分析，使用词云图可视化呈现。同时，使用 SPSS 22.0 软件做皮尔逊卡方检验，以分析差异显著性，把握不同群体的差异特征。

一、教师对生涯导师制的认知状况

1. 生涯辅导重要性认知情况

调查显示，绝大部分教师认为生涯辅导具有重要性和紧迫性，82%的教师认为现阶段开展生涯辅导工作既重要又紧迫，14%的教师认为生涯辅导不重要不紧迫。我们通过关键词统计，发现"发展""目标""规划""未来""重要性""紧迫性""方向""动力""人生""职业""迷茫"等词成为高频词，教师认为生涯辅导对学生发展的意义主要有：帮助学生明确学习目标，激发学习动力，促进个性发展，指导学生规划人生方向。

2. 生涯导师关键能力认知情况

教师对生涯导师应具备的关键能力进行判断，89%以上的教师认为导师应具备生涯教育相关知识和经验，85%的教师认为导师应具备心理学知识与心理辅导能力，81%的教师表示导师应具备交往沟通能力，71%的教师认为导师应具备本学科素养与教学能力以及师德素养。可见，大部分教师认为生涯教育知识与经验、心理学知识和辅导能力是最主要的导师关键能力。其次，学科素养与教学能力、师德素养也是很多教师看重的能力。

3. 生涯导师工作任务认知情况

关于生涯导师应扮演的角色，84%的教师认为生涯导师是"激发学生潜能的导航者"，

74%的教师认为是"了解学生兴趣、特长、学习的观察者",67%的教师认为是"分享人生或生涯经验的咨询顾问",一半的教师认为生涯导师是"挫折、失意时的鼓舞者",四成教师认为生涯导师是"生活的关怀者""品德修养、为人处世的楷模""心理困扰的辅导员""专业学习的解惑者"。可见,教师最强调生涯导师对学生生涯发展指导的职责,其他方面职责的重要性依次为对学生的品德引导、心理辅导、学习指导。

在生涯导师的具体任务上,有80%以上的教师认为导师要指导学生生涯规划、指导学生认识自己的兴趣和能力,60%以上的教师认为导师任务包含指导学生学习和选科、学生人格培育、带领学生开展生涯实践活动,53%的教师认为导师任务包括学生心理疏导。在教师看来,生涯导师的首要任务是生涯指导,其次是对高中学生眼前正面临的学业压力、高考科目选择这些紧迫问题的指导,再者,对学生道德价值观的引导也是教师关注的任务。

学科核心素养中哪些内容应作为指导重点?通过关键词分析,发现教师们对"能力""思维""科学""社会""责任""意识""文化"等词提及率最高,学科核心素养指导的重点任务是培养学生的思维品质、综合能力和社会责任意识。

4. 生涯导师优势与劣势自评情况

教师对生涯导师工作能力进行自评,80%的教师认为自己善于与学生沟通,78%的教师认为自己具备良好的教学专业能力,60%以上的教师认为自己具备良好的判断力、熟悉与学科相关的大学专业与职业、富有同情心,其次,50%的教师认为自己乐观幽默、具有丰富的学识。大部分教师认为自己在学科教学专业能力和学生沟通能力上具有明显优势,具备了导师应有的基础能力。但同时,72%的教师表示缺少生涯教育知识和经验,50%的教师表示对学科与生涯如何融合尚未厘清,66%的教师表示教学任务重,缺少时间和精力。

5. 生涯导师制认知的群体差异

教师对生涯指导的认知存在群体差异。在学段差异上,高中教师对生涯辅导重要性和紧迫性的认识胜过初中教师;高中教师对于导师核心任务,强调学生自我了解,初中教师强调学生生涯规划,高中教师比初中教师更看重学业指导,初中教师比高中教师更看重开展生涯实践活动。

在教龄差异上,5年以下教龄的教师认为生涯导师最重要的能力是心理学知识及心理辅导能力,10年以上教龄的教师认为生涯教育相关知识和经验是导师首要的关键能力。由此,对不同年龄层次教师开展各有侧重的培训,应是学校生涯导师队伍建设的重要方向。对于导师胜任力自评,10 年以下教龄的教师对大学专业的了解程度胜过 10 年以上教龄的教师,尤其是工作 5 年以下的教师在了解大学专业方面具备明显优势;教师在工作 10 年以后,教学专业能力、乐观幽默、同情心、丰富学识、良好判断力等方面随教龄增长而稳步提高。可以看出,教师专业能力随时间和经验的积累而逐渐增长,老教师在生涯辅导方面具备较多优势;青年教师虽然经验不足,但是在对大学、专业、职业和社会新信息的了解方面具备优势。因此,老教师和年轻教师在导师能力上优势互补,生涯导师团队建设需要兼顾两者优势。

在学科差异上,心理学科教师开展导师工作的困难小于其他学科;语文、英语、化学、历史四门学科教师表示导师工作最大困难是教学任务重,缺乏时间和精力;其他学科教师表示最大困难是缺少生涯教育知识和经验。

参加培训与否对生涯导师核心任务的理解有显著影响,参加过系统培训的教师认为帮助学生自我认知、指导学生学业选择、指导学生生涯规划三方面同等重要,其对生涯辅导的认识更为全面。

二、生涯导师队伍建设存在的问题

1. 部分教师教育理念陈旧

少数教师对生涯辅导的重要性和紧迫性认识不足,有 14% 的教师认为生涯辅导不重要不紧迫。有部分初中教师认为生涯辅导虽然重要,但是对初中生而言不是很紧迫,反映了教师对学生生涯发展认识的狭隘。生涯指导不仅包括对高中学生学科选择、专业和大学选择的指导,还包括培养学生适应未来生存和发展的能力、方法、精神和态度,有效促进学生个体的各种认知能力,以及自我认知、学习认知、生活认知和社会认知[2]。因此生涯指导在初中阶段同样重要。少数高中教师认为教学工作压力大,以分数和升学率为主导的教师评价机制使教师精力承载过重,导致教师无暇顾及生涯辅导,参与生涯指导积极性不高,自信心不足。

2. 生涯指导的专业性相对欠缺

70% 的教师表示生涯辅导知识储备较为欠缺,对具体的学生指导缺乏科学合理的方法,例如,如何帮助学生认识自我、如何指导学生生涯规划、如何指导学生时间管理、如何指导生涯实践活动、生涯咨询有哪些方法等。对生涯发展相关资讯掌握不全面,也制约了教师生涯指导的专业性。不少教师建议,增加生涯指导专业人员,加强专业培训。

3. 学科生涯融合尚未厘清

调查显示，50%的教师表示对学科生涯融合尚未厘清，缺乏相关理论指导和实践经验。长期以来，生涯教育和学科教学作为两个独立的任务分别由专门的生涯教师和学科教师承担，但是学科课程是学生学习的主要阵地，将生涯指导融入学科教学中，有利于学生从终身发展的角度认识学科知识的意义，在知识学习中认识自我，规划人生。因此需要学校开展关于学科生涯渗透的相关培训。

4. 学校生涯指导具体工作要求不清晰

调查显示，虽然教师对生涯指导的任务和方法有基本的判断，但是对生涯辅导的具体工作要求并不清楚，部分教师表示"落实再细一点就更好了"，希望"目标落在细处"。不少学校将生涯指导作为方向性的工作，实施方案制定得不够具体。

🔍 三、中学生涯导师制实施存在问题的原因分析

1. 生涯指导的内涵被窄化

生涯指导制度的实施和社会环境、学校环境密切相关[3]，在目前的教育评价机制下，学校面临升学率的压力，教师面临以分数为标准的绩效考核，自然要以学科知识教学为主要任务。学科教师担任生涯导师则对教师提出了新的目标和要求，但是现实环境的压力让少数教师对生涯导师制的参与缺乏积极性。在功利化的追求下，学校生涯指导的内涵可能被窄化为学习辅导、学科选择和志愿填报指导，忽视对学生内在潜力的激发、兴趣的培养和生涯发展的长远规划。

2. 生涯导师制度构建尚不明确

当前我国并未出台有关学生生涯指导的目标框架，缺少统一而清晰的目标标准，造成学校及教师对导师工作的目标和任务认识不清晰。一些学校将生涯导师制作为方向性工作开展，在制度建设时较为笼统，导致教师对生涯导师工作的具体要求理解不清，对生涯指导目标的认知较片面。学校对于开展哪些具体的活动，培养学生哪些关键能力等没有统一规定，从而影响导师工作的主动性和生涯指导的实施效果[3]。

3. 生涯导师队伍专业素养有待提高

学校专职生涯教师一般由心理教师兼任，其有较强的专业辅导能力。但是学科生涯导师则普遍缺乏生涯指导相关理论知识和实践方法，对生涯指导的内涵、目标和方法缺乏

系统的认识。少数教师参加过生涯指导培训,但是由于实践和反思不足,对生涯指导理论的理解不到位,对学科生涯融合如何开展比较陌生。高中学科知识是学生未来发展的基础,与学生未来的职业、生活有紧密的关系,需要教师从生涯发展的视角理解学科知识,在课本中挖掘生涯教育的素材,在教学过程中加强学生核心素养的培养。

4. 保障措施和评价激励机制尚不完善

生涯指导制度实施将改变学校现有的制度运行模式,调整教师角色和教师工作任务,因此需要一系列的配套制度保障其运行。少数教师出现开展生涯导师工作积极性不高、生涯指导目标功利化等问题,原因之一就是学校导师工作的激励机制和评价机制尚未完善。例如,教师提出原有的教师评价标准影响了其参与生涯指导的积极性,建议明确考核制度,形成激励机制;此外,开展生涯辅导缺乏充足的资源支持,例如,生涯指导物质资源和实践资源开发率不高,时间和空间受限,导致组织学生活动的可能性减小。

四、生涯导师制度建设的策略建议

教师对生涯导师制建设提出相关建议,通过关键词分析,发现"培训""指导""团队""专业""实验""针对性"等成为高频词。我们根据问题产生的原因和教师的一些建议,提出以下对策:

1. 树立学校生涯育人新理念,提高生涯辅导的针对性

正确理解高中教育的育人价值,摒弃分数至上的观念,注重培养学生的兴趣、特长,激发学生潜力,发展学生实现未来目标的能力。学校可通过具体办法减轻教师工作负担,如合理安排师生配对人数,选择重点指导对象,关注重点指导内容;加强生涯辅导的针对性,提高工作效能,如关注特长生、后进生,以学生需求为中心,围绕学生个体配备相应的导师团队。"将最优配置留给最能产生效果的学生""重点(导师、学生、学科)推进""根据学生学习动力不足的实际情况,有针对性地开展活动"。

2. 构建明晰的生涯导师责任和内容,指引生涯导师具体实践

从导师选聘、师生配对、工作任务、指导策略等方面建设学校生涯导师制度,便于教师操作实施。例如,关于导师选聘,可建立由专业教师、班主任、学科教师、家长导师组成的生涯指导团队,明确各自职责,共同承担指导责任。

关于工作任务,确定不同类型导师的不同工作任务。专业导师工作任务主要是帮助学生了解生涯教育概念,培养学生的生涯规划意识;运用科学量表测量和分析学生的兴

趣、性格、能力,帮助学生认识自我。学科生涯导师工作任务主要有激发学生的学科兴趣,引导学生了解学科与专业、未来职业的关系,协助学生做好学科选择和升学选择;指导学生开展课题研究;通过学科渗透,培养学生的核心素养;挖掘学生的潜能,发展学生的个性和特长等。

关于指导策略,可以从以下几个方面着手:第一,充分了解学生的个性特点、特长和能力,因材施教,对学生进行个性化指导,激发学生个性发展;第二,科学全面地评价学生,分析学生特点;第三,要有充足的耐心,在潜移默化中引导学生,有效倾听和共情学生的诉求,帮助学生克服困难;第四,明确工作定位,帮助学生选择升学志愿,考虑未来理想,引导学生认识职业、工作和社会;第五,加强家校沟通,如班主任与家长多方沟通交流,家长参与课堂,共同努力引导学生成长。

3. 针对不同教师群体开展分层分类培训,提升生涯导师专业素养

加强培训,改进教师的生涯教育观念,提高教师对生涯辅导重要性的认知,从学科育人视野正确审视普通高中教育的育人价值,摒弃分数至上的教育观念,尊重学生个性、兴趣和需求,培养学生适应未来社会生存的能力和态度观念,为每一个学生终身发展和幸福生活做准备。

对不同层次的导师团队进行生涯辅导知识和技能培训,为年轻教师组织心理学知识相关培训,为老教师开展生涯教育和学科融合的相关培训。培训过程中注重理论与实践的结合,组织教师开展经验交流分享和问题探讨。不少教师提出"多培训,多接触案例""培训要结合团体外出探访项目""针对导师生涯辅导的理论指导和实践范例,定期培训及再教育"。针对具体内容提供专题辅导培训,例如,如何帮助学生认识自我,如何引导学生处理自身优势与劣势,如何指导学生生涯规划与选择,如何指导学生时间管理、人际关系与沟通、应对学习困扰、开展课题研究、增强自我了解与自信、情绪管理、克服考试焦虑等。

4. 建立生涯指导的保障制度和评价机制,为生涯导师制实施提供保障

生涯导师制要系统化、规范化,如"建立生涯指导兼顾宏观、中观和微观三个维度的全方位的整体构架"。对导师团队实施动态管理,如建立有层次的导师梯队,形成"专业导师团队→班主任→学科教师→家长"的多层次指导队伍。加强导师队伍之间的团队协作,全校团队协作,相互信任和支持,建立人人有责、资源共享的命运共同体。建立导师绩效考核制度,制定科学的评价标准,将过程性评价和结果性评价相结合,设立专项资金,对优秀导师给予奖励,提高教师开展生涯指导的积极性;通过建立学生成长手册制度、个案会诊制度、团体辅导制度、导师例会制度、家校联络制度等保障导师制日常有效实施[4]。此外,

进一步整合社会资源,开发社会实践基地,为教师开展生涯辅导提供资源保障。

参考文献:

［1］中华人民共和国中央人民政府.关于新时代推进普通高中育人方式改革的指导意见［EB/OL］.［2019 - 06 - 19］. http://www. gov. cn/zhengce/content/2019 - 06/19/content _ 5401568. htm.

［2］朱益明.审视高中导师制:学生发展指导的视角［J］.基础教育,2011,12(6):59-62.

［3］何秋玥.新高考背景下普通高中生涯指导的实施现状与对策研究［D］.杭州:杭州师范大学,2019.

［4］沈继阳,王正明.区域性推行学生成长导师制的三种策略［J］.上海教育科研,2007(6):72-74.

附录二　普通高中学科教师生涯导航专业成长机制研究①

何美龙

[摘　要]学科教师作为学校的教师主体,在学科核心素养培育与学生学科生涯规划方面具有专业基础,学科教师成为生涯导师是普通高中生涯导师队伍建设的重要途径。学科教师生涯指导能力发展需要树立学科为学生未来生活更美好的教育理念,重构教学结构,致力学科教育项目化学习和生涯体验的实践探索;并通过建立学校生涯导师培训机制,完善学科教师转型为生涯导师的学校保障机制,促进教师在学生指导工作中持续积累经验和生涯导航专业成长。

[关键词]学科教师;生涯导师;成长机制

2019年6月,国务院办公厅发布《关于新时代推进普通高中育人方式改革的指导意见》,提出:普通高中学校要明确指导机构,建立专兼结合的指导教师队伍,通过学科教学渗透、开设指导课程、举办专题讲座、开展职业体验等对学生进行指导。广义上的生涯导师(高中导师或学生成长导师)一般是指为学生在学习、生活、品德、心理以及高考选科等方面提供全方位、个性化指导和帮助的教师。借鉴已有研究,本课题将生涯导师界定为:与学生建立稳定的结对关系,从学生个体的生涯发展特点和需求出发,指导学生更好地认识自我、探索外部、激发潜能、发展能力,为学生提供个性化的学业指导、生涯指导、心理辅导的生涯辅导专业教师、学科教师和校外专业人士等。

当前,我国普通中学生涯导师多数由心理教师转化而来,他们与班主任或其他具有一定生涯指导能力的教师共同承担对学生的指导责任。这些教师在学生发展指导的学科专业素养方面大多存在不足,而学科教师作为学校教育的教师主体,在学科核心素养培育与学生学科生涯规划方面具有专业基础。加强学生发展指导的专业师资队伍建设,学科教师发展成为生涯导师是普通高中生涯导师队伍建设的重要途径。

---

① 本文系全国教育科学"十三五"规划2019年度教育部重点课题"普通高中生涯导师队伍建设机制的研究"(编号:DHA190438)的阶段性研究成果。
　原载于《上海教育科研》2021年第1期第66～70页。

一、学科教师为什么要成为生涯导师

1. 学科生涯是生涯教育的重要内容,学科教师是学科领域指导学生生涯成长的专家

在美国、日本等较早实施生涯教育的国家,中小学教材中多编制有学科生涯导航的内容。以美国中学研究性学习教材———培生(Prentice Hall)出版公司的《科学探索者》(*SCIENCE EXPLORER*)为例,其《地表的演变》分册教材的开篇,首先介绍 31 岁的怀俄明大学脊椎古生物专业大学生凯利·特鲁希略,她某一年中有半个夏天都待在荒芜旷野上研究古生物化石,这是这一学科相关专业的重要工作形态。再通过系列情景对话"你是如何对科学产生兴趣?""你是如何走上地质学这条道路的?""目前的研究有什么收获?""为什么这些古生物躯干碎片能保存下来?"等,把学科职业生涯发展的概貌呈现给学生。全套教材 15 册,统一体例,都是开篇介绍该学科的职业工作者、职业工作形态、职业发展前景、学科发展对人类社会贡献、自然保护的价值等。教材编写传递出一个基本理念:学科教育首先是学科职业生涯发展教育。

实际上,所有的学科教育本质都是生涯教育。如语言是文化的载体、语言是教育的工具,语言同样是社交和生涯发展的工具,语言教学为学生生涯发展服务,生涯教育是语言学科内在的功能之一。上海市二期课改高中英语(牛津)教材中有一单元"caring about your future"(关注自身未来发展),就是生涯教育的内容。《生命科学》提出"培养学生热爱大自然,珍爱生命,理解人与自然和谐发展的意义,提高环境保护意识"的育人目标,引导学生尊重生命、认识生命的本质。以上这些,都是从学科视角开展生涯教育。如 1992 年《地理国际教育宪章》提出:基础教育的各个学科都可以成为让学生有活力、有作用和有兴趣的学科,并有助于终身欣赏和认识这个世界。生涯教育,在一定程度上就是用好的课程、学科专业的手段,去唤醒学生的学科生涯发展意识,让学科生涯素养成为学生终身的能力。

在教育部 2020 年发布的《普通高中课程方案》中,把培养目标"具有科学文化素养和终身学习能力"表述为"掌握适应时代发展需要的基础知识和基本技能,丰富人文积淀,发展理性思维,不断提升人文素养和科学素养"。"基础知识和基本技能"主要涉及具体学科领域,是指学生应具备的适应终身发展和社会发展需要的学科领域的必备品格和关键能力。因此,学科教育本身是生涯教育,学科生涯是学校生涯教育的重要内容,学科教师应

该是学科领域指导学生生涯成长的专家。

2. 学科教师成为生涯导师是自身专业素养发展的内在诉求

教师专业成长是指教师内在专业知识与能力结构不断更新与丰富的过程。学科教师的专业成长，除了不断提高自己的师德修养，丰富自身的人文底蕴，掌握比较系统的教育科学知识，提高自身的教育水平外，还在于学科专业知识和能力的系统、持续提高，即自身专业学科的素养发展。

通常，学科专业素养包括学科基础知识、基本技能、基本经验、基本品质、基本态度等几方面，这些素质是通过长时间专业训练形成的。学科专业知识与技能的丰富与娴熟，是学科有效教学的基本保障；学科科学与人文价值的理想与追求，是学科发展的内在动力，也是学科专业情感与态度的积极与深化。学科生活实践、学科前沿发展探究、学科代表人物身上体现的专业精神引领，是教师自身在专业思想、专业知识、专业能力方面不断发展和完善的具体过程。这些既是教师专业生涯发展的重要内容，也是学科生涯教育的重要内涵。因此，学科生涯指导能力的发展正是学科教师自身专业成长的方向。

3. 学科教师成为生涯导师是学校生涯规划教育实施的重要保障

学科教学是学校教育活动的主阵地。学科教师成为生涯导师有助于将生涯教育真正落实在课堂，落实在学校生活的全过程。

激发学生学科学习兴趣，发现学生学科学习品质，指导学科学习方法，积累学科学习经验，这是学科教师的教育责任。显然，学科教师才是学生学科学习品质的诊断者，也是学科职业方向的引导者。指导高中学生适应新的高校招生制度改革，合理选科，本身是学科教师的工作。当所有的学科教师做到学科教学与生涯辅导的融合，加强学生学习指导与生涯发展指导的学校教育责任才能真正得到落实。

学科教师成为生涯发展导师，除了统一思想、配合学校工作、解决现有生涯导师队伍不足的矛盾之外，最大的意义在于让每一位教师都参与学生精神与人格的成长，真正发挥指导学生选科、帮助学生成长的作用。

二、学科教师如何成为生涯导师

1. 树立学科为学生未来生活更美好的生涯导航教育理念

国家课程标准提出了以培育学科核心素养为主的课程与教学新理念，就是突出学科育人本质，引导教师从以往关注学科成绩到关注学生终身发展的观念转变，让学科育人落到实处。从一定意义上,教育就是为每个孩子美好的生涯服务,因此,教育即生涯。无论拆解还是重组,高中以上的教育几乎都是以学科的方式促进学生知识、能力、情感的成长。学科教学的独特功能和魅力在于学科对学生未来的价值,在于激发学习动机。2020年3月,课题组对上海市闵行区3所不同类型高中和2所初中共450名教师进行生涯教育调查,结果显示,在对"担任生涯导师有什么不足与困难"的回答中,"缺少生涯教育的知识和经验""教育任务重,缺少时间和精力""学科和生涯如何融合尚未厘清"排在前三位(见附表2-1)。

附表 2-1　您认为自己担任生涯导师有什么不足与困难

选项	小计	比例
缺少生涯教育的知识和经验	323	71.78%
对于学科与生涯如何融合尚未厘清	226	50.22%
教学任务重,缺少时间和精力	295	65.56%
与学生的关系较疏远	39	8.67%
与学生沟通有一定困难	32	7.11%
其他	9	2%
本题有效填写人次	450	

这一数据表明,某种程度上,教育的价值理念或者对生涯辅导的理解不足,导致教师不愿承认自身作为学科教师需要承担学生生涯发展指导的任务。因为没有树立学科为学生未来生活更美好的教育理念,影响了教师对生涯指导工作的认识:教师习惯将学校生涯指导工作与其他工作隔离、与学科教学隔离,出现"缺少时间和精力""缺少生涯教育的知识和经验"的归因。

学科教师发展成为生涯导师,首要在于转变自身观念,能从学科内容、学习方法、学习思维等多角度思考学科生涯教育,在深化生涯教育的实践中促进学生成长,同时成就教师自身的专业成长。

2. 重构教学结构,致力学科教育项目化学习、生涯体验的实践探索

学科教学为学生生涯发展服务,需要重构课堂教学,关注学生内在终身素养的发展:教学需要凸显学科人文和科学的社会价值,传授抽象理论知识时,应结合职业导向经验,引导学生有效学习。如数学学科,引导学生调查数学在升学、培训和工作生涯中的核心地位,了解数学技能在各项工作中发挥的作用。高中数学可能会涉及估算、结算、金融服务、

定量分析、数学模型、数据研究、调查和建筑等。数学让生活更美好,教学强调学科对创造个人成功生涯发展的可能性,学科教育让每一个个体的未来生活更美好。教学需要对学科内容进行加工:确立学科生涯教育的基本信息、学科代表人物、学科职业和行业前景、学科专业应用、学科相关重大热点问题、学科前沿知识等,并结构化这些知识和内容,进行教学设计。

凸显学科人文和科学价值的教学需要以问题为导向,以生活问题、社会实际问题的解决为导向进行课程设计,重构学习讨论、实践操作、角色体验、活动反思、榜样研究等教学方法,并通过活动设计、课后拓展、同伴交流等,整合高考改革和课程改革要求,倡导像科学研究一样学习,开展更多项目化学习和专题性学习。在提升教学适应性的同时,通过生涯理论生成教书育人的新视角。需要灵活、开放、具有丰富互动的教学环境,将学习环境拓展到实验室、博物馆、大学研究机构、产品生产设计场所中。

3. 建立学校生涯导师培训机制,提升学科教师生涯指导能力

在课题组的调研中,88.67%的教师认为"生涯教育的知识与经验"是生涯导师的关键能力,此外"心理学知识和心理辅导能力""交往与沟通能力"被绝大多数教师归入生涯导师的关键能力中(见附表2-2)。显然,生涯辅导或生涯教育的专业知识与能力是学科教师成为开展生涯教育的必备条件。生涯教育教什么? 概念普及、理念更新、基础知识点学习、工具使用、政策理解;实操性工作坊建立、同伴互助、学科与生涯融合教学示范等,都是学科生涯教师开展生涯辅导的必要条件。

附表 2-2　您认为担任生涯导师需要哪些关键能力

选项	小计	比例
生涯教育的知识与经验	399	88.67%
心理学知识与心理辅导能力	382	84.89%
本学科的素养与教学能力	321	71.33%
交往与沟通的能力	366	81.33%
师德修养	323	71.78%
其他	9	2%
本题有效填写人次	450	

学校需要完善生涯导师培训机制,唤醒教师生涯指导意识和提高生涯指导能力,完成生涯导师的角色转变。如教师需要针对高中生学习生涯教育的前沿理念与框架,熟悉高

中生涯教育分阶段任务与学生发展关键点,明确新时代生涯导师的角色意识构建等。教师需要专业培训,以识别学生优势、应对生涯与发展性问题;获得建构良性师生关系的策略及方法;通过生涯指导工具演练、生涯指导案例研讨等培训,将学科教师基本生涯指导能力落地。

调研还显示,学校需要针对不同教师群体开展分层培训,为年轻教师组织心理学相关知识培训,为老教师组织生涯教育相关知识培训,注重理论与实践的结合,组织教师开展经验交流和问题探讨。生涯培训需要针对具体内容提供专题辅导培训,如"如何帮助学生认识自我?""如何指导学生时间管理、人际关系与沟通、学习困扰协助、增强自我了解与自信,克服考试焦虑、合理处置家庭关系?"等。

4. 在学生指导工作中持续积累经验和获得生涯指导专业成长

课题组调查发现:不同学段的教师自评存在显著差异($P<0.01$)。其中,表示缺乏生涯教育知识经验、对学科生涯融合理解不清的初中教师多于高中教师。分析原因,应该是随着新高考改革,生涯教育在高中学校得到广泛重视,但在一定程度上尚未延伸至初中学校。显然,较之实践经验较少的初中学段教师,有过新高考"加三"学科选科指导以及学生综合素质评价指导的高中教师,实际上在对学生持续的指导工作实践中,获得了自身生涯导航专业的成长。

所有的专业成长都只能在专业实践中获得,在学生指导工作中持续积累经验和获得生涯导航专业成长,是学科教师成长为生涯导师的专业途径。

三、建立和完善学科教师生涯指导专业成长的保障机制

1. 建立学校生涯导师制度,落实学科教师生涯导师自觉

学校从导师选聘、师生配对、工作任务、工作途径、指导策略等方面,建设学校生涯导师制度,明晰生涯导师责任和内容。如借鉴芬兰中学生涯指导中的指导顾问主导、全员教师辅助参与模式,设立生涯指导顾问,并发挥指导顾问在学生生涯指导实施中的主导作用。同时,在学科课程中整合生涯指导的内容,学科教师承担相应学科生涯指导的责任。

学校应根据自身教师队伍特点,针对学生实际,构建起学校独特的生涯指导模式,并在不同的制度模式中明晰生涯导师功能,在学生需求的基础上,落实生涯导师各司其职、分工合作,有效推进学科教师生涯导师自觉。

上海市闵行中学依据学校特点,构建全员导师制度,通过以下两个方面,促进学校生

涯教育的全方位实施：

（1）构建全员导师制，明确生涯导师功能——"我们是谁"：导师是精神引领者、课程指导者、监督者、提供建议者；导师是学科教师，也可以是专业心理顾问、博物馆员家属、大学实验室志愿者；导师还可以是课程开发者、研究性学习指导专家、身心健康辅导专家、思维训练大师、大学综评辅导领跑者等。每一位导师发挥自身优势，找准自身定位，在特长领域指导学生。

（2）针对学生特点，采取学生选择和教师志愿者参与方式，组建每一个学生的个性化生涯辅导教师团队。在明确"学生是谁"中，志愿者教师任首席生涯导师或责任人，推进生涯辅导工作，在工作中进一步了解学生想要成为的"身份"，根据学生的发展需求分析培养目标，将学生的能力目标具体化。

学校教师全员生涯导师建设，在明晰学生生涯导师非全职、全能、全程导师，而是在专兼职、校内外、学科和非学科导师团队工作机制的基础上，激发学科教师学科生涯指导自觉，构建人人都是德育工作者的"学生成长指导"环境。

2. 开发学科教师生涯教育公共课程，聚焦学科生涯导师责任和内容

学科教师生涯教育公共课程建设，目标指向提高学科教师的生涯辅导基本素养。如学校全员导师制建设明确通过什么途径与方法有效指导活动。根据调查，学科教师的学科生涯指导内容，主要有以下三方面：

（1）学科的生涯意义提高，主要关注今后工作当中所需要的学科知识、技能，日常工作和生活中涉及的学科常识、方法、技能。

（2）学科相关的职业前景和学科发展。学科代表人物，学科职业和行业前景，学科专业应用，学科相关重大热点问题，学科前沿知识等，侧重学科的专业价值和社会贡献。

（3）促进学生优质学习的教学经验，提升学习效能感。帮助学生建构学科自我认知促进选择考试决策，即个人的学科学习、探索兴趣以及学校、家庭、社会的影响，学科特有的职业发展素养等。

学校需要开放办学，邀请社会人士进学校、行业领袖进学校，开设生涯讲座，提高教师对生涯辅导的重要性意识，提升生涯辅导能力。

学校需要为教师专业成长搭建发展平台，创设机会让教师参观学科相关行业的企业、行业研究机构，开阔视野，更新观念。

3. 建立学校生涯指导的保障制度和激励评价机制

学科教师有责任了解他们教授的学科所指向的可能的职业机会，并在教学过程中为

学生提供这些方面的信息,鼓励学生探索与学科相关的职业机会。

学校在明晰学科教师学科生涯导航职责的基础上,进一步建全完善教师评价机制,建立导师生涯导航绩效评估制度,对优秀导师给予奖励,提高教师参与生涯指导的积极性。如学校建立教师全员生涯导师制度,鼓励学科教师成为学生生涯导航的首席,与班主任、其他任课教师、心理教师等,组成团队,重点辅导某一个或几个学生的生涯成长。依据确定的生涯辅导的重点对象和任务,从"角色意识、生命素质、工具使用、面谈指导"四个维度,帮助教师应对生涯教学与研究课题的需求,并通过基本工作流程和规范,建设工作保障:建立学生成长档案制度、每周谈心辅导与汇报制度、每月家校联络制度、定时个案研究与会诊制度、导师例会制度等,督促生涯导师日常工作有效实施,帮助教师从"教"到"导",更新生涯教育认知,提升生涯指导能力。最后,整合社会资源,加大资金支持,为教师开展生涯辅导提供资源保障。

参考文献:

1. 国务院办公厅《关于新时代推进普通高中育人方式改革的指导意见》(国办发〔2019〕29 号)。
2. 张蔚然,石伟平.芬兰中学生涯指导:内涵、特征及启示[J].外国中小学教育,2019(7):20-28.
3. 帕迪利亚.科学探索者[M].杭州:浙江教育出版社,2018.
4. 国际地理联合会地理教育委员会.地理教育国际宪章[J].地理学报,1993,48(7):289-296.
5. 教育部.普通高中课程方案(2017 年版 2020 年修订)[M].北京:人民教育出版社,2020.
6. 朱茂勇.生涯教育:植入幸福生活的基因[J].江苏教育(教育管理版),2019(8):23-25.

附录三　高中"生涯与发展"课程体系和实践模式探索[①]

何美龙　林　唯　黄梦杰[②]

[摘　要]加强中小学生涯教育,是基础教育的重要任务,如何把生涯教育实践与学生的自我发展目标相结合,是生涯教育需要面对的现实问题。上海市闵行中学将"生涯"与"发展"结合起来,坚持发展教育与生涯教育相互促进的策略,从"学业规划、自我发展、生涯探索"三方面制订了具体目标,并在实践中以学科教学和系列校本生涯课程落实生涯教育,最终构建了"生涯准备、生涯觉醒、生涯模拟"三阶段,及"公益劳动课程化、生涯讲堂系列化、暑期实践个性化、海外课堂学术化、科创孵化机制化"的"五化"实践模式。

[关键词]生涯教育;生涯与发展;课程体系;实践模式

2014 年 3 月,教育部《关于全面深化课程改革落实立德树人根本任务的意见》指出,要建立学生发展指导制度,指导学生学会选择课程,做好生涯规划[③]。加强中小学生涯教育,尤其是高中学生生涯教育成为基础教育的重要任务。2019 年,国务院办公厅颁布的《关于新时代推进普通高中育人方式改革的指导意见》明确提出,要加强学生发展指导,加强对学生理想、心理、学习、生活、生涯规划等方面的指导,通过学科教学渗透、开设指导课程、举办专题讲座、开展职业体验等对学生进行指导,帮助学生树立正确的理想信念,正确认识自我,提高学生自主选择的能力[④]。高中阶段是青少年发展自我意识、探索人生方向的关键阶段,学校应帮助学生找到自己的兴趣志向,指导学生和家长提前规划学生求学和就业的发展方向。

---

① 本文系全国教育科学"十三五"规划 2019 年度教育部重点课题"普通高中生涯导师队伍建设机制的研究"(课题批准号:DHA190438)的阶段性研究成果之一。原载于《现代基础教育研究》2021 年第 42 卷第 2 期第 107～113 页。

② 作者简介:何美龙,上海市闵行中学校长,特级教师,正高级教师,主要从事中小学管理与生涯教育研究;林唯,上海市闵行中学副校长,特级教师,主要从事德育与历史教育研究;黄梦杰,上海市闵行中学二级教师,主要从事中学英语教学研究。

③ 中华人民共和国教育部.关于全面深化课程改革落实立德树人根本任务的意见[EB/OL].[2021 - 01 - 02].http://old.moe.gov.cn/public-files/business/htmlfiles/moe/s7054/201404/167226.html.

④ 中华人民共和国中央人民政府.关于新时代推进普通高中育人方式改革的指导意见[EB/OL].[2021 - 01 - 02].http://www.gov.cn/zhengce/content/2019 - 06/19/content_5401568.htm.

近年来,随着新高考、新课程的推进,全国各地普通高中纷纷开展生涯规划教育实践,重点关注生涯规划概念的普及,侧重在高考学科科目的选择、大学专业介绍、职业方向选择及其个性特征评估等方面。这些做法取得了一些成效,因为直接关注高中选课和升学指导,受到家长和学生的普遍欢迎。但实际上,这一层面的实践依然存在问题,如何把生涯教育实践与学生的自我发展目标相结合,引发学生对未来人生发展与今天个人现状的联系与思索,这是生涯教育需要面对的现实课题。

关切学生实际需求,把生涯教育的理论和实践与学生的发展紧密结合,形成一种触动心灵、感动生命、能被学生接受内化的教育模式,是上海市闵行中学生涯教育的特色和一直致力的方向。学校总结十多年来心理健康教育的经验,结合创新素养培育内容和学生实际,将心理健康教育的发展性目标落地,从学生的可持续发展着眼,坚持发展教育与生涯教育相互促进,在课程、教师辅导、实践体验、社会和家庭支持等诸多方面精心设计,逐步形成了具有特色的"生涯与发展"课程体系与"三阶段·五化"的实践模式。

一、中学生涯教育的目标定位

高中是学生认识自我、走向社会的人生发展关键阶段,让每一位学生在校期间得到充分的学习机会,个性被认识,潜能被开发,身心健康,视野开阔,这是育人的基本方向。如何激发并维持层次差异明显、学习动力不一的学生的学习兴趣和动力,如何让每位学生找到自己个性的成长方向,是每一所学校都需要认真面对并努力解决的问题。

闵行中学的高一新生中学生层次差异明显、个体发展不平衡的矛盾非常突出。学校期待通过生涯教育借助科学的生涯测试以及系统全面的生涯教育实践,使学生从人格、价值、兴趣、需求、潜能等方面了解自己、接纳自己,将高中生最关心的"学科选择、大学志愿、青春恋爱、心理健康、网络游戏"等问题引导、升华到学涯、职涯等个人发展的思考上来。期待生涯教育能持续激发学习动力,促使学生从人生发展角度思考当前的学习生活,让生涯规划成为学生终身的能力。

学校结合已有的理论研究和实践经验,进一步明确了生涯教育在学业规划、自我发展、生涯探索三方面的具体目标(见附图3-1)。

1. 学业规划

该目标旨在帮助学生了解高中学习的任务和要求,指导学生适应高中阶段的学习生活,改进学习方法,提高学习效能;通过学习学科与专业的关系、学科知识与未来发展的关

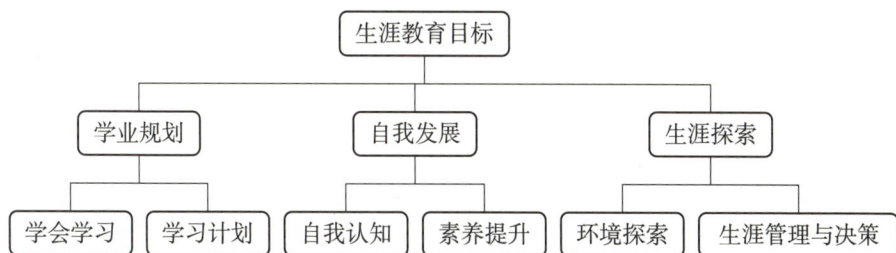

附图 3-1 生涯教育目标定位

系,帮助学生了解自己的学习特点,指导学生根据自己的学科优势和兴趣特长选择合适的科目;依据恰当的学习目标,制订合理的学习计划,科学规划三年的学业发展,为未来的升学做准备。

2. 自我发展

该目标旨在通过生涯测试、心理辅导,强化学生自我认知。帮助学生了解自己的个性特点、兴趣爱好和能力特长,认识自己的优势和不足,发现自己的潜能,建立积极的自我概念,为生涯选择奠定基础。在认识自己优势和不足的基础上,生涯教育帮助学生树立信心、发挥特长、改进不足,促进人格的自我改善。通过生涯实践丰富体验,提高学生的情绪管理、时间管理、人际交往、团队合作能力,使其致力于有质量的学习和生活。在人文底蕴、科学精神、学会学习、健康生活、责任担当、实践创新等方面开展课程和活动,提升核心素养。

3. 生涯探索

该目标旨在探索未来职业环境,了解大学专业及大学分类,学习选择专业,选择大学;了解社会的职业需求、职业岗位的分类及其对知识和技能的不同要求;了解社会变化的趋势,探索适合自己的职业方向;通过深入社会实践,了解不同职业的工作状态和工作环境,体验不同社会角色承担的不同责任。

学习生涯管理与决策,掌握生涯决策的方法,从工作时间、环境待遇、未来发展和价值实现等方面去评估职业发展机会,结合自身实际情况,尝试个性化生涯发展规划。

二、"生涯与发展"课程体系的构建与推进

1. 在学科教学中落实生涯教育

学科教学本身包含生涯教育内容,在学科教学中落实生涯教育,须将学科学习延伸至工作和生活世界,建立知识与生活实际的联系,具体可采用如下做法:引导学生认识学科

知识的价值和意义,使其对学科产生积极的自我效能感,培养学科兴趣,培养自主学习方法,在学科学习中探索专业和职业目标;掌握基本的人类发展知识和原理,为未来深入的学术探究、工作和生活奠定基础。诚如1992年《地理国际教育宪章》的提法:基础教育的各个学科都可以成为让学生有活力、有作用和有兴趣的学科,并有助于终身欣赏和认识这个世界①。

1)宏观融合,整体开发教材中的生涯教育内容

对教材进行整体融合设计,制定学科生涯融合课程标准,从学生生涯发展角度对教材进行再开发,从生涯教育的角度确立教学目标、课程内容。如生命科学的生涯融合课程目标包含"培养学生热爱大自然,珍爱生命,理解人与自然和谐发展的意义,提高环境保护意识",引导学生尊重生命、认识生命的本质②。物理学科的生涯融合目标是培养学生的物理观念、科学思维、实验探究能力、科学态度和责任意识。以上教版高中英语必修2为例,教材涉猎脑认知科研人员、南极科考人员、教师、语言学研究者、社会学研究者、科学家、艺术家、数学家等多种职业,教师通过课文内容引导学生了解不同职业的工作方式、工作内容、必备能力和品质,引导学生深入思考人生的意义和目标,激发学生的生涯意识,并培养学生的生活态度和价值观。

2)中观融合,专栏聚焦学科生涯问题

各学科以专栏形式,探讨学科职业和行业前景、学科专业应用、学科相关重大热点问题、学科前沿知识、学科代表人物等内容。如人教版高中生物必修教材每册以"科学家访谈"作为序言,教材中有多处"科学史话""科学家的故事""科学前沿"等板块③,其中"科学史话"介绍科学家开展科研工作的艰辛过程,让学生学习科学家坚持不懈、敢于挑战的科学精神;"科学家的故事"介绍科学家成长历程,了解科学家应具备的科学态度和科学精神,激发学生的职业理想;"科学前沿"介绍最新的科学研究成果,引导学生了解相关的职业前景,其他学科同样可以借鉴。

3)微观融合,开展学科知识实践应用活动

学科教学要充分建立知识与生活实际之间的联系,让学生认识学科知识的实际意义,创设探究性问题及活动,开展实地参观、课外调查、社会实践、课题研究等,运用学科知识解决实际问题。如历史学科教师让学生体验博物馆讲解,运用历史知识完成现场讲解,促进学生的职业认知。政治学科教师带领学生前往中国银行,实地考察银行工作人员的工

---

① 国际地理联合会地理教育委员会.地理教育国际宪章[J].地理学报,1993(7):289-296.
② 中华人民共和国教育部.义务教育生物学课程标准(2011年版)[M].北京:北京师范大学出版社,2011:6.
③ 冯瑶琼.高中生物学教学中渗透生涯教育的策略研究[J].生物学教学,2017(7):22-23.

作内容,进一步深化对银行工作的理解。通过社会实践活动,学生从课堂走向社会,理解学科知识在社会经济发展中的重要作用,培养了学生的创新精神和实践能力,为他们今后的生涯发展奠定基础。

2. 构建生涯课程校本系列

闵行中学"生涯与发展"课程体系主要由必修课程与拓展课程两部分组成(见附图3-2)。

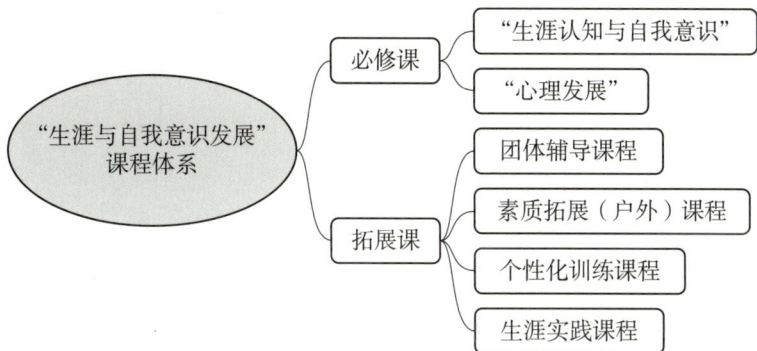

附图3-2　上海市闵行中学生涯校本课程体系

必修生涯发展课程以学校自主开发的《生涯与发展》系列丛书为基础内容,每周一课时,针对高中各年级划分不同的模块内容(见附图3-3):高一年级主要帮助学生适应高中生活,引导学生生涯觉醒、生涯选择、生涯规划,学会合理学业规划;高二年级主要帮助学生在人际、情绪、职业等方面提升能力,了解大学、专业、职业,初步确定人生目标;高三阶段帮助学生确立升学目标和初步的职业方向,使他们学会应对压力,以积极的态度做出人生第一个重要的选择。

必修课程针对学生发展中的实际需求(心理发展需求和实际心理现象),通过积极心理学取向的辅导干预策略、健康心理环境的创设、针对性人格的完善等,指导学生进行生涯性向探索和生涯发展规划。主要内容包括16岁的花季、初涉生涯、学习的规律、我的学业规划、生涯要素及能力训练、体验和感悟成长等。通过每周的生涯规划课和班会课,落实相关内容,让学生掌握生涯规划的基本知识和技能。

拓展生涯课程以多元生涯体验为目标,通过团队辅导、榜样引领、个性训练、生涯实践等,开阔生涯视野,发展生涯规划能力。学校整合校内外各种资源,以科学的生涯测试、个性化指导、学生社团、创新孵化科技项目、校园开放日活动、生存训练、社区志愿服务、海外课堂等多种形式,增加学生体验,让学生在体验中开阔视野,在实践中逐步清晰自己的生涯目标。

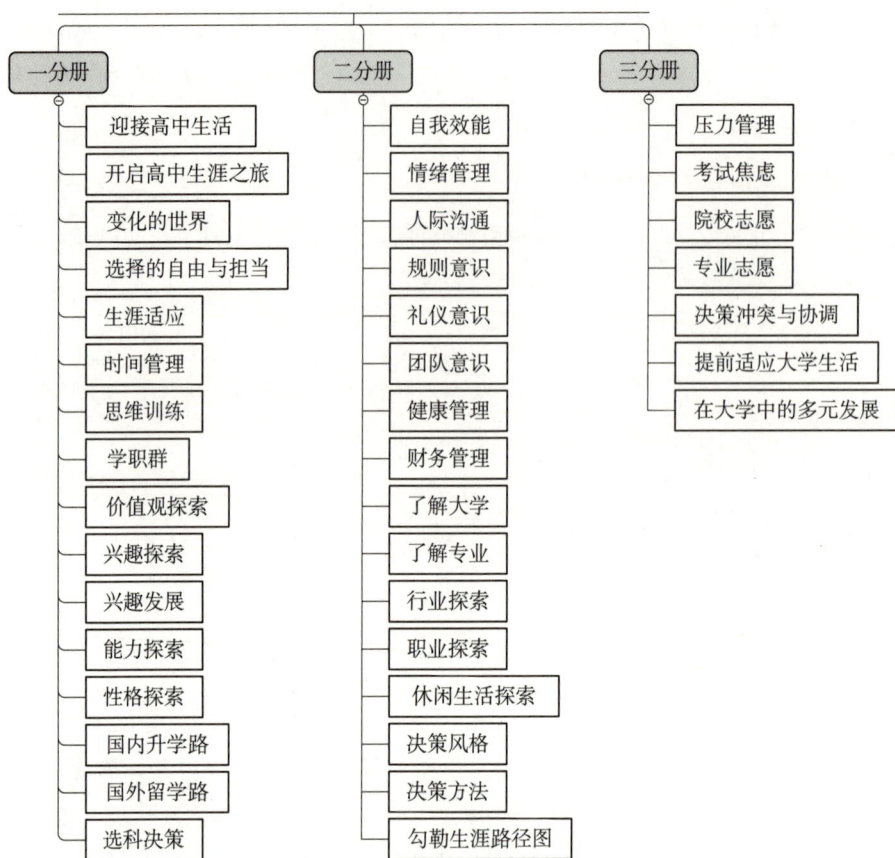

附图 3-3 《生涯与发展》丛书内容

此外,学校还设有研究型生涯课程。研究型生涯课程在强化高中基础学科学习的基础上,以单学科深化、跨学科综合等方式,引导学生关注生活中的问题,以研究性课题和项目式(主题式)学习的方式,培养学生发现问题、提出问题、解决问题的能力。闵行中学的研究型生涯课程分三阶段推进(见附图 3-4)。

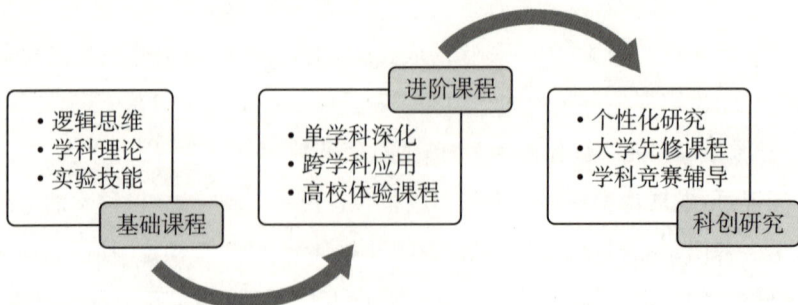

附图 3-4 研究型生涯课程三阶段推进

基础阶段:以高中基础学科学习为切入点,基础学科理论与科研课题研究相结合,对数学、物理、化学、生物、历史、地理等相关学科的知识理论开展系统的梳理与强化学习,夯实学业基础。

进阶阶段:通过课题研究,探索如何应用高中相关学科知识和技能,并通过"请进来、走出去"的方式,让大学、科研院所专家或家长加入,让学生对高校的相关专业领域课程和研究方向有所了解,整理相关课题资料,学生尝试以个性化的研究性学习报告呈现学习过程。

科创阶段:综合学生个性兴趣与前两个阶段的学习,借助国内外知名高校专家学者力量,为学生量身定制个性化的研究课题,并给学生提供机会直接参与高校、科研机构的研究项目;在高水平的模仿研究、真实研究中强化科创理念,使学生获得研究能力的综合发展。

三、"三阶段·五化"生涯实践模式的形成

经过多年实践,学校逐渐规范"生涯认知→生涯测试→生涯体验→生涯实践"的生涯教育模式途径(见附图3-5),坚持知行合一,使学生从认知、深化、实践、验证到新的认知、新的实践、新的验证,螺旋式上升认识自我,规划人生,最终构建了"生涯准备、生涯觉醒、生涯模拟"三阶段,及"公益劳动课程化、生涯讲堂系列化、暑期实践个性化、海外课堂学术化、科创孵化机制化"的"五化"实践模式。

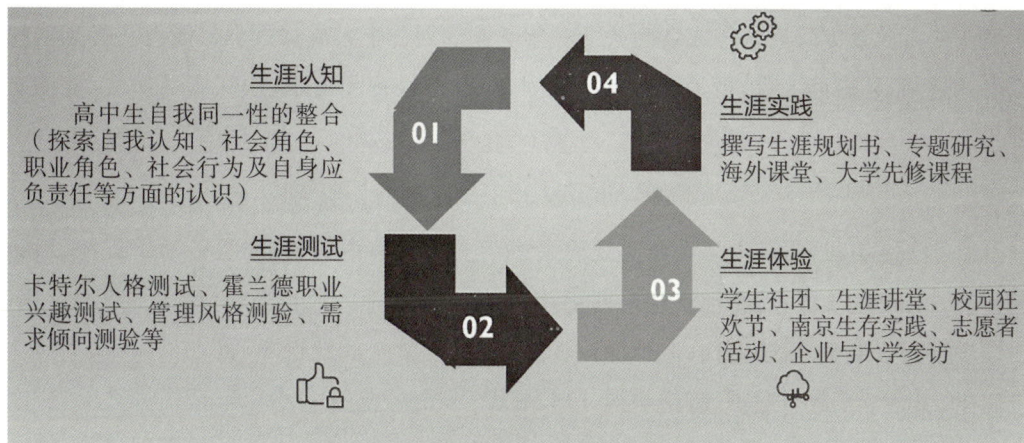

生涯认知
高中生自我同一性的整合
(探索自我认知、社会角色、职业角色、社会行为及自身应负责任等方面的认识)

生涯实践
撰写生涯规划书、专题研究、海外课堂、大学先修课程

生涯测试
卡特尔人格测试、霍兰德职业兴趣测试、管理风格测验、需求倾向测验等

生涯体验
学生社团、生涯讲堂、校园狂欢节、南京生存实践、志愿者活动、企业与大学参访

附图 3-5　闵行中学生涯教育的模式途径

1.“生涯准备、生涯觉醒、生涯模拟”三阶段

1）生涯准备

从学生踏进校门开始，通过每周 1 课时的生涯必修课程，帮助学生了解生涯基础知识，围绕学生开展生涯规划所需的素质，全方位拓展训练，营造积极成长的团队基础和班级氛围。

学校利用"卡特尔人格测验、管理风格测验、霍兰德职业倾向测验、需求倾向测验、智力测验"等具有国际信誉的量表，组织学生进行生涯测试，帮助学生了解自己的优势和兴趣。从人格、兴趣、能力、价值观、需求五个方面综合评估学生的成长情况，为每位学生呈现一份较为详尽的生涯报告，提出生涯方向的建议和指导。

2）生涯觉醒

为了激发学生自我探索的意识，学校邀请社会各界知名人士和校友为学生开设生涯讲座，通过生涯榜样研究、自我兴趣领域聚焦和研究等环节，持续发挥兴趣在生涯目标明确过程中的作用，引导学生从"重要他人"获得成长体验，从"树榜样"到"明自我""做榜样"。

每逢假期学校鼓励学生走进社会，体验生活，完成社会实践报告。开学后先在班级内进行同伴交流，再由各班推选学生代表到校级层面进行交流。学校还开展大型模拟生涯规划展示和交流活动，通过营造积极的氛围，促使学生生涯觉醒。

3）生涯模拟

经过生涯准备和生涯唤醒两个阶段后，学校帮助学生尝试生涯模拟规划。生涯模拟规划的基本流程为：人生价值观澄清→职业确认或事业确认→专业确认或大学确认→大学确认或再教育方式确认→成绩确认→三年学业规划→个人成长→学习能力。学生的模拟生涯规划，从表面上看，帮助学生形成规划未来、畅谈理想的平台，从深层次看，能满足青年学子心理成长的内在需求。

2.“公益劳动、生涯讲堂、暑期实践、海外课堂、科创孵化”五化

经过多年实践，闵行中学生涯实践模式"五化"的基本内容为：公益劳动课程化，引导学生进入社会初步体验；生涯讲堂系列化，引导学生感悟他人成长经验；暑期实践个性化，引导学生探索专业、明确方向；海外课堂学术化，引导学生放眼世界、追求卓越；科创孵化机制化，引导学生敢想敢做、脚踏实地。

1）公益劳动课程化

公益劳动课程化，引导学生进入社会初步体验。社区、医院、走进敬老院、邻里中心和

艺术场馆、博物馆等做志愿公益服务,是闵行中学生涯教育的重要实践体验环节。学校通过公益劳动和志愿活动课程,帮助学生在实践活动中了解社会,培养学生的责任意识、规则意识和奉献精神。如学生在上海市第五人民医院的急诊室导医志愿劳动,以及敬老院互动手工课程、邻里中心中小学生辅导课程、博物馆导览课程等。

2) 生涯讲堂系列化

学校每周邀请科学家、优秀学者、医生、媒体工作者等行业精英来学校开设讲座,为学生提供生涯讲堂课程,学生有机会聆听来自行业精英的生涯建议。2020 年 9 月,金亚秋院士走进闵行中学生涯讲坛,分享他的观点:一是所有的学科知识都是有价值的;二是"执着"很重要,支撑他个人成长成才的最重要品质是执着。一场场生涯讲堂不仅仅分享故事,还将个性梦想逐个照亮。"他人榜样"启发个人成长,自我兴趣领域聚焦、社会责任担当、职业伦理分享——生涯讲堂的系列化主题,使学校为每一位学生提供了畅想理想、检验梦想的平台。

3) 暑期实践个性化

高一新生走进闵行中学,有机会参与"交大科创夏令营、微软女生夏令营、清华实验体验营、中日韩历史论坛、德国文化探访"等暑期实践活动。学校先后与上海市第五人民医院、上海航天设备制造总厂、上海交通大学学生活动中心、同济大学相关学院、上海市群益职校等单位共建生涯实践基地,让学生提前体验职业生活、学习大学课程和走进科学实验室,以丰富的实践体验经历、多元的评价增加学生的自我效能感,激发兴趣学习和动力,引导学生探索专业、明确方向。

4) 海外课堂学术化

学校与美国加州大学伯克利分校、法国科技学院联盟、法国商学院联盟和工程师学院联盟、德国曼海姆大学等多家海外院校建立合作关系,开通了国内、国际教育交流渠道,不断拓宽"课堂"的范畴,给有需求、有兴趣的学生搭建国际平台,让学生与国内外知名高校的专家学者近距离接触,参与高校、科研机构的科研项目并发表论文。

这些学生利用寒暑假,在伯克利大学等海外课堂中接受了为期 1 个月左右的封闭式培训。他们通过一系列通识类课程与技能类课程的学习,了解了世界前沿科技的发展趋势与商业运作模式等;通过小课题研究提升了个人的表达能力与科研论文的写作能力。在实践中学习如何用科学的思维去发现问题、思考问题、处理问题;回国后,在教师的指导下继续完善相关课题数据采集、结论的分析、提交论文和报告。

5) 科创孵化机制化

学校开发了创造教育的校本课程系列,形成了"创意与制作""单片机""智能机器人"

"程序设计"等创新素养培育课程。为保证课程有效实施,陆续创建了多个智能控制实验室。学校规定高一、高二拿出两课时开展创新素养培育拓展课、两课时开展学科选修课、一课时开展社团课。并以此为基础,推行科创教育。

近年来,在青少年科学社团建设基础上,学校建立了面向全体学生的科技创新孵化机制,即在科创活动拓展、选修和社团活动基础上,每学期组织科创项目和研究课题的答辩活动,通过专业评委的评审,对于有创意的项目,给予导师指导配备和活动经费的支持,使优秀项目进入校级孵化平台,促进研究和科创活动深入,并形成了基于信息化平台的"科学创造"教育创新孵化五步法:①同伴榜样激励,启发创新意识;②多元课程开设,满足个性需求;③资源平台支撑,提升科学素养;④实践活动体验,锻造创新人格;⑤创新孵化机制,成就创新人才。

生涯教育一路领航,"生涯与发展"课程体系和"三阶段·五化"生涯实践模式,助推闵行中学办学内涵不断提升:一是学生在多元平台获得更大潜力和更大发展,每年一大批学生在中国(上海)国际发明创新展览会、学科竞赛、课题研究以及多元升学中取得优异成绩;二是推动教师角色向生涯导师转变,促进教师专业成长,进而推动了课堂教学从理论知识转向现实生活,进一步提高了教学品质;三是学校人才培养模式由单一走向多元,推动了人才培养模式转变,提高了办学成效。

附录四　普通高中生涯导师专业能力与支持系统构建[①]

何美龙　黄梦杰

[摘　要]生涯导师队伍建设是普通高中生涯教育开展的根本保障。本研究基于对上海市闵行中学教育联盟5所学校450多位教师和540多位高中学生生涯教育需求的实际调查,结合上海市闵行中学10年生涯教育实践,梳理现阶段中学生涯导师工作的目标和内容,提出生涯教育导师的专业能力需求,构建针对性的支持系统。

[关键词]生涯教育;导师专业能力;专业支持系统

随着新高考"3＋X"选科模式的实施,学生在高中阶段需要尽快了解自己的兴趣和能力,做出学科和未来的专业选择。开发生涯教育课程,引导学生认识自我,指导学生规划未来升学和就业方向,成为现阶段我国高中教育的基本内容。2019年6月,国务院办公厅在《关于新时代推进普通高中育人方式改革的指导意见》中指出:普通高中学校要明确指导机构,建立专兼结合的指导教师队伍,通过学科教学渗透、开设指导课程、举办专题讲座、开展职业体验等对学生进行指导[1]。构建学校生涯指导团队,提高教师生涯导航专业能力、构建针对性的专业支持系统是学校师资队伍建设的当务之急。

一、高中生涯导师工作的目标和内容

1. 国际先行经验

以美国、加拿大等为代表,国外最早的生涯辅导的内容和目标是指导学生选课、升学。如美国高中学校咨询师主要帮助学生制定学术和生涯规划,解决学习问题、选课、毕业后规划、申请大学等事宜。生涯技术教师对课程规划、学习进度、培养技能、实践活动、工具和设备使用等方面进行指导。随着时代的发展和导师制的普及,高中生涯导师的职责也

---

① 本文系全国教育科学"十三五"规划2019年度教育部重点课题"普通高中生涯导师队伍建设机制的研究"(编号:DHA190438)的阶段研究成果之一。

　原载于《上海教育科研》2022年第1期第60～65页。

由学业指导和生涯规划逐步扩展到心理指导、品德指导、生活指导等多方面。如芬兰高中学生顾问的具体职责有：对新生进行选课指导，约谈学生做思想指导、教育特殊学生、升学指导、联系学生的实习活动、就业指导。经济合作与发展组织（OECD）把青少年生涯教育的目标确定为：作抉择的能力、个人反思的能力、分析信息的能力、正向态度、坚持和实践能力、应对未来生涯困难和变迁的能力、终身生涯规划和生涯管理的能力。现阶段，国际高中生涯辅导的目标和内容已演变为对生理、心理、学业和生涯全方位的辅导。

2. 学生发展的实际需求

2021年3月，上海市闵行中学教育部重点课题研究团队（以下简称研究团队）对开展生涯规划有一定基础的上海市闵行中学、上海市民办文绮中学、上海市闵行第三中学的1510名学生进行问卷调查。调查发现，只有28%的学生对大学和专业有明确的目标和方向；31%的学生表示有心仪的大学，但对于专业选择没有方向；24%的学生有明确的专业选择方向，但对于大学选择没有目标；17%的学生对专业和大学选择均未作考虑。虽然学生对大学和专业选择具有明确目标和方向的比例随年级增长逐渐提高，高三达到了38%，但与高考改革、学生全面成长的现实要求相比，这一水平仍然过低。

调查发现，学生更需要在学习状态调整、学科学习指导、社交能力提高等方面得到导师的指导：71%的学生在薄弱学科学习上压力较大，61%的学生希望导师提供学科学习方面的指导；37%的学生具有学习积极性，但受制于自律不足；40%的学生时间管理能力不足；54%的学生认为当下最需要解决的问题是加强弱势学科的学习，提高学习成绩；23%的学生认为关键在于提高自控能力；27%的学生希望提高社交能力；24%的学生希望提高社会实践能力。

综上所述，现阶段高中学生在选课指导、学习状态调整、学习辅导和人际交往、心理健康、大学专业选择等方面，都有比较强烈的指导需求。研究团队在综合研究国内外实践基础上，结合五年实践，明确了学校生涯导师工作职责和指导内容的五个基本方面。①思想引导。指导学生树立正确的人生观和价值观，培养学生的责任感，对学生的行为规范进行指导和管理。②心理疏导。帮助学生树立信心，正确对待学习与生活中的困难与挫折；帮助学生缓解学习与生活中出现的焦虑情绪；引导学生进行正确的亲子沟通和人际沟通。③学业辅导。帮助学生培养良好的学习习惯，引导学生探索适合自己的学习方法，指导学生发挥特长、弥补短板、合理选科，培养学生自主学习的能力，指导学生开展课题研究。④生活指导。指导学生进行健康管理，引导学生开展有益身心的休闲活动。⑤生涯向导。指导学生学会选科，帮助学生了解升学的路径、分析大学的专业、探索行业与职业。

二、高中生涯导师胜任力要求

1. 国际经验中的生涯导师专业能力需求

当前,英国中学阶段生涯教育教师队伍由生涯领袖、生涯顾问、学科教师组成,生涯领袖承担学校生涯教育的主要责任,对学校生涯教育进行领导、管理、协调;学校聘请的生涯顾问主要运用生涯发展理论与模型,为学生提供个性化和专业性的生涯指导与建议;学科教师为学生提供生涯信息,对学科教学与生涯教育进行融合,与学生进行非正式的生涯对话。英国生涯发展学会将生涯教育师资的能力要求划分四个领域:职业伦理与反思性实践、使他人掌握生涯管理能力、使个体获得更加广泛的生涯发展服务、促进和改善生涯发展服务。具体标准可参考和应用生涯发展理论,帮助学生设定生涯发展目标、探索生涯发展需求、评估个人能力,规划和实施生涯教育活动,转介资源和团队合作,监督和改进生涯指导服务等[2]。

美国生涯导师团队由专门的生涯技术教师和学校咨询师组成:生涯技术教师是在某一生涯集群有专业实践经验的专门教师,教授学生进入某一行业所必需的知识和技能;学校咨询师为学生提供广泛的学术、生涯、社交、情绪等多方面的指导[3]。美国学校咨询协会制定学校咨询师专业标准,将其划分专业精神、基本技能、提供直接和间接服务学生的能力、管理项目和争取学校支持的能力四个领域。如在专业精神上,相信每个学生都能学习、都能成功等;在基本技能上,学习和应用理论,建立学校咨询项目的愿景,制定学校咨询项目的目标并推动实施等;在学生服务上,设计并实施学校咨询核心课程,提供咨询服务支持学生的发展,转介专业人士,与家庭、教师、管理者及相关者合作等;在项目管理与学校支持方面,理解教育法律、教育政策、教育趋势,设计、实施和评估学校咨询项目,合理评价学校辅导员绩效等[2]。

芬兰导师制成为芬兰普通高中学生发展指导体系中的重要组成部分,既有专职导师又有兼职导师,导师由"学生顾问""辅导员""特需导师""导生"四个群体组成,这四类导师从不同方面指导学生从高一到高三有序发展,完成高中学业、确定未来发展方向和积累成长阅历[4]。加拿大要求就业指导的咨询师必须具有教育学、心理学、咨询学或相应的人文社会科学的博士学位,而且具备一定的工作经验[5]。

从国际经验看,生涯教育的师资队伍构成多元化,以专职学校咨询师、生涯顾问、生涯技术教师为主导,学科教师共同参与生涯教育。生涯专业导师和兼职导师在生涯辅导上分工负责，从不同方面指导学生稳步发展。生涯导师应具备的专业能力包括：强调理解和应用生涯发展理论、设计和实施学校生涯教育项目、提供咨询服务以指导学生发展、寻求多方合作和转介资源、评价生涯辅导工作等能力。

2. 师生调查中的生涯导师专业能力

研究团队对上海市闵行区 5 所中学教师进行问卷调查，共收到 450 份有效问卷。结果显示，关于生涯导师应具备哪些关键能力，80% 以上的教师认为导师应具备生涯教育相关知识和经验、心理学知识与心理辅导能力、交往沟通能力，70% 以上的教师认为导师应具备本学科素养与教学能力和师德素养。调查结果与国际经验相似，这些教师觉得生涯导师的专业能力应包含生涯教育相关知识和经验、心理学知识与心理辅导能力、交往沟通能力，同时应具备本学科素养与教学能力和师德素养。

对 540 多位高中学生的调查结果显示，"善于与学生沟通"成为学生心目中生涯导师最重要的特质，在高中三个年级中均占 80% 左右的比重。此外，教师本身的"乐观幽默""爱心耐心""生涯指导能力"也获得了较高比重的选择。显然，高中繁重的学业压力需要师生间良好的互动，这是生涯辅导最核心的特质。"学科学习""大学报考"是学生选择较多的生涯导师导航需求。另外，高三年级因为特殊的状况，在心理辅导和人际交往方面的需求指导，比高一、高二有较大提高。

3. 德尔菲法调查中的导师胜任力

德尔菲法（Delphi Method）也称专家调查法，指通过专家的知识、经验以及综合分析能力，让他们对研究的问题做出判断、评估和预测的一种方法。研究团队选取在生涯教育研究领域具有较高权威的 6 名专家，探索生涯导师应具备的胜任力特征，构建校本特色的生涯导师胜任力模型。6 名专家均有正高职称或博士学位，从事相关专业 5 年以上，包含了高校教授、高中学校德育管理的领导、区教育专家、专业机构生涯教育专家。研究团队将专家提到的生涯导师胜任力特征进行分类、编码，结果如下。

所有专家都强调生涯辅导专业知识、相关技巧和辅导能力在导师胜任力中的重要性，尤其对生涯辅导能力进行了详细列举。大部分专家根据辅导内容来划分，如在生涯规划上，协助学生选课、志愿填报，指导学生选择大学专业和职业探索，协助学生认识环境、适应环境；在自我认知上，评估和了解学生兴趣，指导学生了解自己的兴趣和理想。

大部分专家均提及生涯导师要具备生涯辅导基本理论知识，有专家列举了多元智能理论、生涯测试量表解释能力及相关工具的使用能力。大部分专家提及生涯相关信息的了解，导师应熟悉考试招生政策和大学专业设置，了解适合本校学生的高校升学选择情况、大学专业和职业情况。

所有专家都强调生涯导师要具备良好的沟通交流能力,善于与学生沟通对话,擅长倾听、共情,沟通能力是生涯导师应具备的基础能力,这一点与学生需求调查结果一致。大部分专家认为导师要关爱学生,以学生为中心,积极地关怀学生成长。

4. 生涯导师胜任力指标的分类构建

基于上述研究和目前学校开展生涯指导的实际,可勾画出一个中学生涯辅导教师胜任力的具体的理想模型,应具备以下三个基本能力:从事生涯辅导的热情、意愿和亲和力;具备生涯辅导相对应的生涯指导专业能力;具有学科教师的良好胜任力。基于在现实工作中,很难找到这样具备各种生涯指导能力的完美导师,研究团队认为,生涯教育导师的关键能力,除了基础的教师胜任力,应从专业生涯导师、学科生涯导师和校外生涯导师视角,分类构建教师生涯辅导胜任力(见附表4－1)。

附表4－1　生涯导师胜任力指标分类构建

	专业生涯导师	学科生涯导师	校外生涯导师
知识素养	生涯发展理论知识 生涯辅导基本技巧 生涯相关信息了解	生涯教育基本概念 学科基本思想和方法 了解学科相关专业职业	了解高中生心理特征,精通专业领域知识与技能
专业能力	生涯课程教学能力 生涯辅导能力 心理辅导能力 评估分析能力 咨询能力 沟通交流能力	学科融合生涯教育的能力 学业规划辅导能力 学习方法指导能力 学科生涯信息搜集与处理能力 学科生涯咨询能力 激励能力 资源统筹的能力	专业知识指导能力 职业规划咨询能力 职业兴趣激发能力 思考总结能力 表达讲解能力
工作态度	关爱学生、责任心、积极心态、倾听共情	人格特质	温暖热情、敏锐洞察、耐心爱心

1）专业生涯导师胜任力

专业生涯导师胜任力最核心的能力是生涯规划辅导能力,根据生涯辅导内容可将其进一步分为自我认知指导能力、社会探索指导能力、生涯选择和规划指导能力,其中包含了利用工具分析和评估学生兴趣潜能的能力、个体咨询与团体咨询的能力;专业生涯导师还承担设计和实施生涯课程的任务,需具备生涯课程教学的能力。专业生涯导师的关键能力还包括心理辅导能力、沟通交流能力,理解和感受学生的情绪,缓解学生心理压力,协助学生处理人际关系等。

2）学科生涯导师胜任力

学科生涯导师的主要职责是指导学生获得学科基本思想、方法、技能,关注学科相关职业前景和学科发展,促进学生优质学习经验、学习效能感获得。学科生涯导师需要掌握生涯教育的基本概念,对生涯教育有基本的理解,能从学科教学的角度开展生涯教育,围绕学科知识与专业、职业、终身发展之间的联结进行教学和辅导,了解学科发展前沿、学科职业发展前景、高校招生政策以及可用于学科融合生涯教学的相关信息。学科导师通常需借助外力资源,针对学生需求,寻求其他教师、校友、行业专家的合作和帮助。因此,资源统筹和协同合作能力是导师胜任力的重要组成部分。

3）校外生涯导师胜任力

校外生涯导师应具有在某一生涯集群的专业实践经验,引导学生进入某一行业所必需的知识和技能,并发挥生涯发展的榜样示范作用。校外导师需要具备一定的思考总结能力和表达讲解能力,将自己的职业经历分享给学生,帮助学生了解职业的特点、能力要求和职业态度,激发学生的职业兴趣,指引学生职业规划。

三类导师在工作态度和人格特质上应具备相同特征。在生涯指导的工作态度方面,关爱学生、具备责任心、积极心态。在人格特质方面,应温暖热情、敏锐细心、爱心耐心。导师用积极的力量影响学生,能敏锐观察到学生的变化,知觉他们的需要,对学生细心观察,用一颗爱心和耐心辅导学生。学生能感受到被尊重、被接受、被认可。

🔍 三、中学生涯导师专业发展的现状与困境

2014年,上海市闵行区启动生涯教育实践,到2021年,由最初的16所学校发展到80所,其中小学15所、初中(九年一贯制)47所、高中(职校)18所。上海市闵行区聚焦生涯课程建设、队伍建设、个案研究、机制研究、学科融合等方面,推进具体工作,但在实际工作中,对独立的学校个体,难以提供个性化服务和咨询的专业师资是突出问题。此外,学科教师如何发展成为学科生涯导师,缺乏发展路径和支持系统。

1. 教师群体的生涯教育意识不足

从某种意义上说,教育是为了使学生未来的生活更美好,所以学校的全部教育教学活动都是生涯教育。教师群体的生涯教育意识不足,一是把学校生涯教育的内涵窄化,局限于学习辅导、学科选择和大学志愿填报指导方面,忽视对学生内在潜力的激发、兴趣的培

养和生涯发展的长远规划。二是受升学压力的影响,学科教师以学科知识教学为主要任务,部分教师对生涯导师制的参与缺乏积极性。目前,许多学校的生涯教育和学科教学作为两个独立的任务,分别由专门的生涯教师和学科教师承担。但在学校里,学科课程是学生学习的主要阵地,高中学科知识是学生未来发展的基础,与学生未来的职业与生活有紧密的关系。这就需要教师从生涯发展的视角理解学科知识,在教学过程中将生涯指导融入学科教学中,从学生终身发展的角度认识学科知识的意义。教师需要从学科育人视野正确审视普通高中教育的育人价值,摒弃分数至上的教育观念。

2. 教师个体的生涯指导能力不足

学校专职生涯教师一般由心理教师兼任,具有较强的专业辅导能力。但学科生涯导师普遍缺乏生涯指导的相关理论知识和实践方法,对生涯指导的内涵、目标和方法缺乏系统的认知。少数教师参加过生涯指导培训,但由于实践和反思不足,对生涯指导理论的理解不到位。调查显示,70%的教师表示生涯辅导知识储备较为欠缺,对具体的学生指导缺乏科学合理的方法,如帮助学生认识自我、指导学生生涯规划、指导学生时间管理等。超半数教师(51%)认为学科教师对于学科与生涯如何融合尚未厘清,缺少生涯指导方面的专门知识。提高教师个体的生涯指导能力,增加生涯指导专业培训,是教师的自发需求。

3. 缺乏完善的生涯教育工作机制

当前,我国并未出台有关学生生涯指导的目标框架,缺少统一而清晰的目标标准,造成学校及教师对生涯导师工作的目标和任务认识不清晰。一些学校将生涯导师制作为方向性工作开展,在制度建设时较为笼统。导致教师对生涯导师工作的具体要求认识不清,对生涯指导目标的认知较片面。学校对于开展哪些具体的活动,培养学生哪些关键能力等没有统一规定,从而影响导师工作的主动性和生涯指导的实施效果。

生涯指导制度的实施将改变学校现有的制度运行模式,调整教师角色和教师工作任务,因此需要一系列的配套制度保障其运行。

四、构建中学生涯导师专业发展支持系统

1. 建立健全导师工作制度

健全的导师工作制度,能保障学生指导工作有序、规范、持续地推进。因此,学校生涯指导制度,须明晰生涯导师责任和内容,从导师选聘、师生配对、工作任务、工作途径、指导策略等方面明确规范,便于教师操作实施。

如学校建立由专业生涯导师、学科生涯导师和校外导师组成的生涯指导团队，明确职责，共同承担指导责任。关于工作任务，专业导师主要是帮助学生了解生涯教育概念，培养学生的生涯规划意识；运用科学量表测量和分析学生的兴趣、性格、能力，帮助学生认识自我。学科导师的任务主要有激发学生的学科学习兴趣，引导学生了解学科与专业、未来职业的关系，协助学生做好学科选择和升学选择；指导学生开展课题研究等。校外导师的工作任务是指导学生参加职业体验、学习榜样示范，引导学生了解进入某一行业所必需的知识、技能和职业精神。关于工作途径，应建立学生成长手册制度、工作记录制度、个案会诊制度、团体辅导制度、导师例会制度等，保障导师制日常有效实施。通过制度建设和任务驱动，明确教师的职责内容和工作形式，增强导师的实践自觉。

2. 构建生涯导师专业成长支持系统

（1）构建专业学习课程资源库。提高生涯教育基础知识、技能、基本方法和指导能力的支持系统构建，是学校生涯导师工作落实的另一保障。上海市闵行中学针对生涯教育具体内容，提供专题的学习资源库，为每一位教师提供生涯教育基本知识、技能、方法和指导。

（2）建设系列生涯指导培训课程。打破目前培训系统化程度低、针对性不足的困境，针对当前教师的成长需求，设计科学、系统、分类明确的培训课程[6]。

（3）建立生涯导师教研制度。定期开展生涯辅导教研活动，制定生涯辅导工作计划、工作内容、工作步骤，策划生涯辅导活动，讨论生涯辅导的策略和方法，研究重难点问题。开展校际之间、区际之间的合作教研，组织公开课展示、生涯辅导案例研讨、情景模拟辅导，共同研讨交流，分享生涯教育经验。

（4）建立生涯指导经验分享制度。定期开展论坛活动，将优秀导师的成功经验进行分享展示。论坛开展一般按照确定主题→寻找线索→完善案例→确定展示形式→论坛开展五个步骤进行。导师在实践中摸索出促进学生个性化成长的指导方式，在指导学生的过程中促进自身专业成长，提升生涯适应力。

3. 构建导师专家团队

建立由高校专家、生涯教育专家、实践专家组成的导师专家团队。生涯导师专业属于新的专业领域，导师在工作实践中缺乏理论基础和实践经验，迫切需要专家团队的指导。学校应邀请在生涯教育领域有专攻的高校教授、生涯教育专家、有丰富实践经验的一线学校管理者，参与学校生涯导师专业发展顶层设计，开展导师课程培训，参与学校导师论坛、沙龙、研讨活动，为导师工作提供理论支持和实践指导，指引导师工作方向。

4. 评价激励机制支持

将学生生涯指导工作纳入教师基本工作量,是学生指导工作顺利开展和促进教师生涯指导专业发展的基础和保障。

如学校采用质性评价和量化评级相结合的方式,对学生生涯辅导工作进行考评。质性评价,以学生成长手册、指导学生的记录、典型辅导案例评选、工作反思总结等方式进行。量化评价则由学生问卷、家长问卷、学生综合表现评价等方式组成。学校生涯指导评价将过程性评价和结果性评价结合,并通过设立专项资金,对优秀导师给予奖励,在职称晋升、荣誉评优中对表现特别突出的生涯导师予以适当倾斜。

5. 全员育人文化建设

校长是学校教师专业发展的第一责任人,需要端正育人思想,确实摒弃以学科教学成绩、学校升学为标准进行考核的教师评价和教师发展模式,构建全方位育人的教师专业发展体系。坚持开放办学,进一步整合社会资源,开发社会实践基地,为教师开阔视野、增强体验、开展生涯辅导提供支持保障,建立起学校、家庭、高校、各行业资源融通的生涯体验和生态体系。

6. 完善社会支持系统

首先,教师专业发展需要社会各部门的共同支持。如我国台湾地区于 2007 年发布《学校订定教师辅导与管教学生办法注意事项》,对中小学导师工作原则、工作方式进行了详细规定[7],为导师专业发展提供法律保障。其次,教育行政部门应设立专门的生涯导师序列、增加编制保障生涯导师正式的职业身份,对各学校的生涯导师队伍配备进行明确规定,使学校建立稳定的导师队伍。最后,要建立高中生涯导师专业标准,对生涯导师的专业知识、专业能力、专业态度进行明确规定,为高校人才培养、学校导师队伍建设提供专业规范,推动生涯导师专业化发展[6]。

社会组织机构中的生涯规划教师具有丰富的生涯教育经验,企事业单位中的职业人员是学生生涯教育的活教材,应鼓励社会志愿者加入学校生涯导师队伍。一方面,与校内导师开展交流合作,帮助校内导师更新知识理念,了解社会行业与职业发展现状,学习新的生涯指导方法;另一方面,积极配合学校开展生涯实践活动,为学生岗位实习、职业体验提供便利。

参考文献:

[1] 中华人民共和国中央人民政府.国务院办公厅关于新时代推进普通高中育人方式改革的指导

意见(国办发〔2019〕29 号)［EB/OL］(. 2019－06－19)［2021－09－15］. http：//www. gov. cn/zhengce/content/2019－06/19/content_5401568. htm.

［2］张蔚然. 英美两国中学阶段生涯教育的比较研究［D］. 上海：华东师范大学,2019.
［3］万明明. 美国高中生涯教育的研究及启示［D］. 上海：华东师范大学,2018.
［4］陈才锜. 芬兰普通高中导师制的特色及启示［J］. 全球教育展望,2014(1)：87－94.
［5］孙宏艳. 国外中小学职业生涯规划教育：经验与启示［J］. 中小学管理,2013(8)：43－46.
［6］庞春敏. 普通高中生涯教育师资队伍建设的困境与出路［J］. 教学与管理,2019,(10)：64－66.
［7］汤美娟. 我国台湾中小学导师支持系统的结构分析［J］. 教育科学研究,2018(4)：77－82.